中华人民共和国法律释义丛书

权威机构专家编写
法律释义标准版本

中华人民共和国
期货和衍生品法释义

主　编　王瑞贺　方星海
副主编　焦津洪　王　翔　陈黎君

法律出版社
LAW PRESS·CHINA
北京

图书在版编目(CIP)数据

中华人民共和国期货和衍生品法释义 / 王瑞贺，方星海主编. -- 北京 ：法律出版社，2022
(中华人民共和国法律释义丛书)
ISBN 978-7-5197-7168-3

Ⅰ. ①中… Ⅱ. ①王… ②方… Ⅲ. ①期货交易－证券法－法律解释－中国 Ⅳ. ①D922.287.5

中国版本图书馆CIP数据核字(2022)第184721号

中华人民共和国期货和衍生品法释义
ZHONGHUA RENMIN GONGHEGUO QIHUO HE YANSHENGPIN FA SHIYI

王瑞贺 方星海 主编

责任编辑 陶玉霞 赵雪慧
装帧设计 李 瞻

出版发行 法律出版社
编辑统筹 法规出版分社
责任校对 王晓萍
责任印制 耿润瑜
经 销 新华书店

开本 710毫米×1000毫米 1/16
印张 20.75 字数 340千
版本 2022年11月第1版
印次 2022年11月第1次印刷
印刷 天津嘉恒印务有限公司

地址：北京市丰台区莲花池西里7号(100073)
网址：www.lawpress.com.cn
投稿邮箱：info@lawpress.com.cn
举报盗版邮箱：jbwq@lawpress.com.cn

销售电话：010-83938349
客服电话：010-83938350
咨询电话：010-63939796

书号：ISBN 978-7-5197-7168-3 定价：78.00元
凡购买本社图书，如有印装错误，我社负责退换。电话：010-83938349

前　　言

2022年4月20日,第十三届全国人民代表大会常务委员会第三十四次会议通过了《期货和衍生品法》,并由国家主席习近平签署第一一一号主席令,予以公布。这部法律自2022年8月1日起施行。

制定《期货和衍生品法》,是贯彻落实党中央关于引导期货市场健康发展、加强资本市场基础制度建设等决策部署的重要举措,是确立期货交易和衍生品交易基本制度、发挥期货市场和衍生品市场服务实体经济作用的必然要求,是防范化解金融风险、维护国家经济安全的现实需要。本法共13章155条,在《期货交易管理条例》规范期货交易行为的基础上,将衍生品交易纳入监管,对期货交易和衍生品交易、期货结算与交割基本制度、期货交易者保护、期货经营机构和期货服务机构的监管、期货交易场所和期货结算机构的运行、期货业自律组织、期货市场监督管理、跨境交易与监管协作以及法律责任等作了规定。

为配合《期货和衍生品法》的学习、宣传,帮助广大读者准确理解立法原意,我们组织编写了本书。全国人大常委会法工委副主任王瑞贺、中国证监会副主席方星海担任本书主编;中国证监会首席律师、法律部主任焦津洪,全国人大常委会法工委经济法室副主任王翔,中国证监会法律部副主任陈黎君担任副主编;全国人大常委会法工委经济法室的马正平、刘泽巍、陈扬跃、吕丽萍、张金勇、杨猛,中国证监会法律部的范雪旺、余猛、杜会行、崔云霄、李璇、李梦阳、胡婷、季铄人、姜棋柯、方潇逸、杨雨嘉等同志,承担了本书文稿的撰写、审校工作。

本书力求准确、简要、通俗易懂地阐释《期货和衍生品法》的内容,但因时间和水平有限,如有疏漏之处,敬请读者批评指正。

目　　录

第一部分　释　　义

第二部分　附　　录

第一部分　释　　义

第一章　总　　则

第一条　为了规范期货交易和衍生品交易行为，保障各方合法权益，维护市场秩序和社会公共利益，促进期货市场和衍生品市场服务国民经济，防范化解金融风险，维护国家经济安全，制定本法。

【释义】　本条是关于本法立法目的的规定。

本法有以下几个立法目的。

一、规范期货交易和衍生品交易行为

本法总结实践经验，将期货市场和衍生品市场的基础制度在法律层面予以确立，为规范期货交易和衍生品交易行为提供了法律保障。根据本法第3条的规定，本法所称期货交易，是指以期货合约或者标准化期权合约为交易标的的交易活动；本法所称衍生品交易，是指期货交易以外的，以互换合约、远期合约和非标准化期权合约及其组合为交易标的的交易活动。本法内容涵盖了期货合约以及标准化期权合约品种的上市、交易、结算、交割等环节，明确了期货交易者、期货经营机构、期货交易场所、期货结算机构、期货服务机构、期货业协会等期货交易相关方的行为规范；同时，本法将衍生品交易纳入调整范围，对单一协议、终止净额结算效力、交易报告库等衍生品市场基本制度作出了原则规定，并授权国务院依照本法的原则，制定对衍生品交易及相关活动进行规范和监督管理的具体办法。

二、保障各方合法权益，维护市场秩序和社会公共利益

与其他金融市场相比，期货市场和衍生品市场更加凸显零和博弈的特征，交易一方的获益往往伴随另一方的损失。期货市场和衍生品市场参与者众多，交易目的多样，行为模式各异，利益关系较为复杂。本法通过对期

货交易和衍生品交易及相关活动和相关主体行为的规范，对交易相关方的合法权益进行保障。

良好的市场秩序是期货市场和衍生品市场充分发挥功能的基础。本法通过明确期货交易和衍生品交易及相关活动的行为规范，保障各方的合法权益，禁止并严厉打击操纵市场、内幕交易、编造传播虚假信息或者误导性信息等违法行为，加强监督管理，发挥交易场所、行业协会等的自律管理，维护良好的期货市场和衍生品市场秩序。

期货市场和衍生品市场具有高杠杆、高风险的特点，期货交易和衍生品交易关系广大交易者的利益，涉及多个市场主体，可能产生系统性风险。确保期货交易和衍生品交易规范进行，保障各方合法权益，维护市场秩序，对于维护社会公共利益具有重要意义。本法将维护社会公共利益作为立法目的之一，在相关具体规定上也体现了对社会公共利益的保护要求，如规定：期货合约品种和标准化期权合约品种应当具有经济价值，合约不易被操纵，符合社会公共利益；期货交易场所应当遵循社会公共利益优先原则，为期货交易提供场所和设施，组织和监督期货交易，维护市场的公平、有序和透明。

三、促进期货市场和衍生品市场服务国民经济，防范化解金融风险，维护国家经济安全

服务国民经济，是期货市场和衍生品市场健康发展的出发点和立足点，是期货市场和衍生品市场法治建设的主线。本法鼓励产业客户利用期货市场和衍生品市场从事套期保值等风险管理活动，明确套期保值的定义，授权国务院期货监督管理机构制定套期保值的管理办法；将期货交易、结算中的保证金制度、持仓限额制度、当日无负债结算制度等现行有效的相关制度上升为法律；对期货交易相关方的行为作出规范；对衍生品市场基本制度作出原则性规定。期货交易和衍生品交易基本制度的确立，有利于促进期货市场和衍生品市场发展，服务实体经济，更好地发挥其发现价格、管理风险、配置资源的功能。

期货市场和衍生品市场是管理风险的市场，期货交易和衍生品交易本身也具有杠杆高、价格波动大的特点，本法通过基本制度安排，在促进期货市场和衍生品市场发展的同时，为防范化解期货市场和衍生品市场风险提供了法治保障。通过建立完善风险控制制度，健全期货市场的风险识别、预防和处置制度体系,依法加强监督管理,加大对违法违规行为的惩处等,夯实市场稳定运行的基础,维护国家经济安全。

第二条　在中华人民共和国境内,期货交易和衍生品交易及相关活动,适用本法。

在中华人民共和国境外的期货交易和衍生品交易及相关活动,扰乱中华人民共和国境内市场秩序,损害境内交易者合法权益的,依照本法有关规定处理并追究法律责任。

【释义】　本条是关于本法适用范围的规定。

法律效力范围的确定原则,通常有属地主义、属人主义、保护主义等。属地主义以地域为标准,不管当事人是不是本国人,只要其行为发生在本国领域内就适用;属人主义以当事人的国籍为标准,凡是本国人,不论其行为发生在国内还是国外都适用;保护主义以本国的国家利益和公共利益为标准,不论当事人的行为发生在哪里,也不论当事人是不是本国人,只要其行为损害了本国利益就适用。本条第 1 款规定了本法适用的属地主义原则,即只要是发生在中华人民共和国境内的期货交易和衍生品交易及相关活动,不论当事人是否为本国国籍,均适用本法。

本条第 2 款明确了本法的域外适用效力。为适应我国期货市场和衍生品市场对外开放的需要,维护境内市场秩序,保护境内交易者合法权益,贯彻落实党的十九届四中全会《中共中央关于坚持和完善中国特色社会主义制度　推进国家治理体系和治理能力现代化若干重大问题的决定》关于"加快我国法域外适用的法律体系建设"的要求,本法对域外适用效力作了规定,实行保护主义原则,即在中华人民共和国境外的期货交易和衍生品交易及相关活动,扰乱中华人民共和国境内市场秩序,损害境内交易者合法权益的,依照本法有关规定处理并追究法律责任。

需要注意的是,本法还设专章对跨境交易与监管协作作了规定,境外的期货交易和衍生品交易及相关活动属于该章调整范围的,需要符合该章规定。

第三条　本法所称期货交易，是指以期货合约或者标准化期权合约为交易标的的交易活动。

本法所称衍生品交易，是指期货交易以外的，以互换合约、远期合约和非标准化期权合约及其组合为交易标的的交易活动。

本法所称期货合约，是指期货交易场所统一制定的、约定在将来某一特定的时间和地点交割一定数量标的物的标准化合约。

本法所称期权合约，是指约定买方有权在将来某一时间以特定价格买入或者卖出约定标的物（包括期货合约）的标准化或非标准化合约。

本法所称互换合约，是指约定在将来某一特定时间内相互交换特定标的物的金融合约。

本法所称远期合约，是指期货合约以外的，约定在将来某一特定的时间和地点交割一定数量标的物的金融合约。

【释义】　本条是关于期货交易、衍生品交易，期货合约、期权合约、互换合约和远期合约定义的规定。

一、关于期货交易和衍生品交易

通常认为，衍生品是一种金融合约，其价值依赖于一种或多种基础资产或指数的价值，衍生品交易包括远期、期货、互换及期权等各种金融合约的交易。从广义而言，期货交易也属于衍生品交易的一种。本法主要规范期货交易及其相关活动，同时将期货交易以外的其他衍生品交易纳入调整范围，对衍生品交易的定义作了技术处理，即规定“本法所称衍生品交易”，是指“期货交易以外的”，以互换合约、远期合约和非标准化期权合约及其组合为交易标的的交易活动，仅对衍生品交易作了较为原则的规定。

（一）关于期货交易的定义

1999年国务院制定《期货交易管理暂行条例》，其适用范围是期货交易及其相关活动，对于期货交易，定义为“在期货交易所内集中买卖某种期货合约的交易活动”，同时将“期货合约”定义为“由期货交易所统一制定的、规定在将来某一特定的时间和地点交割一定数量和质量商品的标准化合约”，实际上当时期货交易的标的仅限于商品期货合约。2007年国务院制定《期货交易管理条例》，为推出金融期货交易、期权交易提供依据，该条例扩大了适用范围,其所指的“期货交易”,包括商品和金融期货合约、期权合约交易;2012年修改该条例,进一步明确,期货交易是指采用公开的集中交易方式或者国务院期货监督管理机构批准的其他方式进行的以期货合约或者期权合约为交易标的的交易活动。本法在总结条例经验的基础上,对期货交易作出定义,由于本法第11条专门对期货交易的方式作了规定,因此本条对期货交易仅以期货交易的标的为核心要素进行定义;由于本法将期货交易以外的其他衍生品交易纳入调整范围,非标准化的期权合约也属于本法调整范围,因此在对期货交易进行定义时,排除了“非标准化的期权合约”,即将“期货交易”定义为“以期货合约或者标准化期权合约为交易标的的交易活动”。

(二)关于衍生品交易的定义

如前所述,本法所称的衍生品交易,排除了期货交易,指的是以互换合约、远期合约和非标准化期权合约及其组合为交易标的的交易活动。本法制定过程中,草案二次审议稿曾规定,本法所称衍生品交易,是指期货交易以外的,以非标准化期权合约、互换合约和远期合约及其组合为交易标的的交易活动。对此,有意见提出,如果将“非标准化期权合约”在先表述,会产生“非标准化”作为定语是否还修饰“互换合约”“远期合约”的疑问,而实践中有些互换合约、远期合约也具有一定的标准化程度,特别是2008年国际金融危机以来,为践行二十国集团(G20)匹兹堡峰会要求,场外衍生品也出现了一定程度的标准化和集中清算,如果将衍生品交易理解为只能是“非标准化”的互换合约和远期合约,将对市场发展产生较大影响,也与监管实际不一致。考虑到本法主要是总结实践经验,将成熟经验上升为法律制度,修改过程中采纳了这一意见,对文字表述作了顺序上的调整。

二、关于期货合约、期权合约、互换合约和远期合约

本条第3款规定,期货合约,是指期货交易场所统一制定的、约定在将来某一特定的时间和地点交割一定数量标的物的标准化合约。这一定义在《期货交易管理条例》的基础上,为了更加准确体现合约的本质,稍作了文字修改,即将《期货交易管理条例》期货合约定义中的“规定在将来某一特定的时间和地点交割一定数量标的物”中的“规定”修改为“约定”。需要注意的是,约定在将来某一特定的时间和地点交割一定数量标的物是期货合

约的内容,但根据本法第 44 条的规定,期货合约到期时,交易者应当通过实物交割或者现金交割,了结到期未平仓合约。

关于期权合约的定义,本条第 4 款同样借鉴了《期货交易管理条例》关于期权合约的定义,将该条例期权合约定义中的“规定买方有权在将来某一时间以特定价格买入或者卖出约定标的物”中的“规定”修改为“约定”,以更为准确地体现合约的本质。

互换合约,是指约定在将来某一特定时间内相互交换特定标的物的金融合约。需要注意的是,互换合约所约定交换的特定标的物,不是基础资产,而是基础资产的价值波动部分,即所谓的现金流的交换。互换合约的衍生品合约本质,决定了互换合约的目的在于获得基础资产价值变动的权益,不是基础标的物所有权。

远期合约,是指期货合约以外的,约定在将来某一特定的时间和地点交割一定数量标的物的金融合约。从广义而言,期货合约也属于远期合约,属于标准化的远期合约,只是期货合约的内容由期货交易场所统一制定,除了价格外,其他要素已经固定。本法关于远期合约的定义,排除了期货合约。需要注意的是,远期合约与现货交易的将来履行不同,远期合约作为金融合约,主要目的是进行风险规避或投机获利,而非标的物交割。

第四条　国家支持期货市场健康发展,发挥发现价格、管理风险、配置资源的功能。

国家鼓励利用期货市场和衍生品市场从事套期保值等风险管理活动。

国家采取措施推动农产品期货市场和衍生品市场发展,引导国内农产品生产经营。

本法所称套期保值,是指交易者为管理因其资产、负债等价值变化产生的风险而达成与上述资产、负债等基本吻合的期货交易和衍生品交易的活动。

【释义】　本条是关于国家鼓励期货市场健康发展的规定。

一、期货市场的功能

(一)发现价格

期货市场聚集了众多买方和卖方,期货合约和标准化期权合约标准化的特点又确保了市场的流动性,因此合约价格能够反映标的物的供求关系及其变动趋势。通过期货交易,影响标的物价格的供求等因素集中反映到期货市场内,合约的价格反映标的物真实的供求状况及价格变动趋势,这就是期货市场发现价格的功能。

(二)管理风险

期货市场通过套期保值能为经营者提供规避现货交易价格风险,锁定成本,实现预期利润;同时,期货市场吸引大量交易者进入,能将风险转移到愿意承担更多风险的交易者身上,从而降低不愿承担风险的交易者的风险。这些都反映了期货市场管理风险的功能。

(三)配置资源

由于期货市场具有发现价格、管理风险的功能,加上期货市场内上市的期货合约和标准化期权合约有很多涉及大宗商品、金融等较为基础的品种,对相关产品价格形成起到了十分重要的作用,因此期货市场还发挥了配置资源的功能。

二、国家支持期货市场健康发展,鼓励利用期货市场和衍生品市场从事套期保值等风险管理活动

本条第 1 款明确指出,国家支持期货市场健康发展,发挥期货市场发现价格、管理风险、配置资源的功能。

利用期货市场和衍生品市场进行套期保值,经营者可以规避现货市场价格风险,避免生产经营活动受较大价格波动的干扰,促进生产经营活动平稳进行。实践中,我国越来越多的实体企业通过期货市场和衍生品市场进行套期保值,较好地进行了风险管理。本法对这一做法从法律层面予以确认、鼓励,明确规定:国家鼓励利用期货市场和衍生品市场从事套期保值等风险管理活动。

同时,本条第 4 款对套期保值作出了定义,即本法所称套期保值,是指交易者为管理因其资产、负债等价值变化产生的风险而达成与上述资产、负债等基本吻合的期货交易和衍生品交易的活动。本法结合实践需要,对套期保值作出的定义,一是强调套期保值活动是交易者"为管理因其资产、负债等价值变化产生的风险"而达成的期货交易和衍生品交易的活动,即与投机的目的不同;二是所达成的期货交易和衍生品交易需要与其资产、负债等"基本吻合",基本吻合并不要求完全吻合,但也不应差异过大,否则很难被认定为构成套期保值。

三、农产品期货市场和衍生品市场

本条第3款专门规定国家采取措施推动农产品期货市场和衍生品市场发展，引导国内农产品生产经营。我国期货市场发展以郑州粮食批发市场为基础，引入期货交易机制。从这个意义上说，我国期货市场从农业生产经营活动中孕育而来，期货市场和衍生品市场的发展与农产品高度相关。《乡村振兴促进法》第64条规定，国家健全多层次资本市场，多渠道推动涉农企业股权融资，发展并规范债券市场，促进涉农企业利用多种方式融资；丰富农产品期货品种，发挥期货市场发现价格和管理风险功能。2016年以来，中央一号文件已连续提出“保险+期货”在服务乡村产业发展中的作用，如《中共中央、国务院关于做好2022年全面推进乡村振兴重点工作的意见》“（三十）强化乡村振兴金融服务”中提出，“优化完善‘保险+期货’模式”。

本法深入落实党中央决策部署，结合《乡村振兴促进法》的规定，明确国家采取措施推动农产品期货市场和衍生品市场发展，引导国内农产品生产经营。

第五条　期货市场和衍生品市场应当建立和完善风险的监测监控与化解处置制度机制，依法限制过度投机行为，防范市场系统性风险。

【释义】　本条是关于防范期货市场和衍生品市场系统性风险的原则的规定。

期货市场和衍生品市场是管理风险的市场，期货交易和衍生品交易本身也具有杠杆高、价格波动大的特点，本法通过基本制度安排，在促进期货市场和衍生品市场发展的同时，必须为建立和完善风险的监测监控与化解处置制度机制、依法限制过度投机行为、防范市场系统性风险提供法治保障。为此，本法进一步完善风险控制制度，健全期货市场的风险识别、预防和处置制度体系，依法加强监督管理，加大对违法违规行为的惩处等，夯实市场稳定运行的基础，防范市场系统性风险。

关于风险监测监控与化解处置制度机制，本法对期货交易场所、期货结算机构、国务院期货监督管理机构、期货经营机构甚至交易者均提出了相关要求。如本法第 85 条第 1 款规定,期货交易场所应当加强对交易活动的风险控制,对期货交易进行实时监控和风险监测;第 87 条规定,期货交易场所应当加强对期货交易的风险监测,出现异常情况的,期货交易场所可以依照业务规则,单独或者会同期货结算机构采取紧急措施;第 89 条规定,因突发性事件影响期货交易正常进行时,期货交易场所可以采取必要的处置措施;第 95 条第 1 款规定,期货结算机构应当在其业务规则中规定风险控制制度;第 105 条第 2 款规定,国务院期货监督管理机构履行监测监控并防范、处置期货市场风险的职责;第 115 条规定,国务院期货监督管理机构应当建立健全期货市场监测监控制度;第 116 条规定,期货交易场所、期货结算机构和非期货经营机构结算参与人应当从业务收入中按规定提取风险准备金,用以处置风险;第 52 条规定,参与期货交易的法人和非法人组织,应当建立与其交易合约类型、规模、目的等相适应的内部控制制度和风险控制制度;第 60 条第 1 款规定,设立期货公司,应当有良好的公司治理结构、健全的风险管理制度和完善的内部控制制度。针对衍生品交易,本法还规定了衍生品交易报告库、集中结算等制度,要求组织开展衍生品交易的场所制定的交易规则,应当公平保护交易参与各方合法权益和防范市场风险。此外,本法还对操纵期货市场或者衍生品市场、内幕交易、编造传播虚假信息或者误导性信息等违法行为作了规定。

关于依法限制过度投机。对于期货市场和衍生品市场而言,适当的投机交易是必要的,否则市场将丧失流动性,但本法反对过度投机,设计了限制过度投机的制度。如本法第 22 条规定了保证金制度,要求国务院期货监督管理机构对保证金的形式、比例进行规定;第 23 条第 1 款规定,期货交易实行持仓限额制度,防范合约持仓过度集中的风险;第 24 条规定,期货交易实行交易者实际控制关系报备管理制度,确保关联交易者的持仓应当合并计算,避免通过分仓规避持仓限额的规定;第 27 条规定了交易报告制度,要求期货交易场所会员和交易者按照国务院期货监督管理机构的规定,报告有关交易、持仓、保证金等重大事项;第 39 条规定,期货交易实行当日无负债结算制度。限制过度投机的要求不仅适用于期货市场,还适用于衍生品市场。由于本法关于衍生品交易的规定较为原则,仅规定了一些框架性原则,根据本法第 38 条的规定,国务院对衍生品交易及相关活动进行规范和监督管理时,可依照本法的原则规定作出相应的安排。

期货市场和衍生品市场是高风险市场,有些风险处理不当,可能会引发系统性风险,甚至对实体经济产生较大影响,危害国家经济安全,因此本法通过对风险的监测监控与化解处置制度机制、限制过度投机行为制度的建立和完善,来防范系统性风险。本法第 105 条第 1 款明确规定了国务院期货监督管理机构防范系统性风险的职责。

第六条　期货交易和衍生品交易活动,应当遵守法律、行政法规和国家有关规定,遵循公开、公平、公正的原则,禁止欺诈、操纵市场和内幕交易的行为。

【释义】 本条是关于期货交易和衍生品交易活动应当依法公开、公平、公正进行的规定。

一是期货交易和衍生品交易活动除应当遵守法律、行政法规外,还应当遵守国家有关规定。

二是"公开、公平、公正"的原则。(1)公开原则是指期货交易和衍生品交易活动应当依法披露,保障交易者知悉市场信息并作出交易决策。如针对期货交易,本法第 11 条第 1 款规定采用公开的集中交易方式或者国务院期货监督管理机构批准的其他方式进行;第 25 条规定,收费项目、收费标准和管理办法应当公开;第 88 条第 1 款规定,期货交易场所应当实时公布期货交易即时行情,并按交易日制作期货市场行情表,予以公布;第 89 条第 2 款规定,因突发性事件导致期货交易结果出现重大异常,按交易结果进行结算、交割将对期货交易正常秩序和市场公平造成重大影响的,期货交易场所可以按照业务规则采取取消交易等措施,并应当及时向国务院期货监督管理机构报告并公告。针对衍生品交易,本法第 36 条规定,国务院授权的部门、国务院期货监督管理机构应当建立衍生品交易报告库,对衍生品交易标的、规模、对手方等信息进行集中收集、保存、分析和管理,并按照规定及时向市场披露有关信息。此外,本法第 105 条第 1 款还要求国务院期货监督管理机构维护市场公开、公平、公正;第 111 条规定,国务院期货监督管理机构制定的规章、规则和监管工作制度应当公开,行政处罚决定也应当公开;第 112 条要求当事人承诺制度下,国务院期货监督管理机构中止或者终止调查的,应当按照规定公开相关信息。公开原则的要求,与保护商业秘密、个人信息等要求并不矛盾,如本法第55条规定:期货经营机构、期货交易场所、期货结算机构、期货服务机构及其工作人员应当依法为交易者的信息保密,不得非法买卖、提供或者公开交易者的信息;期货经营机构、期货交易场所、期货结算机构、期货服务机构及其工作人员不得泄露所知悉的商业秘密。(2)公平原则强调的是期货市场和衍生品市场的各个参与者在法律地位上平等,在期货交易和衍生品交易中有平等机会,公平竞争。公平原则与对普通交易者的侧重保护并不矛盾,如本法第51条对普通交易者与期货经营机构发生纠纷时的举证责任倒置作了规定,第56条对普通交易者的强制调解请求权作了规定,这些制度安排体现了公平原则的实质要求。(3)公正原则是指在期货交易和衍生品交易活动中适用统一的制度和行为规则,公正地对待各方当事人。期货市场和衍生品市场各方参与者同样受到法律的保护,违法行为同样受到法律制裁。

三是禁止欺诈、操纵市场和内幕交易的行为。诚实信用原则既是民事活动的基本原则,也是市场经济活动的基本要求。参与市场经济活动的主体行使权利、履行义务应当讲诚实、重诺言、守信用,不得以欺诈蒙骗等有悖于诚实信用原则的方法从事市场经济活动。在期货交易和衍生品交易活动中,违背诚实信用原则实施欺诈、内幕交易和操纵市场的行为,破坏市场的公平竞争,扭曲市场正常的供求关系,损害交易者的合法权益,扰乱期货市场和衍生品市场正常秩序,危害市场健康发展,必须予以禁止。

欺诈,是指利用期货交易或衍生品交易的机会,或者利用其受托人、代理人或管理人等身份,使用明知是错误的、虚假的或者隐瞒了重要事实的信息诱骗他人进行期货交易或者衍生品交易的行为。本法第78条对期货经营机构从事损害交易者利益的行为作了禁止性规定,如禁止隐瞒重要事项或者使用其他不正当手段,诱骗交易者交易等,并在第135条规定了相应的法律责任。

操纵期货市场或者衍生品市场,是指行为人背离市场竞争原则,通过不正当手段影响或者意图影响期货交易、衍生品交易的价格或者交易量。本法第12条对禁止操纵期货市场或者衍生品市场作了规定,对操纵期货市场的手段进行了列举,并在第125条对操纵期货市场或者衍生品市场应承担的法律责任作了规定。

内幕交易,是指期货交易和衍生品交易的内幕信息的知情人和非法获取内幕信息的人,在内幕信息公开前从事相关期货交易或者衍生品交易,明示、暗示他人从事与内幕信息有关的期货交易或者衍生品交易,或者泄露内幕信息的行为。本法第 13 条对禁止内幕交易作了规定,第 14 条、第 15 条对内幕信息、内幕信息的知情人的界定作了规定,对期货交易的内幕信息和内幕信息的知情人的范围进行了列举,并在第 126 条对内幕交易应承担的法律责任作了规定。

第七条　参与期货交易和衍生品交易活动的各方具有平等的法律地位,应当遵守自愿、有偿、诚实信用的原则。

【释义】 本条是关于期货交易和衍生品交易活动各方应当遵守的原则的规定。

期货交易和衍生品交易属于民事活动。按照《民法典》的相关规定,民事主体在民事活动中的法律地位一律平等;民事主体从事民事活动,应当遵循自愿原则,按照自己的意思设立、变更、终止民事法律关系;民事主体从事民事活动,应当遵循诚信原则,秉持诚实,恪守承诺。期货交易和衍生品交易活动的当事人,应当遵守民法的基本原则,在相关活动中遵循平等、自愿、有偿、诚信的基本原则。

平等原则,是指期货交易和衍生品交易活动的当事人,在法律地位上是平等的,其合法权益受到法律的平等保护。自愿原则,是指期货交易和衍生品交易活动的当事人有权根据自己的意愿从事相关活动,并自觉承受相应的法律后果,任何机构、组织或者个人都不得非法干预。有偿原则,是指期货交易和衍生品交易活动的当事人的权利义务对等,其从事期货交易和衍生品交易活动应当支付相应的对价。诚实信用原则,是指期货交易和衍生品交易活动的当事人应当秉持诚实、善意,信守自己的承诺,讲诚实、重诺言、守信用。

期货交易和衍生品交易活动的当事人违反平等、自愿、有偿、诚实信用原则,给他人造成损失的,应当依法承担相应的责任。

第八条　国务院期货监督管理机构依法对全国期货市场实行集中统一监督管理。国务院对利率、汇率期货的监督管理另有规定的，适用其规定。

衍生品市场由国务院期货监督管理机构或者国务院授权的部门按照职责分工实行监督管理。

【释义】 本条是关于期货市场和衍生品市场监管体制的规定。

一、关于期货市场的监管体制

（一）国务院期货监督管理机构依法对全国期货市场实行集中统一监督管理

随着我国期货市场的快速发展，交易品种、交易规模和交易者数量不断增加和扩大，为维护期货市场公开、公平、公正，防范系统性风险，维护交易者合法权益，促进期货市场健康发展，由国务院期货监督管理机构对全国期货市场实行集中统一监管是非常必要的。

从发展历程来看，我国期货市场发端于计划经济向市场经济转轨的阶段。1990年，经国务院批准，郑州粮食批发市场以现货交易为基础，引入了期货交易机制，迈出了我国现代期货市场发展的第一步。在发展初期，我国期货市场曾出现盲目发展的势头，全国兴起了建立期货交易所的浪潮。短短几年间，全国最多时共有50多家期货交易场所、300多家期货经营机构、50多个期货合约品种上市交易。针对期货市场试点初期出现的交易无序、操纵欺诈盛行、风险频发、过度投机等现象，1993年党的十四届三中全会通过的《中共中央关于建立社会主义市场经济体制若干问题的决定》提出“严格规范少数商品期货市场试点”的要求。国务院1993年发布《关于坚决制止期货市场盲目发展的通知》，并于当年和1998年对期货市场进行了两次清理整顿，仅保留了上海期货交易所、郑州商品交易所和大连商品交易所3家商品期货交易所（此后，中国证券监督管理委员会于2006年批准设立中国金融期货交易所，于2021年批准设立广州期货交易所），期货交易品种削减为12个。1999年6月国务院发布《期货交易管理暂行条例》，根据期货市场清理整顿工作中暴露出的问题和情况，确立了中国证券监督管理委员会（以下简称证监会）对期货市场实行集中统一监督管理的体制。期货市场集中统一监督管理体制的确立,对加强市场监管,规范市场秩序起到了重要作用。2007 年 3 月国务院发布《期货交易管理条例》,延续了这一监督管理体制。

本法继续坚持全国期货市场集中统一监督管理的体制,明确规定国务院期货监督管理机构依法对全国期货市场实行集中统一监督管理。中国证券监督管理委员会作为国务院期货监督管理机构,长期担负国家对期货市场实施监督管理的职责。由其依法对全国期货市场实行集中统一监督管理,有利于维护法制统一,防止政出多门或者出现监管“真空”,也有利于维护法律权威,为期货市场健康发展提供保障。

(二)关于利率、汇率期货的监督管理

利率、汇率期货属于金融期货,利率、汇率期货是期货市场的组成部分。在本法的制定过程中,对于利率、汇率期货的监管体制,有两种不同意见:一种意见认为,利率、汇率期货具有特殊性,涉及与货币政策、外汇政策相协调等问题,应由中国人民银行进行监管。另一种意见认为,期货市场风险高度集中,利率、汇率期货应当由国务院期货监督管理机构实行集中统一监督管理,统一监测风险,避免多重监管、重复监管、监管套利,防止风险蔓延;对于利率、汇率期货涉及的与人民银行宏观调控相协调等问题,可以通过加强部门之间的沟通协调、信息共享等方式来解决。经研究,考虑到利率、汇率期货具有一定的特殊性,具体监管职责可授权国务院根据实际情况灵活调整和掌握。据此,本法在规定国务院期货监督管理机构依法对全国期货市场实行集中统一监督管理的基础上,明确“国务院对利率、汇率期货的监督管理另有规定的,适用其规定”。

二、关于衍生品市场的监管体制

2007 年制定的《期货交易管理条例》,将金融期货交易纳入调整范围,没有将金融衍生品交易纳入其中。该条例第 85 条规定,不属于期货交易的商品或者金融产品的其他交易活动,由国家有关部门监督管理,不适用该条例。

实践中,对衍生品交易的监管,主要涉及对从事衍生品交易的机构(主要是金融机构)的监管,以及对组织衍生品交易的市场的监管。原银监会、原保监会、证监会分别对银行业金融机构、保险机构、证券公司等从事衍生品交易业务的监督管理作出相关规定。中国人民银行对银行间衍生品市场的监督管理作出相关规定。

按照衍生品交易的监管现状,本法规定了衍生品市场的监督管理体制,即由国务院期货监督管理机构或者国务院授权的部门按照职责分工实行监督管理。

第九条　期货和衍生品行业协会依法实行自律管理。

【释义】　本条是关于期货和衍生品行业协会自律管理的原则的规定。

从境内外市场的实践经验来看,发挥期货和衍生品相关行业协会自我管理、自我服务、自我监督的作用,实现行业协会自律管理与监管机构依法监管协调配合,对于督促相关市场机构及其从业人员依法合规经营,防范、化解市场风险,保护交易者合法权益,规范和促进行业持续健康发展,具有重要的意义。期货和衍生品相关行业协会依照本法和有关法律法规的规定履行职责,实行自律管理。

本法在对相关行业协会自律管理作出原则规定的同时,还设专章对期货业协会作出具体规定:明确期货业协会是期货行业的自律性组织,是社会团体法人;期货经营机构应当加入期货业协会,期货服务机构可以加入期货业协会。另外,本法对期货业协会的组织机构、章程制定等作出规定,并对期货业协会的具体职责进行了列举。

第十条　国家审计机关依法对期货经营机构、期货交易场所、期货结算机构、国务院期货监督管理机构进行审计监督。

【释义】　本条是关于对期货经营机构、期货交易场所、期货结算机构、国务院期货监督管理机构依法进行审计监督的规定。

我国《宪法》规定,国务院设立审计机关,对国务院各部门和地方各级政府的财政收支,对国家的财政金融机构和企业事业组织的财务收支,进行审计监督;审计机关在国务院总理领导下,依照法律规定独立行使审计监督权,不受其他行政机关、社会团体和个人的干涉。县级以上的地方各级人民政府设立审计机关;地方各级审计机关依照法律规定独立行使审计监督权,对本级人民政府和上一级审计机关负责。《审计法》规定，国务院各部门和地方各级人民政府及其各部门的财政收支，国有的金融机构和企业事业组织的财务收支，以及其他依照本法规定应当接受审计的财政收支、财务收支，依照本法规定接受审计监督。设立审计机关，依法实行审计监督，目的是维护国家财政经济秩序，提高财政资金使用效益，促进廉政建设，保障国民经济和社会健康发展。

根据本法规定，期货经营机构，是依照《公司法》和本法设立的期货公司，以及国务院期货监督管理机构核准从事期货业务的其他机构。期货交易场所，是为期货交易提供场所和设施，组织和监督期货交易的自律管理法人，包括依法设立的期货交易所，以及国务院期货监督管理机构依法批准组织开展期货交易的其他期货交易场所。期货结算机构，是依法设立的为期货交易提供结算、交割服务，实行自律管理的法人，包括内部设有结算部门的期货交易场所、独立的期货结算机构和经国务院期货监督管理机构批准从事与证券业务相关的期货交易结算、交割业务的证券结算机构。国务院期货监督管理机构依法对期货市场实行监督管理，履行法定职责。期货经营机构、期货交易场所、期货结算机构、国务院期货监督管理机构在期货交易及相关活动、期货市场监管活动中履行着重要职责，其财务、财政收支有没有违法违规的情况，对于交易者的权益保护和期货市场的安全、健康发展影响很大。为此，本条规定，期货经营机构、期货交易场所、期货结算机构、国务院期货监督管理机构应当接受国家审计机关依法进行的审计监督。对于期货交易及相关活动、期货市场监管活动进行审计监督的具体范围和内容，依照《审计法》及其实施条例等法律、行政法规的规定执行。

第二章　期货交易和衍生品交易

第一节　一般规定

第十一条　期货交易应当在依法设立的期货交易所或者国务院期货监督管理机构依法批准组织开展期货交易的其他期货交易场所(以下统称期货交易场所),采用公开的集中交易方式或者国务院期货监督管理机构批准的其他方式进行。

禁止在期货交易场所之外进行期货交易。

衍生品交易,可以采用协议交易或者国务院规定的其他交易方式进行。

【释义】　本条是关于期货交易的场所和方式以及衍生品交易方式的规定。

一、期货交易场所

期货交易场所包括狭义上的国务院期货监督管理机构依据本法第80条批准设立的期货交易所,如上海期货交易所、郑州商品交易所、大连商品交易所、中国金融期货交易所和广州期货交易所,还包括经国务院期货监督管理机构批准组织开展期货交易的、合法设立的全国性交易场所,如上海证券交易所、深圳证券交易所已经证监会批准,组织开展以交易所上市交易的基金份额为标的物的标准化期权合约交易。本法明确,期货交易应当在期货交易场所进行;同时本法第78条还规定,禁止期货经营机构从事"未将交易者交易指令下达到期货交易场所"等损害交易者利益的行为。交易指令在交易场所内达成,将形成有效的价格信号,同时有利于保证交易的公平性,防范不同市场之间进行不当的价差套利。

要求在期货交易场所内达成期货交易也是国际通行的监管惯例。美国《商品交易法》第 4 条(a)款规定,期货交易必须在"指定合约市场"(期货交易场所)进行,即"除商品期货交易委员会予以豁免的情况外,任何人不得为了招揽、接受远期交割商品买卖合约的任何交易或相关交易的任何指令或以其他方式从事该等合约的任何交易或相关交易,而在美国领土或属地内任何地方要约达成、执行任何工作或业务、确认该工作或业务的执行或开展该工作或业务,否则当属违法,除非:(1)开展该等交易的交易场所已被美国商品期货交易委员会指定或注册为商品合约市场或者衍生品交易执行设施;(2)该等合约由合约市场执行或完成;(3)该等合约有书面记录作为凭证,并且该记录注明日期、合约各方身份和地址、所涉财产及其价格、交割条款等"。

二、期货交易方式

本法规定了两类期货交易的方式:一类是公开的集中交易方式;另一类是国务院期货监督管理机构规定的其他方式。

公开的集中交易方式是资本市场最基本的交易方式,其中,"公开的"是指交易前和交易后的透明度,交易前透明度包括期货交易场所将交易者的交易指令信息,包括价格、合约、数量等信息(但不包括身份信息),通过合适的方式向市场及时公开;交易后的透明度则是指达成交易后,期货交易场所将交易达成的各个信息要素向市场公布,包括成交价、成交量、合约等(不包括身份信息)。集中交易方式通常是指多对多地进行竞争性的交易方式,《国务院办公厅关于清理整顿各类交易场所的实施意见》规定"集中交易方式"包括集合竞价、连续竞价、电子撮合、匿名交易、做市商等交易方式,但协议转让、依法进行的拍卖不在此列。境外市场也普遍强调期货交易应采取集中交易方式,如美国《商品交易法》第 5 条要求,期货交易场所应提供有竞争力、公开且高效的交易执行市场和机制,以保护交易场所集中市场内交易价格发现过程。同时,美国《商品交易法》第 4 条(b)款原则上禁止场外对冲交易者的交易订单。

国务院期货监督管理机构规定的其他方式,如证监会批准的期货交易转为现货交易活动。达成协议的双方共同向期货交易场所提出申请,获得期货交易场所同意后,分别将各自持仓按双方商定的平仓价格由交易所代为平仓(现货的买方在期货市场须持有多头仓位,现货的卖方在期货市场须持有空头仓位)。同时,双方按达成的现货买卖合同进行与期货合约标的物种类相同、数量相当的现货交换。

在集中交易方式之外允许其他期货交易方式也是国际市场的普遍实践。例如,美国《商品交易法》第5条规定,"期货交易场所规则可出于善意商业目的,批准进行:(ⅰ)内部移仓或外部移仓;(ⅱ)以下交易:(Ⅰ)套期保值;(Ⅱ)期货转现货;(Ⅲ)期货转互换"。又如,我国台湾地区期货交易相关规定规定,期货商有破产、解散、停业或依法令应停止收受期货交易人订单时,除期货商为结算会员,依相关规定处理者外,主管机关得命其将所属期货交易人之相关账户,移转于与该期货商订有承受契约之其他期货商。期货商于接获主管机关之命令时,除有正当理由报经主管机关核准者外,应于2个营业日内,将客户保证金专户内款项余额及所属期货交易人之交易明细表,移交前项之其他期货商,因移转所生之费用,应由移转之期货商负担。

三、衍生品交易方式

推出衍生品交易的目的是满足交易者个性化的交易策略,更好地支持服务产业客户和机构客户的套期保值、管理风险的需求。因此,衍生品交易通常由双方当事人以一对一、私下协商谈判的方式达成。经营衍生品交易业务的机构需要广泛地收集信息,了解客户的交易目标,识别客户的身份,测算保证金比例,充分揭示产品的风险等,并就交易条款进行谈判协商。因此,本法明确规定,衍生品交易可以采取协议交易的方式达成,并没有要求衍生品交易采取集中交易的方式。随着电子化交易技术的进步和2008年国际金融危机后衍生品市场改革深入,国际上持续推动衍生品市场的"场内化""期货化"改革,衍生品合约条款和交易操作出现了一定程度的标准化,适于进行集中结算。因此,本法授权国务院规定衍生品交易的其他方式。

第十二条　任何单位和个人不得操纵期货市场或者衍生品市场。

禁止以下列手段操纵期货市场,影响或者意图影响期货交易价格或者期货交易量:

（一）单独或者合谋，集中资金优势、持仓优势或者利用信息优势联合或者连续买卖合约；

（二）与他人串通，以事先约定的时间、价格和方式相互进行期货交易；

（三）在自己实际控制的账户之间进行期货交易；

（四）利用虚假或者不确定的重大信息，诱导交易者进行期货交易；

（五）不以成交为目的，频繁或者大量申报并撤销申报；

（六）对相关期货交易或者合约标的物的交易作出公开评价、预测或者投资建议，并进行反向操作或者相关操作；

（七）为影响期货市场行情囤积现货；

（八）在交割月或者临近交割月，利用不正当手段规避持仓限额，形成持仓优势；

（九）利用在相关市场的活动操纵期货市场；

（十）操纵期货市场的其他手段。

【释义】 本条是关于禁止操纵期货市场或者衍生品市场的规定。

操纵期货市场或者衍生品市场，通常是指行为人不当影响期货交易和衍生品交易的交易价格、交易量，人为制造了市场假象，扭曲了交易价格形成机制和市场供求关系的行为。由于操纵期货市场或者衍生品市场的行为在微观方面诱导了其他交易者，损害了交易者、产业客户等主体（可能没有参与期货交易）的合法权益，在宏观方面抑制了市场的信心，损害了期货市场和衍生品市场，乃至现货市场的功能，因此必须禁止。

一、操纵期货市场

本法不但打击操纵期货市场的既遂行为，而且打击操纵期货市场的意图操纵行为，既关注期货交易的价格，又关注期货交易的交易量。在具体认定中，应当关注以下要点：

一是意图操纵是试图操纵的意思，监管机构或者受损害的主体应当举证证明行为人已经实施必要的准备行为，或者已经实施了操纵行为，但还未对期货交易的价格和交易量造成影响。

二是影响期货交易的价格。影响期货交易价格实质上是指受操纵影响的期货交易价格不能反映期货交易的真实价值。实践中,是否影响了期货交易的价格,一般可以通过判断被操纵的期货合约、期权合约的价格与其他月份未被操纵的期货合约、期权合约的价格之间的关系,期货交易价格与现货交易价格之间的关系,关联品种合约价格之间的关系,境内期货交易价格与境外相同品种期货交易价格之间的关系等进行认定。例如,被操纵的期货合约、期权合约的价格与参考价格相比发生了明显偏离,出现了异常,则可以作出影响了期货交易价格的认定。

三是影响期货交易量。传统意义上,期货市场的功能在于发现价格,也就是说,只有扭曲了价格,才能构成操纵。而期货市场开仓只要不超过交易限额和持仓限额就可以持续进行,不宜将操纵期货交易量作为认定违法行为的依据。然而,在交易价格不变的情况下,交易量发生了重大变化,反映在行情报价上也是一个极为重要的市场信号,即向产业客户传递不同的市场信息,误导其他期货交易者,影响期货市场功能。随着电子化交易技术不断发展,高频交易会制造极大的交易量,影响其他市场的下单行为和交易行为。特别是在结算价考虑交易量,进行加权平均计算的情况下,交易量可能会对结算价产生较大的影响,进而产生一系列的连锁反应。因此,本法综合考虑各方面因素,增加了影响期货交易量的规定。需要注意的是,期货交易量不能狭义地理解为达成交易的量,在具体实践中还可能包括下达或者撤销申报的期货交易指令数量。

四是操纵的认定不以行为人实际获利或者牟利为构成要件。通常来说,行为人操纵期货市场是为了使市场朝着有利于自己的方向变动,从而谋取高额利益。利益可能表现在期货交易方面,也可能表现在现货市场或者其他市场方面,可能体现为所获利益,也可能体现为避免的损失,如维持期货交易的保证金充足,避免被强行平仓。操纵市场的行为并不以实际获利或者谋利为构成要件,即使当事人在操纵活动中出现亏损,也不影响操纵行为的认定。

二、操纵期货市场的手段

国际证监会组织(IOSCO)综合考察各个司法辖区关于操纵的规定,在查处操纵市场的报告中得出结论,操纵的构成要件取决于市场类别,各个司法辖区规定的操纵手段千差万别。随着交易技术的进步和程序化交易的崛起,操纵的手法只会更加多样。本法总结了实践经验,非穷尽列举了若干比较典型的操纵手段。

(一)连续交易操纵

“单独或者合谋,集中资金优势、持仓优势或者利用信息优势联合或者连续买卖合约”的手段是交易型操纵行为,行为人通常在市场中居于优势地位,通过大量交易合约,拉抬期货交易价格,产生较大的期货交易量,引导期货市场朝着对自己有利的方向变动。“合谋”一词是指行为人之间存在意思联络行为,对操纵行为存在共谋的事实,相应地,在实施操纵时存在联合的行为。“优势”系相对而言的,对于所操纵的合约品种的交易者具有优势即可,不要求行为人具有绝对优势。其中,持仓优势可通过是否超过监管机构(也包括期货交易场所、期货结算机构)规定的持仓限额和大户持仓报告的标准等因素综合判断;资金优势可以通过交易者的财务实力、交易者保证金额与交易被操纵品种的保证金总量之间的比例关系来判断;“信息优势”是指行为人拥有比他人更多的有关期货交易的信息,包括内幕信息,也包括行为人因其产业地位、研究、搜集而获得的信息。“买卖合约”既包括实际上达成期货交易的行为,也包括下达交易指令但未达成期货交易的行为。

例如,“远大石化操纵 PP1609 合约案”,辽宁省抚顺市中级人民法院认定,被告单位远大石化经时任远大石化董事长(法定代表人)被告人吴某东召集会议决定,于 2016 年 5 月 24 日至 8 月 31 日,利用其实际控制的 18 个账户通过以市场价大量连续买入开仓的手法,将资金优势转化为持仓优势。

又如,“黄某等人操纵纤维板 1910 合约价格案”。该案是一起利用信息优势操纵期货合约价格的典型案件。2019 年 9 月至 10 月,某期货交易所纤维板指定交割仓库期货专员黄某,利用提前获悉的纤维板 1910 合约可交割仓单的关键信息,伙同他人共同操纵纤维板 1910 合约价格,非法获利 231 万元。

(二)对倒型操纵期货市场

本条第 2 款第 2 项规定了对倒型操纵市场行为,即“与他人串通,以事先约定的时间、价格和方式相互进行期货交易”。该类操纵行为实际上是多个行为人在自身账户之间转移期货交易权益的行为,本质上是非竞争性的交易行为,违反了期货交易采取集中交易方式的规定。由于行为人已经约定了交易的时间、价格、方式等交易要素，实际上不是通过连续竞价、集合竞价等公开的集中交易方式达成的交易，人为地制造了虚假的期货交易的价格或者交易量，影响了期货市场功能发挥。行为人“与他人串通”，“以事先约定的时间、价格和方式”足以表明行为人之间存在意思联络行为，即故意实施该期货交易行为。该类行为实施主体是两个或者两个以上的主体，两个主体之间是独立的，一旦一个行为人被认定实施了操纵行为，则其他人实际上构成共犯。

值得注意的是，行为人根据交易所的业务规则，约定达成“期货转现货”的交易，虽然外观上与对倒高度相似，但符合交易所的业务规则，实际上不构成违法行为，不适用该项规定。

我国期货市场较为典型的对倒案件是“阮某、嘉和投资、钟某操纵白糖1801期货合约案”，证监会在行政处罚决定书中指出，“涉案账户组在连续交易扩大持仓优势的同时，为了维持持仓优势，还存在频繁自买自卖进行倒仓、分仓的行为。2017年10月9日至12月29日，涉案账户组共有38个交易日存在账户间的倒仓行为，占期间总交易日数的63.33%，累计倒仓成交47,805手”。“在2017年10月9日至2018年1月12日的操纵期间，涉案账户组买持仓量远超过白糖期货可供交割量，而涉案账户组维持其持仓优势直至交割月，合约空头因无法准备足量货物进行交割，因此大量空头客户提前平仓，致使白糖1801期货合约价格异常波动。”

（三）洗售型操纵期货市场

本条第2款第3项规定了洗售或者自成交类型的操纵行为，即“在自己实际控制的账户之间进行期货交易”。与本款第2项的对倒型操纵市场行为类似，该类操纵行为也是非竞争性交易行为，系虚假交易行为。该操纵类型的特点是行为人单独行动，无须他人配合，但该类行为实质上是自买自卖行为，期货交易的权益不发生实质转移。

同时，2019年《最高人民法院、最高人民检察院关于办理操纵证券、期货市场刑事案件适用法律若干问题的解释》第5条也作了阐述，将以行为人对账户资产具有“交易决策权”作为自己实际控制的账户的认定依据，具体包括4种情形：（1）行为人以自己名义开户并使用的实名账户；（2）行为人向账户转入或者从账户转出资金，并承担实际损益的他人账户；（3）行为人通过第1项、第2项以外的方式管理、支配或者使用的他人账户；（4）行为人通过投资关系、协议等方式对账户内资产行使交易决策权的他人账户。

针对“刘某铖操纵聚氯乙烯1501合约案”，证监会在行政处罚决定书中认定，刘某铖利用7个资产管理计划账户、6个个人账户，涉及资金2.94亿元，在2014年10月23日9:00:03至9:00:37，将部分账户前期持有的空单以跌停价格的限价单申报买进平仓，但由于申报价格明显低于同期市场成交价，不能与市场上其他交易者成交，且不能实现当事人所称的兑现浮盈并用于继续做空的目的。“直至9:02:14账户组开始以跌停价大量卖出开仓，账户组前期买进平仓单才有机会成交，至9:04:55全部与账户组内账户成交完毕，账户组自买自卖期间持续近5分钟，并形成跌停价格。账户组通过自买自卖将‘聚氯乙烯1501’合约价格维持在跌停板上的目的至为明显。”

（四）蛊惑操纵期货市场

本条第2款第4项规定了“利用虚假或者不确定的重大信息，诱导交易者进行期货交易”的操纵手段，通常被称为“蛊惑操纵”。该项操纵行为不同于前3项的操纵行为，属于信息型操纵行为，即行为人利用虚假信息或者不确定的重大信息，蛊惑诱导其他交易者进行期货交易，造成市场的“羊群效应”，制造期货市场虚假表象。早在20世纪90年代，《国务院办公厅转发国务院证券委员会关于暂停粳米、菜籽油期货交易和进一步加强期货市场管理请示的通知》明确要求，“不得制造和提供虚假信息，强制或诱导客户做某一方向的交易”。

“虚假信息”，是指与真实情况不一致，或者与真实情况不完全一致，或者拼接、隐瞒、歪曲了重要事实，误导他人的信息。“不确定的信息”，是指有关特定事件发生与否及其程度尚处于不确定状态的信息。“重大”，是指虚假信息或者不确定的信息能够对期货交易价格或者交易量产生影响。“诱导”，是指行为人的利用虚假或者不确定的重大信息的行为影响了交易者的决策，使交易者进行了期货交易，即行为人的行为与交易者的期货交易行为之间存在因果关系。“进行期货交易”不仅包括开新仓达成期货交易的行为，还包括平仓行为。

（五）虚假申报操纵期货市场

本条第2款第5项规定的“不以成交为目的，频繁或者大量申报并撤销申报”通常被称为虚假申报或者幌骗。国际证监会组织形象地将这种行为描述为“欺诈订单簿，传递虚假信号”。美国期监会将其界定为“无意向成交的报单行为”。程序化交易,特别是高频交易兴起后,该类操纵行为更加普遍。

通常来说,行为人使用计算机程序或算法或者使用其他电子交易的方式,快速或者有策略地向期货交易场所的订单簿发送交易指令,意图诱惑其他交易者下达交易指令,从而造成市场不正常的波动和市场假象,待其他人下单后,快速撤回交易指令,此后行为人可能还会再下达真实的交易指令,与其他交易者成交获利。通过这种手段,行为人人为地制造了市场波动,扰乱了市场秩序,影响了市场功能的正常发挥。

实践中,即使该类行为未影响期货交易的价格和交易量,也会被作出否定性评价。如《郑州商品交易所异常交易行为管理办法》规定,客户或者一组实际控制关系账户合并计算后出现以下情形之一的,即达到频繁报撤单、大额报撤单等异常交易行为处理标准:(1)单个交易日在某一合约撤销定单次数 500 次以上;或者当某个交易日某一合约出现涨(跌)停板后,当日在该合约涨(跌)停板价位买(卖)单撤销定单次数 100 次以上。(2)单个交易日在某一合约撤销定单次数 50 次以上且每次撤销定单量 800 手以上。

(六)抢帽子操纵期货市场

本条第 2 款第 6 项规定的“对相关期货交易或者合约标的物的交易作出公开评价、预测或者投资建议,并进行反向操作或者相关操作”通常被称为抢帽子操纵。抢帽子操纵是典型的信息型操纵。通常来说,行为人先持有相关资产,并散播对持有资产有利的信号,待资产价格朝着对自己有利方向变动时,出售资产或者通过其他方式获利。

(七)囤积操纵

本条第 2 款第 7 项规定的“为影响期货市场行情囤积现货”通常被称为囤积操纵。囤积操纵多发生于采取实物交割的商品期货市场。主要由于可供交割的标的物有限,特别是在受市场价格或供求关系波动影响,或者标的物季节性的供求变化的情形下,行为人能够控制货物的供给,在相关交割标的物市场上形成垄断地位,造成买卖双方不均衡,形成多方对空方的优势地位。囤积操纵多头持仓者预测现货不足时,凭借资金优势拉高期货交易价格,同时囤积大量现货,抬高现货价格,迫使空头要么高价买回期货合约认赔平仓出局,要么以高价买入现货进行实物交割,甚至因买不到现货交割而违约。

与其他项目的操纵行为相比，该项操纵行为的认定需要结合行为人的客观行为与主观目的进行判断，即行为人主观上需要具有影响期货市场行情的故意，客观上实施了囤积现货的行为。如果是按照国家行政命令或者指令，对现货进行收储，则不构成囤积操纵行为。20 世纪 90 年代初期，由于期货合约设计不合理，监管不到位，缺乏大户持仓报告、持仓限额等有效的风险控制制度，该类操纵行为在期货市场上比较多发。

《中国证监会行政处罚决定书（姜某）》（〔2015〕31 号）指出，“姜某为影响期货价格，实施了囤积甲醇现货的行为。姜某实际控制的欣华欣作为国内最大的甲醇贸易商，对甲醇现货价格有直接影响力。姜某利用欣华欣在现货市场的优势地位囤积现货，造成市场甲醇现货需求旺盛的假象，降低市场对‘甲醇 1501’合约可供交割量的预期，以期影响期货市场价格，最终实现盈利目的。欣华欣提供的甲醇现货库存变化情况显示，2014 年 10 月至 11 月，欣华欣甲醇账面库存余额从 17 万吨增加至 42 万吨，增长 247%，库存增长量明显高于同期。进入 12 月份，因欣华欣短缺资金卖出部分甲醇库存，仍持有近 30 万吨库存。无论与往年同期相比，或是与以前月份相比，甲醇库存量均明显大幅增长，显示欣华欣在 2014 年 11 月期间积极做多甲醇期货的同时，通过囤积现货反作用于期货价格”。

（八）挤仓操纵

本条第 2 款第 8 项规定的“在交割月或者临近交割月，利用不正当手段规避持仓限额，形成持仓优势”通常被称为挤仓操纵。《中国证券监督管理委员会关于〈期货交易管理条例〉第七十条第五项“其他操纵期货交易价格行为”的规定》第 5 条规定：“在临近交割月或者交割月，利用不正当手段规避持仓限制，形成持仓优势，影响期货交易价格的，构成操纵。”挤仓操纵的表现形式为：行为人在临近交割月或者交割月，采取分仓或者其他不正当手段规避限仓规定，获取了相对于其他交易者的持仓优势，继而影响期货交易价格。

《中国证监会关于辽宁省普兰店油脂实业总公司等五家公司违反期货法规行为的处罚决定》认定，“辽宁省普兰店油脂实业总公司、大连华农金石油脂厂等买方，利用分仓、超仓等手段大量建立买方头寸，超过大连商品交易所大豆期货合约的客户持仓限制，并且拉高大豆期货价格，使其严重偏离大豆现货价格”，辽宁省普兰店油脂实业总公司、大连华农金石油脂厂、北京新天林贸易公司、中国华能国际经济贸易公司和北京华能能发技术贸易公司的行为，违反了大连商品交易所关于客户持仓限量的规定，构成证监会《关于对操纵期货市场行为认定和处罚的规定的通知》中规定的“交易所会员或客户为了规避交易所持仓限量规定，利用其他会员席位或者其他客户名义建仓，其建仓总量超过交易所对该会员或客户规定的持仓限量的”行为。

（九）跨市场操纵

本条第2款第9项规定的“利用在相关市场的活动操纵期货市场”通常被称为跨市场操纵。理论上说，一是期货市场是从其他市场衍生而来，期货市场和现货市场之间的市场走向存在高度的一致性，因此，通过操纵一个市场可以实现操纵另一个市场的目的。二是同一标的物的期货合约和衍生品合约同样存在“共振情况”，甚至衍生品合约挂钩了期货市场的价格，两者之间的关系更加紧密。三是同一资产可能上市既有期货合约，又有期权合约，甚至有期货期权合约，同一资产不同种类的合约可能会存在高度关联性，操纵一个合约的交易，可能会实现操纵其他合约的效果。四是大宗商品期货市场存在全球性的特征，各期货市场之间互相影响，因此，通过操纵境外期货市场可以实现操纵境内期货市场的效果。同时，境内期货市场和境外期货市场存在关联合约互挂，境内外市场之间可能高度关联。基于上述考虑，本条第2款第9项规定了跨市场操纵的手法。

值得注意的是，跨市场操纵行为可能会违反多个法律条文，产生法条竞合的现象。例如，通过操纵股指期货的股指成分股的价格或者个股期权的基础资产的价格，影响股指期货的价格，可能会同时违反《证券法》和本法的规定，此时，可以由国务院证券监督管理机构或者国务院期货监督管理机构择一较重的规定处罚。

（十）操纵期货市场的其他手段

本法不可能穷尽列举所有的操纵手段。为了避免挂一漏万，产生监管漏洞，本条第2款第10项规定了操纵期货市场的其他手段，授权监管机构、司法机关等结合案件事实进行判断和认定。

三、操纵衍生品市场

考虑到衍生品市场在交易方式、市场流动性、合约标准化、市场结构等诸多方面与期货市场存在较大差别，针对期货市场的操纵手段很难直接适用于衍生品市场,为此,本法没有明确列举操纵衍生品市场的手段。

第十三条　期货交易和衍生品交易的内幕信息的知情人和非法获取内幕信息的人,在内幕信息公开前不得从事相关期货交易或者衍生品交易,明示、暗示他人从事与内幕信息有关的期货交易或者衍生品交易,或者泄露内幕信息。

【释义】 本条是关于禁止期货和衍生品内幕交易的规定。

内幕交易微观上"盗用"或者"侵占"了他人或者国家关于重大未公开信息的财产权利,侵犯了交易者的合法权益,宏观上破坏了市场的公平性和完整性,影响了市场交易者的信心。全球主要市场普遍禁止期货市场和衍生品市场的内幕交易,并予以打击。本法在2017年修订的《期货交易管理条例》禁止期货市场内幕交易的基础上,还禁止了衍生品市场的内幕交易。与《证券法》规定的内幕交易有所不同,本法的内幕交易不仅包括狭义上的内幕交易情形,还包括利用未公开信息从事交易的情形。

一是内幕交易的主体。本条规定了两类内幕交易主体:一类是内幕信息知情人,也就是一级内幕信息知情人,即本法第15条规定的"由于经营地位、管理地位、监督地位或者职务便利等,能够接触或者获得内幕信息的单位和个人"。另一类是非法获取内幕信息的人,主体类型涵盖自然人、法人和非法人组织,也就是二级内幕交易知情人。所谓非法获取,既包括内幕交易知情人的告知行为,又包括通过"盗窃"、"欺骗"或者"破坏计算机系统"等非法获取内幕信息的行为。对此,《最高人民法院、最高人民检察院关于办理内幕交易、泄露内幕信息刑事案件具体应用法律若干问题的解释》第2条规定,具有下列行为的人员应当认定为《刑法》第180条第1款规定的"非法获取证券、期货交易内幕信息的人员":(1)利用窃取、骗取、套取、窃听、利诱、刺探或者私下交易等手段获取内幕信息的;(2)内幕信息知情人员的近亲属或者其他与内幕信息知情人员关系密切的人员,在内幕信息敏感期内,从事或者明示、暗示他人从事,或者泄露内幕信息导致他人从事与该内幕信息有关的证券、期货交易,相关交易行为明显异常,且无正当理由或者正当信息来源的;(3)在内幕信息敏感期内,与内幕信息知情人员联络、接触,从事或者明示、暗示他人从事,或者泄露内幕信息导致他人从事与该内幕信息有关的证券、期货交易,相关交易行为明显异常,且无正当理由或者正当信息来源的。

二是在内幕信息公开前。内幕信息公开的时点和方式应当结合每类内幕信息的特征和交易的基础资产等综合作出判断。国务院期货监督管理机构以及其他相关部门正在制定或者尚未发布的对期货交易价格可能产生重大影响的政策、信息或者数据,以及期货交易场所、期货结算机构作出的可能对期货交易价格产生重大影响的决定应当以国务院期货监督管理机构、相关部门或者期货交易场所、期货结算机构在官方网站、其确定的全国性媒体或者其他相当的方式发布时点作为判断公开的依据。而会员、交易者的交易或者资金动向属于交易者的商业秘密或者个人隐私,不存在公开的可能性。《最高人民法院、最高人民检察院关于办理内幕交易、泄露内幕信息刑事案件具体应用法律若干问题的解释》规定:"内幕信息的公开,是指内幕信息在国务院证券、期货监督管理机构指定的报刊、网站等媒体披露。"值得注意的是,有些信息具有时效性,虽没有公开,但可能不会对期货交易的价格或者期货交易和衍生品交易决策造成影响,自然也不再被认定为内幕信息。

三是内幕信息形成之时。《最高人民法院、最高人民检察院关于办理内幕交易、泄露内幕信息刑事案件具体应用法律若干问题的解释》规定,"政策""决定"等的形成时间,应当认定为内幕信息的形成之时。影响内幕信息形成的动议、筹划、决策或者执行人员,其动议、筹划、决策或者执行初始时间,应当认定为内幕信息的形成之时。内幕信息形成之时至内幕信息公开之时,为内幕信息敏感期。

四是禁止的行为。本条禁止的行为分为3类:一是从事相关期货交易或者衍生品交易;二是明示、暗示他人从事与内幕信息有关的期货交易或者衍生品交易;三是泄露内幕信息。就第一类而言,国际上对内幕交易的行为有两种判断理论:一种是"利用说",即在执法和司法活动中,需要证明内幕信息知情人在内幕信息敏感期实际利用了内幕信息,从事了期货交易和衍生品交易;另一种是"占有说"或者"知悉说",即在执法和司法活动中,只需要证明内幕信息知情人在内幕信息敏感期从事了期货交易和衍生品交易,不需要证明行为人是否实际利用了内幕信息。

五是内幕交易的豁免事由。通常来说,政府机关、公共实体或者其他企业依据行政命令即使在内幕信息敏感期内，参与期货交易或者衍生品交易也不宜被认定为内幕交易。同时，根据《最高人民法院、最高人民检察院关于办理内幕交易、泄露内幕信息刑事案件具体应用法律若干问题的解释》第4条的规定，行为人可以提出，其参与交易的行为系持有或通过协议、其他安排与他人共同持有上市公司5%以上股份的自然人、法人或者其他组织收购该上市公司股份的；或者按照事先订立的书面合同、指令、计划从事相关证券、期货交易的；或者依据已被他人披露的信息而交易的；或者交易具有其他正当理由或正当信息来源的，监管机构和司法机关也可以不予认定为内幕交易。

第十四条　本法所称内幕信息，是指可能对期货交易或者衍生品交易的交易价格产生重大影响的尚未公开的信息。

期货交易的内幕信息包括：

（一）国务院期货监督管理机构以及其他相关部门正在制定或者尚未发布的对期货交易价格可能产生重大影响的政策、信息或者数据；

（二）期货交易场所、期货结算机构作出的可能对期货交易价格产生重大影响的决定；

（三）期货交易场所会员、交易者的资金和交易动向；

（四）相关市场中的重大异常交易信息；

（五）国务院期货监督管理机构规定的对期货交易价格有重大影响的其他信息。

【释义】　本条是关于内幕信息的定义和范围的规定。

一、一般规定

本条第1款界定了内幕信息，即可能对期货交易或者衍生品交易的交易价格产生重大影响的尚未公开的信息。内幕信息通常要符合两个条件：一是可能对期货交易和衍生品交易的交易价格产生重大影响；二是该信息尚未公开。“可能对期货交易和衍生品交易的交易价格产生重大影响”可以“是否影响交易者的决策”为标准，即如果普通交易者获知该信息，可能会作出新的交易决策，则足以认定该信息对期货交易或者衍生品交易的交易价格产生重大影响。

值得注意的是,一方面,与证券市场的内幕信息不同,期货市场和衍生品市场的内幕信息不一定与特定证券发行人有关,即不需要满足关联性的标准;另一方面,期货交易和衍生品交易涵盖各个产业和生产经营各个环节,因此,判断是否构成内幕信息还需要结合具体的期货交易或衍生品交易的合约及标的物进行判断。如货币政策的调整会直接影响整个市场的货币供给量,传导至国民经济各个领域,相应地,与其相关期货交易和衍生品交易不仅限于利率类、汇率类衍生品,还应当包括一些大宗商品的期货交易。但一些信息,如针对原油的产业政策,仅与特定品种的期货交易和衍生品交易具有相关性。

二、期货市场的内幕信息

本条以列举的方式确立了5类法定的期货市场内幕信息,并授权国务院期货监督管理机构在这类信息之外规定新的内幕信息类型。

(一)国务院期货监督管理机构以及其他相关部门正在制定或者尚未发布的对期货交易价格可能产生重大影响的政策、信息或者数据

其他相关部门指国务院期货监督管理机构以外的有关部门,政策、信息或者数据表现形式多样,如货币政策、财政政策、税收政策、产业状况信息、国民经济统计数据、金融市场统计数据等。

(二)期货交易场所、期货结算机构作出的可能对期货交易价格产生重大影响的决定

期货交易场所承担"为期货交易提供场所和设施,组织和监督期货交易"的职责,期货结算机构承担"为期货交易提供结算、交割服务"的职责,同时都具有自律管理的职责。此外,期货交易场所还履行"对期货交易进行实时监控和风险监测"的职责,"加强对期货交易的风险监测",出现异常情况时可以单独或者会同期货结算机构采取紧急措施。因突发性事件影响期货交易正常进行时,期货交易场所还可以采取必要的处置措施。期货交易场所和期货结算机构的决定会直接影响交易者的决策。决定不仅包括期货交易场所和期货结算机构发布的交易规则、业务规则和通知,还包括期货交易场所和期货结算机构采取的相关措施,如调整保证金、调整持仓限额和交易限额等。

（三）期货交易场所会员、交易者的资金和交易动向

期货交易场所的会员、交易者的资金和交易动向系客户的商业秘密或者个人信息，属于客户的财产权益。本法第55条确立了相关主体对交易者的信息和商业秘密的保密义务。实践中，“资金和交易动向”具体包括：期货交易决策和执行信息；期货持仓数量及其变化、资金数量及其变化、交易动向等信息。

（四）相关市场中的重大异常交易信息

由于期货市场与现货市场、衍生品市场高度相关，其他市场的重大异常交易信息也会对期货交易的交易价格产生影响，且市场之间已经高度紧密相连，市场之间会因同一信息发生关联反应，因此，需要将这些信息认定为内幕信息。例如，将来期货交易场所上市以公开发行交易的股票、债券为交易标的物的期货合约、期权合约，与该股票、债券有关的重大未公开信息，既属于《证券法》所述的内幕信息，又属于本法规定的内幕信息。如果仅将其认定为《证券法》上的内幕信息，则内幕信息知情人利用该信息从事期货交易不构成违法行为，存在法律漏洞。又如，一家大型开采黄金的上市公司，发现了巨型金矿，该消息既会对该公司的股价产生影响，又会对黄金期货交易的价格产生影响。如在消息公开前，该上市公司的高管进行自身股票的交易，构成《证券法》上的内幕交易，如其参与黄金期货交易同样具有信息优势，会损害交易者的合法权益，也应予以打击。因此，本法从法律周延性的角度考虑，增加了“其他相关市场的重大异常交易信息”的情形。

（五）国务院期货监督管理机构规定的对期货交易价格有重大影响的其他信息

期货市场交易策略多样，对期货市场造成影响的信息类型繁杂，随着期货市场不断深化改革和持续扩大对外开放，影响期货市场的信息传导机制可能更加隐蔽，类型更加复杂。本法在列举内幕信息的基础上，授予国务院期货监督管理机构规定其他内幕信息的权力。

第十五条　本法所称内幕信息的知情人，是指由于经营地位、管理地位、监督地位或者职务便利等，能够接触或者获得内幕信息的单位和个人。

期货交易的内幕信息的知情人包括：

(一)期货经营机构、期货交易场所、期货结算机构、期货服务机构的有关人员;

(二)国务院期货监督管理机构和其他有关部门的工作人员;

(三)国务院期货监督管理机构规定的可以获取内幕信息的其他单位和个人。

【释义】 本条是关于内幕信息知情人的定义和范围的规定。

本条第1款对期货交易和衍生品交易的内幕信息知情人进行了原则性界定,即"由于经营地位、管理地位、监督地位或者职务便利等,能够接触或者获得内幕信息的单位和个人"。其中,"由于经营地位、管理地位、监督地位或者职务便利等"即已表明行为人具有相应的职权,负有相应的义务,可能源于公法上的权力义务,也可能源于私法上的合同权利义务,还可能源于公司组织内部的治理安排。行为人为了自己的利益利用内幕信息进行期货交易,违反了上述义务。除上述地位外,还包括委托代理关系、资产管理关系或者其他形成行为人信息优势地位的民事法律关系。这也就意味着并非所有掌握内幕信息的主体都是内幕信息知情人。例如,通过研究分析,整理市场信息而获得内幕信息的主体,因其没有利用职权获取内幕信息,故不宜被认定为内幕信息知情人。又如,通过卫星或者其他探测设备对农业和工矿业生产经营活动进行监测,获取内幕信息的主体,也不宜被认定为内幕信息知情人。

针对期货交易内幕信息的知情人,本条第2款列举了几类法定主体:一是期货经营机构、期货交易场所、期货结算机构、期货服务机构的有关人员;二是国务院期货监督管理机构和其他有关部门的工作人员。其中,本款第1项中的有关人员涵盖了能够获取内幕信息的从业人员,也包括能够获取内幕信息的工作人员。同时,本条第2款以国务院期货监督管理机构规定的可以获取内幕信息的其他单位和个人兜底,授权国务院期货监督管理机构具体规定其他内幕信息知情人。

第十六条　禁止任何单位和个人编造、传播虚假信息或者误导性信息,扰乱期货市场和衍生品市场。

禁止期货经营机构、期货交易场所、期货结算机构、期货服务机构及其从业人员，组织、开展衍生品交易的场所、机构及其从业人员，期货和衍生品行业协会、国务院期货监督管理机构、国务院授权的部门及其工作人员，在期货交易和衍生品交易及相关活动中作出虚假陈述或者信息误导。

各种传播媒介传播期货市场和衍生品市场信息应当真实、客观，禁止误导。传播媒介及其从事期货市场和衍生品市场信息报道的工作人员不得从事与其工作职责发生利益冲突的期货交易和衍生品交易及相关活动。

【释义】 本条是关于期货市场和衍生品市场信息传播秩序的规定。

一、禁止编造、传播虚假信息或者误导性信息

期货市场和衍生品市场受信息驱动，信息真实准确完整、传播及时公平有序是交易者科学决策、监管信号准确传导的重要基础。编造、传播虚假信息或者误导性信息的行为扭曲了信息传播的秩序，扰乱了市场，具有严重的社会危害性：

一是行为模式。编造行为或者传播行为，或者两者兼而有之，均可构成此类违法行为。

二是主观心理方面。编造即捏造之意，行为人实施编造虚假信息或者误导性信息的行为自然存在一定程度的故意；而传播行为要求行为人具备识别虚假信息或者误导性信息的能力，但行为人未能履行适当的注意义务，或者存在故意，实施了传播行为或者放任了传播行为。

三是“虚假信息”是指与真实情况不一致，或者与真实情况不完全一致，或者拼接、隐瞒、歪曲了重要事实的信息。误导性信息是指使他人产生错误判断或者决策的信息。

四是扰乱期货市场和衍生品市场，不仅限于相关期货交易量价异动的情形，还应包括误导交易者、扰乱市场经营秩序以及其他破坏正常市场和交易的情形。

编造、传播虚假信息行为与信息型操纵行为，存在一定的竞合。对此，2020年11月6日《最高检、证监会联合发布12起证券违法犯罪典型案例》中指出了判断标准，“编造并传播证券交易虚假信息和利用虚假信息操纵证券市场（又称‘蛊惑交易操纵’）客观上均实施了编造、传播虚假信息的行为，且足以造成证券价格的异常波动，但构成操纵证券市场犯罪还要求行为人利用证券交易价格波动进行相关交易或谋取相关利益，且刑罚更重。利用虚假信息操纵证券市场是犯罪，编造并传播证券交易虚假信息同样应受刑罚处罚。对于不能证明行为人有操纵证券市场故意及从中谋取相关利益，但其编造并传播证券交易虚假信息行为扰乱证券市场秩序，造成严重后果的，可以以编造并传播证券交易虚假信息罪追究刑事责任，做到不枉不纵”。由此可见，如果编造、传播了虚假信息，影响了期货交易的交易价格或者交易量，并进行了期货交易或者持有相关仓位，则以操纵市场论处；如果难以证明行为人进行了期货交易，则以编造、传播虚假信息的违法行为处罚。

二、期货行业和衍生品行业专业机构和人员的信息传播规范

期货经营机构、期货交易场所、期货结算机构、期货服务机构及其从业人员，组织、开展衍生品交易的场所、机构及其从业人员，期货和衍生品行业协会、国务院期货监督管理机构、国务院授权的部门及其工作人员均为期货市场、衍生品市场的专业人员或者监管人员，负有真实、客观、全面地发布、传播信息的义务，其实施信息型违法行为会对期货市场和衍生品市场造成更大的负面影响。因此，本条第 2 款专门规定，禁止其“在期货交易和衍生品交易及相关活动中作出虚假陈述或者信息误导”。

三、传播媒介及其相关工作人员的行为规范

本条第 3 款规定了传播媒介及其工作人员在期货市场和衍生品市场活动中的行为规范，即应当真实、客观，禁止误导。同时，要求传播媒介及其从事期货市场和衍生品市场信息报道的工作人员防范利益冲突，不得从事与其工作职责发生利益冲突的期货交易和衍生品交易及相关活动。目前，证监会已经会同相关信息媒体主管部门发布了《关于加强证券期货信息传播管理的若干规定》《关于加强互联网证券期货讯息、广告宣传等专业性视听节目服务管理的通知》《关于加强报刊传播证券期货信息管理工作的若干规定》等行为规范，明确了新闻媒体传播证券期货信息的要求。

需要注意的是，随着互联网信息传播技术的兴起，传播媒介更加多样，不仅包括传统的新闻媒体，还包括运营门户网站、博客、微信、微博、短视频等新型传播媒介。

第二节　期 货 交 易

第十七条　期货合约品种和标准化期权合约品种的上市应当符合国务院期货监督管理机构的规定，由期货交易场所依法报经国务院期货监督管理机构注册。

期货合约品种和标准化期权合约品种的中止上市、恢复上市、终止上市应当符合国务院期货监督管理机构的规定，由期货交易场所决定并向国务院期货监督管理机构备案。

期货合约品种和标准化期权合约品种应当具有经济价值，合约不易被操纵，符合社会公共利益。

【释义】　本条是关于合约品种上市、中止上市、恢复上市、终止上市的规定。

20 世纪 90 年代初期，期货市场开始试点，期货品种和期权品种上市由地方政府负责管理。由于缺乏监管经验，市场出现了风险。为此，国务院通过一系列政策文件（例如，1994 年 3 月《国务院办公厅转发国务院证券委员会关于停止钢材、食糖、煤炭期货交易请示的通知》提出，新品种上市要经过充分的论证后，报证监会审批），将品种上市审核权力授予证监会行使。后该机制被《期货交易管理暂行条例》吸收。2007 年，国务院出台《期货交易管理条例》，调整了品种上市机制，增加了国务院期货监督管理机构征求国务院相关部门的意见的程序。

目前，期货交易品种上市实行交易所设计合约品种，向证监会提出申请，证监会就品种上市征求其他相关部门的意见，再提请国务院批准品种上市，即并联审批、国务院特殊批准的上市模式。本法对期货合约品种和标准化期权合约品种的上市规定实行注册制。

一是品种上市实行注册制。期货交易场所负责设计合约，组织合约品种上市，国务院期货监督管理机构决定是否予以注册，简化了品种上市的审批程序，更易于满足市场需求，适应市场变化，完善产品体系。同时，明确品种上市应当符合国务院期货监督管理机构的规定，国务院期货监督管理机构应当就品种上市作出配套规定。

二是明确品种上市的条件:(1)具有经济价值。对经济价值的理解,应基于市场需要进行判断,如自然界发生的事件,天气、温度、气象环境等,虽本身无经济价值,但其会影响人类的生产经济活动,因此,可以认定为具有经济价值。(2)不易被操纵。操纵会扭曲期货市场的功能,影响期货市场相关产业的上下游企业。通常来说,相较于金融期货,以实物交割的商品期货合约、期权合约品种更易于被操纵;可供交割品充足、现货市场竞争充分,交易活跃,有一定价格波动的产品不易被操纵,适于开发合约品种。因此,交易场所在设计品种上市时,应当将不易被操纵作为重要考量因素,这也是监管机构进行注册的条件之一。交易场所应当在品种上市申请中明确判断和考量,是否不易被操纵、是否适合作为期货品种或者期权品种上市交易,以及为防范操纵而采取的预防性措施。但不易被操纵不意味着一定不会被操纵,实践中,操纵行为人不能以品种上市不易被操纵,主张或者抗辩其不构成操纵行为。(3)符合社会公共利益。社会公共利益内涵比较宽泛,通常来说,违反现行法律、行政法规或者违背公序良俗的基础资产,如枪支弹药、管制刀具等禁止或者限制买卖的产品,以及淫秽色情产品等违禁品、有悖社会伦理道德的事件等不符合社会公共利益,以战争、赌博、刺杀、恐怖袭击等作为交易标的物的产品也不符合社会公共利益。

三是合约品种的中止上市、恢复上市、终止上市。中止上市,是指暂停上市交易;恢复上市,是指恢复合约品种上市地位,重新交易;终止上市,是指合约品种出现不再符合上市条件等情形时,终止上市交易。合约品种上市交易后,会形成市场价格,引导资源配置,实际上形成了一种公共物品。但合约品种中止上市、终止上市可能会导致价格信号和市场体系的紊乱,影响参与者套期保值,影响国民经济正常运行。因此,品种中止上市、恢复上市、终止上市应当符合国务院期货监督管理机构的规定,由期货交易场所决定,并报国务院期货监督管理机构备案。

第十八条　期货交易实行账户实名制。交易者进行期货交易的,应当持有证明身份的合法证件,以本人名义申请开立账户。

任何单位和个人不得违反规定,出借自己的期货账户或者借用他人的期货账户从事期货交易。

【释义】 本条是关于期货账户实名制的规定。

期货账户是记录交易者期货交易权益的重要依据，是期货交易者据以行使财产权利、履行相应义务的凭证。期货账户实名制是提高资本市场透明度，确保“看得清，说得明，管得住”的前提条件，是打击违法违规行为的重要手段，是我国资本市场监管的宝贵经验。目前，直接账户体系是我国资本市场的基础制度。期货交易场所、期货结算机构和国务院期货监督管理机构等通过直接账户体系，可以直接监测交易者的具体交易行为，了解客户的持仓情况，评估客户的风险状况。同时，直接账户体系清晰、直观、明确地记载了交易者的权益，对于保护交易者的合法权益至关重要。特别是在处理结算参与人风险时，可以比较便捷、及时地将交易者持仓转移至其他结算参与人，有效保护交易者的权益不受结算参与人违规违约的影响，为此，本法对账户实名制作了规定。账户实名制包括开立和使用两个环节的实名制。

本条第 1 款规定的是开立环节的账户实名制。期货交易者开立期货账户时，应当持有证明身份的合法证件，并以本人名义开立账户。合法证件不仅包括中华人民共和国居民身份证等能够证明自然人身份的证件，还应当包括证明法人、非法人组织合法身份的证件。

本条第 2 款规定的是使用环节的账户实名制，即确保开立账户者和使用账户者是同一主体，禁止违反规定出借自己的账户或者借用他人的账户进行期货交易。

第十九条　在期货交易场所进行期货交易的，应当是期货交易场所会员或者符合国务院期货监督管理机构规定的其他参与者。

【释义】 本条是关于进场交易制度的规定。

传统意义上的期货交易场所以经纪人喊价的方式组织交易，由物理上巨大的交易池组成，只有会员经纪人才能进入交易池传递和处理客户或者自身的交易指令，达成交易。通常来说，只有取得会员资格的市场主体才有资格进入期货交易场所进行交易。也就是说，进入期货交易场所参与交易是会员的特权。随着信息技术不断革新，有形的交易池被电子技术设施和网络取代，使不再通过交易场所会员参与期货交易成为可能；同时，会员制交易场所逐步式微，被公司制交易场所或者上市公司形式的交易场所取代，会员享有的选举和被选举的社员权和管理性质的权利逐渐被取消，但会员直接入场交易的权利被保留。

随着信息技术的革新，直接连接交易场所交易系统，在技术上成为可能，但也带来一些问题：(1)直接连接交易场所可以获得速度上的优势，可以抢先于普通交易者达成交易，通过不公平的方式获得速度上的优势，从而严重危害市场的公正性，损害交易者的信心。(2)直接连接交易场所，没有订单审核机制，可能导致大量订单直接进入交易场所，威胁交易秩序。(3)期货交易者直接进入交易场所，可能造成较大的风险敞口，而自己无力清算，可能造成结算风险，引发连锁风险，造成系统性风险。

基于上述考虑，本法结合国际通行做法，总结既有经验，对进入期货交易场所交易作了如下规定：

一是确认了期货交易场所会员进场交易的特权。期货交易场所的会员包括期货经营机构会员和非期货经营机构会员。会员应当符合国务院期货监督管理机构和期货交易场所规定的条件。原则上说，期货交易者只能通过获得经纪业务资格的期货经营机构会员参与期货交易，非期货经营机构会员只能进行自营交易，不得代客交易。

二是允许符合国务院期货监督管理机构规定条件的交易者可以不经期货经营机构会员直接入场，参与期货交易。通常来说，符合规定条件的交易者应当财务稳健，信息技术系统稳定，建立适当的风控系统，能够阻止异常订单进入交易场所，并由第三方为其交易提供结算担保等。国际上普遍禁止交易场所提供没有任何风控系统的直接接入服务，避免因技术等方面的故障，防范无法完成结算造成风险。

三是无论是会员还是直接进入期货交易场所的交易者，都应当遵守国务院期货监督管理机构、期货交易场所关于连接交易场所的规定，如不得私下转让交易特权，不得损害正常的交易秩序。

第二十条　交易者委托期货经营机构进行交易的，可以通过书面、电话、自助终端、网络等方式下达交易指令。交易指令应当明确、具体、全面。

【释义】　本条是关于期货交易者下达交易指令的规定。

本条对期货交易者下达交易指令的行为进行了规定。交易者可以通过书面、电话、自助终端、网络等方式下达交易指令。目前,全球市场已经基本完成向电子化交易方式的转变。20 世纪 90 年代,我国期货交易场所已经可以通过电子化方式下达交易指令,通过电子化方式进行集中结算,实现了电子化交易方式的弯道超车。目前,通过网络方式下达交易指令已经成为我国期货市场交易的主导方式。与其他方式相比,电子化交易方式准确性更高,效率更高,交易速度更快,更易于提升市场流动性,充分发挥价格传播的功能。针对各类下达交易指令的方式,《期货公司监督管理办法》规定了行为规范,期货公司应当建立交易指令委托管理制度,并与客户就委托方式和程序进行约定。期货公司应当按照客户委托下达交易指令,不得未经客户委托或者未按客户委托内容,擅自进行期货交易。以书面方式下达交易指令的,客户应当填写书面交易指令单;以电话方式下达交易指令的,期货公司应当同步录音;以计算机、互联网等委托方式下达交易指令的,期货公司应当以适当方式保存。以互联网方式下达交易指令的,期货公司应当对互联网交易风险进行特别提示。

同时,该条要求交易指令应当明确、具体、全面。"明确、具体、全面"应做全面理解。目前,期货交易场所推出的新类型的交易指令,包括市价指令、限价指令、套利指令等,虽然这些新类型的指令表面上似存在相关要素缺失,但实际上该类指令是为了完成特定的交易策略,相关要素的缺失不意味着该交易指令不符合上述要求。受委托的期货经营机构应当对交易指令是否符合该条的要求进行审核,如不符合,应当按照经纪业务管理规范和经纪合同的约定进行处理。在电子化交易场景下,不符合期货交易场所业务规则的指令,会被视为异常数据,被交易所的服务器拒绝。如确实出现交易指令不明确、具体、全面的情况,《最高人民法院关于审理期货纠纷案件若干问题的规定》对交易指令相关要素缺失的处理作出了规定。其中,第 20 条规定:"客户下达的交易指令没有品种、数量、买卖方向的,期货公司未予拒绝而进行交易造成客户的损失,由期货公司承担赔偿责任,客户予以追认的除外。"第 21 条规定:"客户下达的交易指令数量和买卖方向明确,没有有效期限的,应当视为当日有效;没有成交价格的,应当视为按市价交易;没有开平仓方向的,应当视为开仓交易。"

第二十一条　通过计算机程序自动生成或者下达交易指令进行程序化交易的,应当符合国务院期货监督管理机构的规定,并向期货交易场所报告,不得影响期货交易场所系统安全或者正常交易秩序。

【释义】 本条是关于程序化交易的规定。

程序化交易是在没有或者极少人工干预的情况下,交易者通过计算机程序(算法)自动下达订单或者确定订单各个参数,如是否下达订单、何时下达订单、交易场所选择、订单价格或数量,以及订单下达后的管理(如撤销或修改订单)等的电子化交易技术。高频交易是程序化交易的一种,由于高频交易对市场影响较大,争议最多,境内外市场监管重点普遍是高频交易。其突出特点有:(1)低延时。利用先进的信息技术更快地传输、处理订单信息,以减少网络和其他方面的"延迟",获得速度上的竞争优势,更快地执行订单,抢先于其他交易者进行成交。常见方法有:交易者物理上接近交易场所的交易系统;使用专门网络传输订单,减少网络拥塞;将主机托管至交易场所;将交易者的交易系统直接连接交易场所的交易系统。(2)高日内交易指令传输信息率。单只金融工具每秒钟完成 2 次及以上交易指令信息传输,所有金融工具每秒钟完成 4 次及以上交易指令信息传输(欧盟标准);交易者通过单次少量但高频率交易的方法,从微小价格变动中获取收益。(3)高撤单率、下单量和撤单量。单个交易日订单、撤销订单数量较高,下单总数量(包括下达、撤销或者修改订单的数量)与达成交易的订单数量之间的比率(Order to Trade Rate,OTR)也较高。(4)自动化。利用计算机程序自动收集、分析信息,并基于收集、分析信息的情况自动实施交易。(5)持仓或者订单存续时间较短。每个交易日结束后持仓基本为零,不承担隔夜市场风险。(6)专业化。交易者通常是投资银行、对冲基金或者独立专业自营交易商,市场份额逐步向头部机构集中。高频交易本质是通过计算机程序和通信技术执行人工无法完成的交易策略的过程。

高频交易策略大致可以分为 3 类:(1)做市策略。与官方核准的做市商类似,高频交易商以较低的价格买入金融工具,以较高的价格卖出金融工具,赚取买卖价差。(2)套利策略。高频交易商会利用瞬间出现的不同市场之间同一金融工具的价格差异、关联金融工具之间的价格差异(如股票与其衍生品)等进行套利。(3)趋势策略。该策略又可以分为两类:一类是事件策略,即持有相关金融工具,并期待市场释放利好消息,待利好消息发布后,立即抢先执行交易。另一类是通过下达订单等方式寻找隐藏的交易需求(机构交易者为降低交易成本,通常会选择拆细方式下达订单),并抢先执行。

高频交易在增强流动性,促进市场信息传播、分析和利用,降低交易成本,提高市场效率的同时,也对市场造成了负面影响:(1)高频交易持仓或者订单存续时间极短,伴随高速执行、巨额交易量,金融工具价格偏离其公允价值,影响订单簿展示订单和其他交易者的决策,损害市场价格发现功能。(2)高频交易商拥有技术优势,监测大额订单,损害了市场公平性,降低交易者信心;滥用高频交易下达虚假非善意的订单指令影响交易秩序。(3)在市场高度联通的情况下,快速自动执行订单可能会加剧市场波动的连锁反应;特别是一旦出现技术故障,突然下达巨量订单,容易造成市场崩溃。

本条对期货市场的程序化交易进行了规定,将程序化交易界定为"通过计算机程序自动生成或者下达交易指令"的行为,明确程序化交易者向期货交易场所报告的义务,并要求程序化交易不得影响期货交易场所系统安全或者正常交易秩序,并授权国务院期货监督管理机构出台管理规定。

实践中,程序化交易者已经按照交易所业务规则,报告程序化交易的相关情况。如上海期货交易所要求,会员单位应事先向上海期货交易所上报使用"由计算机按照事先设定的具有行情分析、风险管理等功能的交易模型,自动下达交易信号或报单指令"程序化交易软件客户的相关信息;提供客户的交易编码、远程交易席位;描述程序化交易软件基本信息和基本功能。一些期货交易场所还要求提供客户资金来源信息以及是否使用杠杆、客户身份等信息。还有一些期货交易场所要求交易者提供交易的基本策略和交易模式。

第二十二条　期货交易实行保证金制度,期货结算机构向结算参与人收取保证金,结算参与人向交易者收取保证金。保证金用于结算和履约保障。

保证金的形式包括现金,国债、股票、基金份额、标准仓单等流动性强的有价证券,以及国务院期货监督管理机构规定的其他财产。以有价证券等作为保证金的,可以依法通过质押等具有履约保障功能的方式进行。

期货结算机构、结算参与人收取的保证金的形式、比例等应当符合国务院期货监督管理机构的规定。

交易者进行标准化期权合约交易的，卖方应当缴纳保证金，买方应当支付权利金。

前款所称权利金是指买方支付的用于购买标准化期权合约的资金。

【释义】 本条是关于保证金的规定。

期货交易实行保证金制度，即负有结算交割义务的合约当事人应当按照国务院期货监督管理机构的规定向对方支付合约价值一定比例的保证金，用以覆盖期货交易产生的风险敞口，保障期货交易的履约，并用于结算交割。保证金制度，是期货交易区别于现货交易的重要特征。保证金又可以分为初始保证金和变动保证金。本条对保证金支付义务人、形式、比例、履约保障形式等进行了规定。在标准化期权合约交易中，合约买方应当向卖方支付权利金，本条对权利金进行了规定。

一、保证金的支付义务人

期货合约的交易中，双方互负义务，期货交易者应当向对方支付保证金。由于期货交易采取集中结算，且通常由结算参与人代期货交易者结算，因此，期货交易者应当向结算参与人交纳保证金。同时，与期货结算机构直接发生法律关系的是结算参与人，为控制结算参与人的风险敞口，期货结算机构通常也会向各方的结算参与人收取适当的保证金。在特殊场景下，如中国金融期货交易所的商业银行会员，参与国债期货交易时，自行结算，直接与中国金融期货交易所发生结算法律关系，不需要通过结算参与人进行结算。

二、保证金的形式

保证金的形式包括现金，国债、股票、基金份额、标准仓单等流动性强的有价证券，以及国务院期货监督管理机构规定的其他财产。一般来说，期货结算机构承担维护市场整体稳定，防范全市场风险的职责，因此，对保证金的形式要求相对较高，通常要满足低流动性风险（流动性强）、低市场风险（价值稳定）、低信用风险的要求。同时，期货结算机构还要高度关注保证金形式可能带来的集中度风险和顺周期风险。集中度风险,是指保证金的形式过度集中于某一特定类型的资产,导致结算参与人未及时履约时,期货结算机构无法及时有效处置保证金以用于履约的风险;顺周期风险,是指期货结算机构收取的保证金在一段时间内受到同一风险影响而大幅度贬值的风险。例如,《期货交易所管理办法》第 72 条规定:“有价证券作为保证金的金额不得高于会员在期货交易所专用结算账户中的实有货币资金的 4 倍。”此外,还可能存在错位风险,即结算参与人以自己发行的证券冲抵保证金时,如结算参与人违约,则其发行的证券也会大幅度贬值。因此,期货交易场所、期货结算机构也有权拒绝结算参与人将自己发行的证券作为保证金。

三、保证金的比例

保证金的水平直接决定了交易的杠杆、市场总体风险状况。保证金比例越高,杠杆就越小,相应的风险就越小,但保证金使用效率较低影响市场的效率和竞争力;反之,保证金比例越低,则保证金和市场效率会提高,但杠杆越大,风险越大。因此,合理地确定保证金水平是期货市场监管的重要内容。传统意义上,期货交易场所、期货结算机构、结算参与人按照合约价值一定比例确定保证金标准。在此基础上,结算参与人相应地增加一定数量的保证金。

随着结算技术革新,国际上出现了组合保证金、交叉保证金等新的保证金比例确定方式,有效提高了保证金的使用效率。组合保证金,是指如果结算的全部合约中,两个或者两个以上的合约风险具有可靠的相关性,则允许抵销或者减少该合约的保证金数量。交叉保证金,是指两个或者两个以上的期货结算机构达成协议,将其共同的结算参与人代为结算的合约和保证金作为共同组合统一考虑。目前,上海证券交易所和中国证券登记结算有限责任公司共同推出了股票期权组合策略业务,允许特定交易策略按照合约组合收取保证金。中国金融期货交易所推出了单边保证金,即交易所可以按照交易保证金单边较大者进行收取:(1)同一客户号在同一会员处的同品种、跨品种双向持仓(实物交割合约在交割月前 1 个交易日收盘后除外);(2)交易所认为必要的其他情况。

四、有价证券等作为保证金的方式

不同种类的保证金形式，决定了实现保障履约的方式，而不同履约保障方式也决定了履约保障功能的效果，决定了权利人的权利范围和权利人处置保证金的方式。本法结合期货市场的实践情况，授权自主创设质押以外的新型履约保障方式，有力支持了期货市场的需要。国际上针对保证金实现履约保障的方式大致分为质押式和转移式两类。

所谓质押式，即交易者、结算参与人根据《民法典》的相关规定，将保证金质押给结算参与人、期货结算机构，结算参与人、期货结算机构获得质押权，包括动产质押权和权利质押权。实践中，交易所普遍采取了权利质押的方式，交易者将有价证券质押给结算参与人，结算参与人将有价证券转质押给期货结算机构。实践中，期货结算机构的业务规则对有价证券质押作了具体规定，如中国金融期货交易所规定，“结算会员的客户、受托交易会员以有价证券作为保证金的，视为同意结算会员将其有价证券提交交易所作为保证金。交易会员的客户以有价证券作为保证金的，视为同意交易会员将其有价证券提交结算会员作为保证金，并同意结算会员将其有价证券提交交易所作为保证金。会员、客户以有价证券作为保证金的，视为授权交易所委托托管机构对其申报账户内的对应有价证券进行划转或者质押登记处理。有价证券的划转、质押登记以及管理等相关业务按照托管机构有关规定办理”。

所谓转移式，即交易者、结算参与人将非现金形式的保证金的相关权益，包括所有权，全部转移给结算参与人、期货结算机构，结算参与人、期货结算机构以此权利作为履约保障。在交易者、结算参与人违约时，结算参与人、期货结算机构已经取得对该保证金的权利，其权利优先于其他债权人，结算参与人、期货结算机构可以直接处置该财产，将其用于弥补损失，而不适用《民法典》关于担保物权的有关规定。

除了质押式和转移式外，期货交易场所、期货结算机构理论上在不违反法律、行政法规的情况下，还可以结合有价证券的特征和期货交易履约保障的特征创设新的履约保障方式。

五、有价证券等作为保证金的估值和折扣率

准确、及时确定保证金价值是有价证券等作为保证金的重要前提条件。

同时,由于有价证券可能会受到多方面因素的影响,其价值会产生波动,因此,期货交易所、期货结算机构、结算参与人可以对有价证券进行适当的估值,并设定合理的折扣率,以保障有效覆盖期货交易持仓的风险。《期货交易所管理办法》第 71 条规定,“期货交易所应当制定有价证券作为保证金的规则,明确可以作为保证金的有价证券的种类、基准计算价值、折扣率等内容。期货交易所可以根据市场情况对作为保证金的有价证券的基准计算价值进行调整”。

六、权利金的定义和缴纳

期权合约的买方,享有在将来某一时间内买入或者卖出标的的权利,相应地,买方应当为获得该项权利支付一定的对价。权利金即是买方购买该笔权利而向该权利的义务主体支付的一笔资金,是期权合约买卖的价款。

第二十三条　期货交易实行持仓限额制度,防范合约持仓过度集中的风险。

从事套期保值等风险管理活动的,可以申请持仓限额豁免。

持仓限额、套期保值的管理办法由国务院期货监督管理机构制定。

【释义】　本条是关于持仓限额的规定。

持仓限额制度是期货市场和衍生品市场最基础的制度之一。持仓限额是期货交易场所的会员为交易者开立的仓位、交易者为自身利益开立的仓位、结算参与人代为结算的仓位按单边计算的某一合约投机头寸的最大数额。持仓限额制度既是日常监管的制度,又是风险控制的重要措施。该制度的目的在于防范期货市场的仓位集中于某个交易者,形成持仓优势,操纵市场,影响市场功能的正常发挥,同时防范单一交易者、会员或者结算参与人因过度持仓产生信用风险,影响结算体系的稳定性。

一是持仓限额制度适用于投机交易。交易者基于套期保值参与期货交易可以向监管机构、交易场所等申请持仓限额豁免。实践中,期货做市交易行为负有双边报价的义务,也可以申请持仓限额的豁免。

二是适用的对象。限制仓位不仅包括交易者为自身利益进行的期货交易,还包括期货经营机构提供经纪服务的期货交易、期货结算机构的结算参与人代为结算的期货交易。如上海期货交易所规定,持仓限额是指交易所规定的会员或者客户对某一期货合约单边持仓的最大数量。上海期货交易所的非自营会员既提供期货经纪服务,又充当结算参与人,提供结算服务。也就是说,上海期货交易所采取了会员和交易者相结合的限仓方法。

三是防范规避持仓限额管理的措施。为防范通过不同的账户进行期货交易,实施分仓行为,规避持仓限额制度限制,交易者通过实际控制关系持有的期货交易的仓位应当合并计算。

四是限制持仓限额的方法。持仓限额制度的重要目的是防范风险。因此,结合期货市场以及特定合约品种,不同月份的合约,统一合约品种所有合约月份、交易者、交易方向等风险状况,设置不同的持仓限额。如上海期货交易所可以根据合约月份、某一合约月份的不同阶段(如临近交割月或者处于交割月的合约)、会员的分类评级情况设定不同的持仓限额。

五是持仓限额的管理权限。本法授权国务院期货监督管理机构通过制定管理办法的方式对持仓限额制度作出规定。

第二十四条　期货交易实行交易者实际控制关系报备管理制度。交易者应当按照国务院期货监督管理机构的规定向期货经营机构或者期货交易场所报备实际控制关系。

【释义】　本条是关于实际控制关系报备的规定。

交易者实际控制关系报备管理制度与证券市场一致行动人制度异曲同工,目的在于全景式地了解某个交易者的交易行为,监控、监测、调查、认定操纵市场和异常交易活动等违法违规行为,防范规避期货交易及其持仓的合并计算。实际控制关系是提高市场透明度,掌握期货交易及其权益的重要手段,是账户实名制的重要制度补充。本条要求具有实际控制关系的交易者应当按照监管机构的规定,向期货经营机构或期货交易场所报备实际控制关系。

一是报告义务主体是交易者。交易者是报告存在实际控制关系主体的第一责任人,期货经营机构、期货交易场所具有管理职责。《期货公司监督管理办法》要求:客户对拟开立的账户与其他账户存在实际控制关系的,应当在开户时向期货公司披露;期货公司应当及时向期货交易所、期货保证金安全存管监控机构报告;期货公司应当充分告知客户有关实际控制关系账户管理的规定,对客户实际控制关系账户的申报和变更进行管理。

二是报告的对象。本条要求交易者报告的对象是期货经营机构或者期货交易场所。

三是实际控制关系的认定。“实际控制关系”不仅包括《公司法》所述的控股股东、实际控制人关系,还包括其他足以对其他主体的决策形成重要影响的关系。郑州商品交易所规定,“实际控制是指行为人(包括个人、单位)对他人(包括个人、单位)期货账户具有管理、使用、收益或者处分等权限,从而对他人交易决策拥有决定权或者重大影响的行为或事实”。实践中还存在推定的实际控制关系,如郑州商品交易所,将“行为人与他人交易行为具有一致性且存在一方向另一方提供期货交易资金的,或者行为人与他人交易行为具有一致性且双方交易终端信息一致的”情形推定为具有实际控制关系。

四是实际控制关系报备的内容。实践中,初次申报时,交易者应当报备其和被控制主体的基本信息,以及实际控制关系的描述等。在实际控制关系存续过程中,交易者可以对实际控制关系进行申报变更、解除。监管机构可以基于监管的需要,要求交易者提供更多的关于实际控制关系的信息。交易者应当承诺报备的内容真实、准确、完整,不得存在虚假记载、误导性陈述或者重大遗漏,否则,可能也会被认定为未按照规定报备。

第二十五条　期货交易的收费应当合理,收费项目、收费标准和管理办法应当公开。

【释义】　本条是关于期货交易收费的规定。

期货交易费用是期货交易场所、期货结算机构提供期货交易服务的价格,包括期货交易场所组织提供期货交易的手续费、席位费、数据费等,期货结算机构为期货交易提供结算、交割服务的收费。对此,国际证监会组织在《金融市场基础设施原则》中建议,金融基础设施应公开披露单项服务的费用,以及任何可用的折扣政策,以便参与者充分了解参与市场的成本;同时应持有足够的流动性资产,满足金融基础设施在不同情景下(包括在不利的市场环境)当前和预计的运营支出。

根据《价格法》第 3 条的规定，价格分为 3 类：市场调节价、政府指导价和政府定价。本条规定收费应当合理，收费项目、标准和管理办法应当公开，防范产生不正当竞争行为。实践中，期货交易场所、期货结算机构收取的交易手续费、结算手续费标准由期货交易场所、期货结算机构通过业务规则的形式发布实施，由国务院期货监督管理机构进行审查监管。一方面，期货交易的收费是期货交易场所的业务收入的主要来源，是期货交易场所、期货结算机构等维持正常运营，提取风险准备金，构建结算违约瀑布等重要资金来源，直接决定了期货交易场所的可持续经营和自律监管功能的正常发挥。另一方面，期货交易的收费是抑制投机的重要手段，起到了"托宾税"的作用，是期货交易场所风险控制的主要措施之一。特别是针对高频交易，境内外市场普遍设置了差额的手续费，用以抑制过度投机带来的市场波动。

第二十六条　依照期货交易场所依法制定的业务规则进行的交易，不得改变其交易结果，本法第八十九条第二款规定的除外。

【释义】　本条是关于期货交易最终性的规定。

期货市场是匿名的公开集中交易市场，一笔期货交易被认定无效或者被撤销不仅影响双方交易者自身的权益，涉及期货市场的稳定和价格形成，还会影响期货结算机构的中央对手方结算，引发系统性风险。因此，本条对期货交易法律效力作了特别规定，肯定了期货交易最终性，依法达成的期货交易应当具有法律效力，不能随意被认定为无效或者被撤销，以确保期货交易的严肃性，维护交易秩序的稳定。据此，交易者不能以市场受到内幕交易、无民事行为能力等为由，请求司法机关或者仲裁机构认定民事行为无效。

但如果出现突发性事件，期货交易场所可以根据本法第 89 条第 2 款的规定，依据业务规则，采取取消交易等措施，并及时向国务院期货监督管理机构报告并公告。目前，一些期货交易场所建立了错单交易制度。例如，《上海证券交易所股票期权试点交易规则》第 85 条第 1 款规定："因合约标的市场或者期权市场发生不可抗力、意外事件、技术故障以及重大差错，导致期权交易结果出现重大异常，按此交易结果进行结算将对期权交易正常秩序和市场公平造成重大影响的，本所可以采取取消交易等措施，并向中国证监会报告。”

第二十七条　期货交易场所会员和交易者应当按照国务院期货监督管理机构的规定，报告有关交易、持仓、保证金等重大事项。

【释义】 本条是关于期货市场重大情况报告的规定。

本条明确报告的主体包括期货交易场所的会员和交易者，报告内容包括有关交易、持仓、保证金等重大事项，并授权国务院期货监督管理机构出台报告规定，本法第130条明确了未报告的法律责任。具体来说：

一是报告的主体。本条规定的报告主体是期货交易场所的会员和交易者。在监管实践中，国务院期货监督管理机构可以基于交易目的（套期保值或者投机）不同、交易者类型（商业银行、证券公司、产业客户、普通交易者）不同，要求交易者报告不同的信息。

二是报告的对象。本条没有规定报告的对象，实践中，报告对象可以是期货经营机构，再由期货经营机构向期货交易场所、期货结算机构、国务院期货监督管理机构报告；也可以由期货经营机构直接向期货交易场所、期货结算机构、国务院期货监督管理机构报告。

三是报告的内容。本条列举了交易、持仓、保证金，并以“等重大事项”兜底。对此，我们理解，国务院期货监督管理机构如规定交易、持仓、保证金之外的报告事项的，必须以“重大”为前提。

目前，交易所实行大户持仓报告制度，即非期货公司会员、境外特殊非经纪参与者或客户某品种持仓合约的投机头寸达到交易所对其规定的投机头寸持仓限量80%以上（含本数）时，非期货公司会员、境外特殊非经纪参与者或客户应向交易所报告其资金情况、头寸情况。

第二十八条　任何单位和个人不得违规使用信贷资金、财政资金进行期货交易。

【释义】 本条是关于信贷资金、财政资金的规定。

信贷资金负有向存款人刚性兑付的义务，风险承受能力较弱，与期货交易的投机性存在一定程度的不匹配。财政资金则主要用于公共项目，实现政府公共目的。资金性质决定了上述两类资金不宜参加投机交易,博取市场波动的价差。因此,本法基于上述考虑,要求不能违规使用信贷资金、财政资金参与期货交易。

第二十九条　期货经营机构、期货交易场所、期货结算机构、期货服务机构等机构及其从业人员对发现的禁止的交易行为,应当及时向国务院期货监督管理机构报告。

【释义】　本条是关于向国务院期货监督管理机构报告禁止的交易行为义务的规定。

本条规定了期货经营机构、期货交易场所、期货结算机构、期货服务机构等机构及其从业人员向国务院期货监督管理机构报告其发现的禁止交易行为的义务。

一是禁止的交易行为。禁止的交易行为,主要是指操纵市场,内幕交易,编造、传播虚假信息等。

二是报告的主体。本条规定的义务主体是期货经营机构、期货交易场所、期货结算机构、期货服务机构等机构及其从业人员。

三是与举报奖励制度的衔接。本法还规定了举报奖励制度,即第110条规定:"对涉嫌期货违法、违规行为,任何单位和个人有权向国务院期货监督管理机构举报。对涉嫌重大违法、违规行为的实名举报线索经查证属实的,国务院期货监督管理机构按照规定给予举报人奖励。国务院期货监督管理机构应当对举报人的身份信息保密。"本条和第110条规范的对象均是对发现的期货违法、违规行为向国务院期货监督管理机构的报告制度,具有一定的重合性。对此,我们理解,本条的义务应当限定于职务行为、经营行为,如期货经营机构及其从业人员基于其职务行为、经营行为,发现期货违法、违规行为,负有向国务院期货监督管理机构报告的义务,不适用举报制度。而如果期货经营机构及其从业人员不是基于其职务行为、经营行为,发现期货违法、违规行为,向国务院期货监督管理机构报告的,可以适用举报奖励制度。

第三节 衍生品交易

第三十条 依法设立的场所,经国务院授权的部门或者国务院期货监督管理机构审批,可以组织开展衍生品交易。

组织开展衍生品交易的场所制定的交易规则,应当公平保护交易参与各方合法权益和防范市场风险,并报国务院授权的部门或者国务院期货监督管理机构批准。

【释义】 本条是关于组织开展衍生品交易的场所的规定。

一、衍生品进场交易的趋势

传统的衍生品交易,又称场外衍生品交易,主要是交易双方在交易场所之外,通过一对一签订协议的方式进行交易。随着金融市场的发展,衍生品结构日益复杂,交易频繁且金额巨大,交易风险极易积聚和蔓延,迫切需要加强对衍生品交易的监管;同时,随着标准化、规范化的主协议的出现和广泛应用,加强对衍生品交易的监管成为可能;但 2008 年国际金融危机爆发之前,金融市场发达国家和地区出于争夺金融资源等方面的考虑,大多放任衍生品交易在场外进行,对衍生品交易缺乏必要监管。在 2008 年国际金融危机中,场外衍生品被认为是重要导火索和风险源。之后,有关国际组织、金融市场发达国家和地区纷纷参考场内衍生品监管模式,加强对场外衍生品的监管,其中重要一条就是要求或者引导场外衍生品进场交易,并对衍生品交易场所加强监管。2009 年,二十国集团召开匹兹堡峰会,提出所有标准化的场外衍生品均应当通过交易所或者电子交易平台进行交易。

二、我国的衍生品交易场所

我国的衍生品市场发展情况与境外金融市场发达国家和地区有所不同,交易者自发开展的衍生品交易起步较晚。在政府部门的推动下,有组织的衍生品交易市场得到迅速发展,并且从一开始监管就较为严格。20 世纪末,中国外汇交易中心和全国银行间同业拆借中心等交易平台相继成立,由中国人民银行主导的银行间衍生品市场开始逐步发展。目前,中国外汇交易中心暨全国银行间同业拆借中心开展了利率类、外汇类、信用类等衍生品交易。进入21世纪,证监会主管的证券期货市场场外衍生品业务加速发展。证券期货市场以金融机构柜台交易为主,同时也有进场交易。例如,郑州商品交易所和大连商品交易所开展了商品互换衍生品等交易。

总结实践情况,本条第1款规定,依法设立的场所,经国务院授权的部门或者国务院期货监督管理机构审批,可以组织开展衍生品交易。适用这一规定,需要把握以下几点:一是衍生品交易场所应当是依法设立的,但不要求一定是专门为开展衍生品业务而设立的。二是这些场所组织开展衍生品交易,应当经国务院授权的部门或者国务院期货监督管理机构审批。其中,"组织开展衍生品交易"是指为市场交易主体提供衍生品交易场所的市场服务;"国务院授权的部门"是指中国人民银行等承担衍生品市场监管职能的机构;"国务院期货监督管理机构"是指证监会。

三、组织开展衍生品交易的场所制定交易规则

本条第2款规定,组织开展衍生品交易的场所制定的交易规则,应当公平保护交易参与各方合法权益和防范市场风险,并报国务院授权的部门或者国务院期货监督管理机构批准。适用这一规定,需要把握以下几点:一是组织开展衍生品交易的场所应当制定交易规则。交易规则是衍生品交易场所运行的基础性文件,是规范交易参与各方行为、明确权利义务关系的基本准则。二是交易规则应当公平保护交易参与各方合法权益。只有如此,才能够吸引更多主体参与交易,实现交易场所的长期稳定健康发展,更好地服务于国民经济。三是交易规则应当突出防范市场风险。衍生品交易杠杆率高、产品结构相对复杂,容易因过度投机引发金融风险,因此交易规则应当完善制度设计,切实防范市场风险。四是交易规则应当报国务院授权的部门或者国务院期货监督管理机构批准。在立法过程中,《中华人民共和国期货法(草案)》规定交易规则应当报送"备案"。在该草案征求意见时,有意见认为,交易规则在衍生品市场发挥着重要作用,直接影响交易者的基本权利义务,应当对其加强监管。因此,本条要求,交易规则应当事先报经国务院授权的部门或者国务院期货监督管理机构"批准"。

第三十一条　金融机构开展衍生品交易业务，应当依法经过批准或者核准，履行交易者适当性管理义务，并应当遵守国家有关监督管理规定。

【释义】 本条是关于金融机构开展衍生品交易业务的规定。

金融机构是衍生品交易活动中的重要主体。一方面，金融机构是交易者参与衍生品交易的主要渠道，或者与交易者通过柜台互为交易对手一对一开展衍生品交易，或者为交易者参与衍生品交易场所的交易提供经纪服务；另一方面，金融机构是衍生品交易场所的重要参与者，通过参与衍生品交易场所的交易以管理交易过程中存在的风险或者投机获利。因此，加强对金融机构开展衍生品交易业务的规范十分必要，本条主要提出了以下要求。

一、金融机构开展衍生品交易业务，应当依法经过批准或者核准

所谓“金融机构开展衍生品交易业务”，实践中主要有以下常见类型：(1)由客户发起，金融机构为满足客户需求提供的代客交易和金融机构为对冲相关风险而进行的交易；(2)金融机构为承担做市义务持续提供市场买、卖双边价格，并按其报价与其他市场参与者进行的做市交易；(3)金融机构主动发起，运用自有资金，根据对市场走势的判断，以获利为目的进行的自营交易。

实践中，我国商业银行、证券公司、保险公司等众多金融机构都参与了衍生品交易，国务院金融监管机构、有关行业协会对这些金融机构都实行了一定的准入管理，但管理方式不尽相同。例如，原银监会 2011 年发布的《银行业金融机构衍生产品交易业务管理暂行办法》第 6 条规定，“银行业金融机构开办衍生产品交易业务，应当经中国银监会批准”。中国证券业协会 2020 年发布的《证券公司场外期权业务管理办法》规定，证券公司参与场外期权交易实施分层管理，根据公司资本实力、分类结果、全面风险管理水平、专业人员及技术系统情况，分为一级交易商和二级交易商；最近一年分类评级在 A 类 AA 级以上的，经证监会认可，可以成为一级交易商。银保监会办公厅 2020 年印发的《保险资金参与金融衍生产品交易办法》规定，保险集团(控股)公司、保险公司参与衍生品交易，应当符合规定的资质条件。在制定本法的过程中，考虑到金融机构在衍生品交易过程中的重要作用，国务院各金融监管机构均认为有必要进一步严格其准入管理；同时，考虑到银

行、证券期货、保险行业的差异,有必要保留一定的灵活空间。因此,本条规定,金融机构开展衍生品交易业务,应当依法经过批准或者核准。据此,各金融监管机构对金融机构开展衍生品交易业务可以采取批准制,也可以采取核准制,但不能采用备案制等更为宽松的管理方式。

二、金融机构开展衍生品交易业务,应当履行交易者适当性管理义务

衍生品交易具有高风险、高杠杆的特点,对交易者的风险识别能力、风险承受能力要求较高。近年来,随着我国衍生品交易的发展,商业银行、证券公司等金融机构,私募基金等资产管理产品,以及实体企业纷纷参与了衍生品交易,甚至一些自然人也直接或者间接参与了衍生品交易。实践中,有关金融监管机构、行业协会对金融机构的交易者适当性管理义务提出了一些要求。例如,原银监会 2011 年发布的《银行业金融机构衍生产品交易业务管理暂行办法》规定,银行业金融机构应当制定完善客户适合度评估制度,在综合考虑衍生产品分类和客户分类的基础上,与有真实需求背景的客户进行与其风险承受能力相适应的衍生产品交易。中国证券业协会 2020 年发布的《证券公司场外期权业务管理办法》规定,商品类场外期权交易对手方应当是符合《证券期货投资者适当性管理办法》规定的专业机构交易者;股票股指类等其他期权交易对手方在符合上述规定的基础上,还需满足其他更加严格的条件。但是,从实施情况来看,仍然出现了一些问题。

总结实践经验,针对实践中出现的问题,本条在法律层面特别强调,金融机构开展衍生品交易业务,应当履行交易者适当性管理义务。所谓交易者适当性管理,是指金融机构开展对客衍生品交易业务(如销售产品或者提供服务)时,应当勤勉尽责,审慎履职,全面了解交易者情况,深入调查分析产品或者服务信息,科学有效评估,充分揭示风险,基于交易者的不同风险承受能力以及产品或者服务的不同风险等级等因素,提出明确的适当性匹配意见,将适当的产品或者服务销售或者提供给适合的交易者。

三、金融机构开展衍生品交易业务,应当遵守国家有关监督管理规定

由于有关方面对衍生品交易还存在不同认识,本法对衍生品交易的规范总体上较为原则,还需要有关配套规定予以进一步细化、明确,并及时总结实践经验,不断调整完善。因此,本条规定,金融机构开展衍生品交易业

务,应当遵守国家有关监督管理规定。实践中,对金融机构开展衍生品交易业务,国务院金融监管机构已经出台了一系列规定。按照本法第38条的要求,国务院还将依照本法的原则,规定对衍生品交易及相关活动进行规范和监督管理的具体办法。此外,国务院金融监管机构还将依据本法和国务院制定的具体办法,对现行规定进行补充、修改、完善。对这些配套规定,金融机构在开展衍生品交易业务时,都应当遵守。

第三十二条　衍生品交易采用主协议方式的,主协议、主协议项下的全部补充协议以及交易双方就各项具体交易作出的约定等,共同构成交易双方之间一个完整的单一协议,具有法律约束力。

【释义】 本条是关于衍生品交易的单一协议的规定。

一、衍生品交易的主协议

与期货交易以交易场所制定的高度标准化合约为基础不同,传统衍生品交易需要交易双方对标的、价格、数量、交割结算、合约期间、违约认定和处理、履约保障机制等合同条款逐一谈判,成本较高、效率较低、法律风险较大。20世纪70年代,随着布雷顿森林体系的瓦解,汇率、利率等领域的风险管理需求带动金融衍生品迅猛发展,交易数额大、频率快、风险高,迫切需要标准化、规范化的交易合约模板,以节约谈判成本、提高交易效率、降低法律风险。

我国20世纪90年代开始出现衍生品性质的业务,主要是外资商业银行和国有企业之间开展的远期结售汇业务。

20世纪末,中国外汇交易中心和全国银行间同业拆借中心等交易平台相继成立,由中国人民银行主导的银行间衍生品市场开始逐步发展,相应的衍生品主协议经历了3个发展阶段:一是"一个产品,一个主协议"。2005年6月,中国人民银行发布《全国银行间债券市场债券远期交易主协议》;2006年7月,外汇交易中心、全国银行间同业拆借中心发布《人民币外汇远期及掉期交易主协议》。二是"两个市场,两个主协议"。2007年,经中国人民银行授权,银行间市场交易商协会发布《中国银行间市场金融衍生产品交易主协议(2007年版)》[NAFMII主协议(2007年版)],适用范围包括但不限于利率、汇率、债券和信用衍生品交易;同年,经国家外汇管理局批准,外汇交易中心发布《全国银行间外汇市场人民币外汇衍生产品主协议(2007年版)》[CFETS主协议(2007年版)],适用于通过外汇交易中心系统进行的人民币外汇衍生品交易。三是“银行间衍生品市场,统一主协议”。2009年,中国银行间市场交易商协会进一步统一NAFMII主协议(2007年版)和CFETS主协议(2007年版)的规则,推出《中国银行间市场金融衍生产品交易主协议(2009年版)》[NAFMII主协议(2009年版)],适用于市场参与者之间开展的利率、汇率、信用、债券、黄金等金融衍生品交易。2010年,为满足信用风险缓释凭证业务的特殊需要,中国银行间市场交易商协会增订并发布了《中国银行间市场金融衍生产品交易主协议(凭证特别版)》[NAFMII主协议(凭证特别版)]。其中,NAFMII主协议(2019年版)是银行间衍生品市场广泛适用的基础合约文本。

进入21世纪,证券期货市场衍生品业务加速发展。证券业协会和期货业协会先后推出了证券公司、期货公司风险管理子公司开展衍生品业务的相关制度和规范。2013年,中国证券业协会根据证监会监管的要求,首次发布了《中国证券市场金融衍生品交易主协议(2013年版)》(SAC主协议),该主协议几经修订,最终形成中国证券业协会、中国期货业协会、中国证券投资基金业协会等联合发布的《中国证券期货市场衍生品交易主协议(2018年版)》[SAC主协议(2018年版)]和《中国证券期货市场衍生品交易主协议(信用保护合约专用版)》(2018年版)。目前,SAC主协议已经成为证券期货衍生品市场常用的基础合约文本。

除上述3种常用主协议外,还有一些衍生品市场参与者自己拟定了交易主协议,称为“自研主协议”。

二、主协议下的单一协议机制

从主要构成上看,3种主协议都由一系列文件群组成,包括:(1)主协议,作为整个文件群的基础框架,主要由格式条款组成,包括适用范围、双方的权利和义务、违约事件和终止事件的类型与处理,当事人可以通过补充协议修改主协议的条款。(2)补充协议,也称为附件,主要是对主协议中需要明确或者调整的相关事项予以增删或者修改,与主协议共同构成一个框架协议,供交易双方选择适用。(3)交易有效约定,也称为交易确认书,是交易者用于约定双方具体交易条款的文件。双方既可以在交易确认书中确定每笔交易的具体条款,也可以针对该笔交易对主协议及补充协议的内容作相应的修改。当交易确认书与主协议或者补充协议冲突时,以交易确认书为准。此外,一般还有配套的履约保障文件(也称信用支持文件)和定义文件(对交易术语作出统一界定)。

单一协议机制,是主协议下的核心机制之一,是指交易双方确认其签署的主协议、补充协议(若有)及针对每一笔具体交易的交易有效约定构成一个完整协议。也就是说,尽管交易双方在主协议下可能达成多笔交易,存在多份交易有效约定,但交易双方之间只存在一个合同关系,而非多个合同关系。主协议下的各项交易除受到各自交易有效约定的约束外,还受到主协议和补充协议的约束。交易一方违反上述3份文件中任何一份文件约定的义务(如在一笔具体交易中出现违约),都构成对整个协议的违反,交易另一方均有权启动主协议项下的违约事件处理程序,维护自身权益。正是单一协议制度的存在,才使衍生品交易主协议制度的另一个核心机制——终止净额结算制度具备了合同上的正当性基础。

因此,在制定本法时,为更好地满足实践需要,专门对衍生品交易主协议制度下的单一协议原则作了规定:"衍生品交易采用主协议方式的,主协议、主协议项下的全部补充协议以及交易双方就各项具体交易作出的约定等,共同构成交易双方之间一个完整的单一协议,具有法律约束力。"

第三十三条　本法第三十二条规定的主协议等合同范本,应当按照国务院授权的部门或者国务院期货监督管理机构的规定报送备案。

【释义】　本条是关于主协议备案的授权的规定。

实践中,我国衍生品交易市场主要有4类主协议:一是中国银行间市场交易商协会发布的《中国银行间市场金融衍生产品交易主协议》(NAFMII主协议)系列,在银行间市场得到广泛应用;二是中国证券业协会、中国期货业协会、中国证券投资基金业协会等联合发布的《中国证券期货市场衍生品交易主协议》系列,在中国证券期货市场得到广泛应用;三是国际掉期与衍生工具协会(ISDA)推出的ISDA主协议系列,主要适用于外资机构柜台交易以及我国交易者与境外交易者之间的跨境交易;四是一些衍生品市场参与者自己拟定的交易主协议,称为“自研主协议”。这些主协议均有可能构成本法第 32 条规定的主协议而适用本条规定。

在制定本法的过程中,全国人大财经委提请全国人大常委会审议的《中华人民共和国期货法(草案)》曾规定:“行业协会或者组织开展其他衍生品交易的机构应当将其他衍生品交易中采用的主协议等格式合同文本,报送国务院授权的部门备案。”对此,有关方面高度关注,提出了较多意见,要求进一步明确、细化:一是关于备案效力。主协议享有终止净额结算的效力,是否应当以报主管部门备案为前提?备案是否相当于有关主管部门对主协议合法性的认可?怎样防止滥用主协议(特别是自研主协议)的终止净额结算效力损害其他债权人的利益?二是关于备案范围。除了 NAFMII 主协议、SAC 主协议外,ISDA 主协议、境外机构使用的其他主协议、金融机构自研主协议等能否报送备案?三是关于备案主体。国际掉期与衍生工具协会、境外衍生品交易场所、境外金融机构等并非我国境内机构,是否为适格的报送备案主体?NAFMII 主协议、SAC 主协议、ISDA 主协议的制定者和使用者并不相同(例如,NAFMII 主协议由中国银行间市场交易商协会制定,在中国外汇交易中心暨全国银行间同业拆借中心大量使用),应当由制定者、交易场所报送备案还是由交易者报送备案?四是关于备案内容。是只需要将主协议文本报送备案,还是包括补充协议、交易确认书在内均需要报送备案?五是备案程序。按照什么程序、报送哪个主管部门备案?

对于上述问题,有关方面尚未形成统一的认识。为了给衍生品交易发展及其监管留出必要空间,本条规定:“本法第三十二条规定的主协议等合同范本,应当按照国务院授权的部门或者国务院期货监督管理机构的规定报送备案。”据此,国务院授权的部门(中国人民银行等负责衍生品监管的机构)、国务院期货监督管理机构(证监会)应当在有关配套规定中进一步明确主协议是否需要报送备案,以及备案的范围、主体、程序等;并及时总结实践经验,适时进行调整完善。待实践经验成熟,有关方面达成足够共识后,再在法律中作出明确规定。

第三十四条　进行衍生品交易,可以依法通过质押等方式提供履约保障。

【释义】 本条是关于衍生品交易履约保障的规定。

履约保障，是指交易一方或双方为了提升其信用水平，促进交易达成，向交易对手提供的显示其履约意愿、为其履约能力提供保障的各种交易安排的总称，实践中主要包括质押式履约保障安排和转让式（又称权益转移式）履约保障安排两种。其中，质押式履约保障安排，是指通过在合格履约保障品上设立质押权来提供担保的一种履约保障方式。转让式履约保障安排，是指出让方将合格履约保障品的所有权转让给另一方，该转让行为构成主协议下的一项交易；在一方发生违约事件或终止事件而导致交易被提前终止时，已转让履约保障品将作为出让方应收到的未付款项，纳入主协议下进行终止净额结算。例如，《中国银行间市场金融衍生产品交易主协议（2009 年版）》即配套规定了质押式履约保障文件和转让式履约保障文件。通过合理的履约保障安排，可以有效覆盖交易双方在主协议下所有存续交易的风险，减少交易对手方违约时的交易损失；同时，当潜在交易一方授信不足时，可以通过提供合格的履约保障品，促进交易顺利达成。

在制定本法的过程中，全国人大财经委提请全国人大常委会审议的《中华人民共和国期货法（草案）》曾规定："其他衍生品交易参与者可以依法通过订立质押合同和其他具有担保功能的合同等方式对其他衍生品交易提供履约保障。"对此，有的意见提出，《民法典》第 388 条中规定："设立担保物权，应当依照本法和其他法律的规定订立担保合同。担保合同包括抵押合同、质押合同和其他具有担保功能的合同。"转让式履约保障安排是衍生品交易中最常用的履约保障安排之一，但是否属于《民法典》规定的"其他具有担保功能的合同"存在不确定性，建议在本法中对其作出明确规定，以确认其法律效力。经研究认为，转让式履约保障安排是源于英美法系的概念，在我国现行法律中并无对应的概念，不宜直接引用；同时，其规则和我国有关民事担保的法律规则存在较大差异，如果直接套用《民法典》"其他具有担保功能的合同"的表述，反而可能给衍生品交易实践造成阻碍。在商事活动中，当事人在典型民事行为之外，有权对双方的权利义务作出特别安排，只要不违反法律的强制性规定即可。因此，本条规定，"进行衍生品交易，可以依法通过质押等方式提供履约保障"。其中的"等"字，就为转让式履约保障留出了制度空间，能够满足衍生品交易实践的需要。

第三十五条　依法采用主协议方式从事衍生品交易的，发生约定的情形时，可以依照协议约定终止交易，并按净额对协议项下的全部交易盈亏进行结算。

依照前款规定进行的净额结算，不因交易任何一方依法进入破产程序而中止、无效或者撤销。

【释义】　本条是关于终止净额结算规则的规定。

一、终止净额结算及其重要意义

终止净额结算（close-out netting）是以主协议方式开展的衍生品交易的核心机制。衍生品交易中，交易者双方之间往往进行一系列交易，互负盈亏（产生一系列未到期的支付义务）。终止净额结算，是指发生约定情形时，主协议项下届时存续的所有交易或者受影响交易被提前终止，交易双方根据约定方式对终止时双方在主协议项下全部被终止交易的互有盈亏头寸进行计算，使交易双方的双向支付义务经过轧差或冲抵，形成一个单向的、净额的支付义务。

终止净额结算对衍生品交易具有重大意义：一是可以防止违约方、受影响方（特别是破产时）只履行对其有利的协议，从而大大降低交易对手的信用风险，进而降低金融衍生品市场的系统性风险。二是《巴塞尔协议》有条件认可终止净额结算的效力，允许单一协议项下的所有交易在轧差后按照净额计算保证金，对无有效终止净额结算条款的交易则提出了更高的保证金要求，终止净额结算机制可以支持更大规模的金融衍生品交易。

由于我国之前没有关于终止净额结算的专门规定，影响了我国衍生品市场的国际竞争力。本法专门明确了终止净额结算的效力，受到国内外的高度关注和广泛欢迎，将极大降低我国企业的衍生品交易成本，打消国际机构参与我国市场的顾虑，促进我国衍生品市场的高质量发展。

二、终止净额结算的适用前提

本条规定："依法采用主协议方式从事衍生品交易的，发生约定的情形时，可以依照协议约定终止交易，并按净额对协议项下的全部交易盈亏进行结算。"也就是说，衍生品交易适用终止净额结算，需要满足以下前提：

一是该衍生品交易依法采用了主协议方式进行。根据本法第 32 条的规定,“衍生品交易采用主协议方式的,主协议、主协议项下的全部补充协议以及交易双方就各项具体交易作出的约定等,共同构成交易双方之间一个完整的单一协议,具有法律约束力”。在单一协议机制下,该主协议项下的若干交易、交易双方互负的盈亏被视为一个合约,因此,发生一方违约事件或者终止事件时,另一方对主协议项下届时存续的所有交易(发生违约事件时)或者受影响交易(发生终止事件时)启动终止净额结算机制,才使净额结算机制有了制度基础。如果不是采取主协议方式进行交易,各个交易各自独立,也就不存在终止净额结算的问题。同时,该衍生品交易应当是依法进行的。例如,应当符合《民法典》等法律法规的规定(特别是关于民事合同效力的规定),应当符合有关主管部门的监督管理规定,等等。

二是发生了约定的情形。实践中广泛使用的《中国银行间市场金融衍生产品交易主协议》、《中国证券期货市场衍生品交易主协议》和国际掉期与衍生工具协会 ISDA 主协议中约定的情形主要包括发生“违约事件”和“终止事件”。违约事件的范围较广,包括交易一方、履约保障提供方未能按照协议支付资金、交付标的物或者提供履约保障,违反协议约定、否认协议效力,作出重大不实陈述,发生特定债务违约且达到约定金额,解散、停业、破产、清算等;终止事件,是指由于不可抗力、政府行为、法律法规规则变化等,导致协议的相关权利无法行使、义务无法履行,协议重大条款无法实现。

三、终止净额结算的效力

依照本条规定,终止净额结算的效力包括:

一是守约方有权依照协议约定终止交易。例如,NAFMII 主协议规定,发生违约事件时,守约方有权提前终止主协议项下届时存续的所有交易;当发生终止事件时,非受影响方有权提前终止受影响的交易。赋予相关方提前终止的权利有两个目的:(1)保障守约方的权益。根据主协议,如果交易一方无法履行某一合约,则意味着整个主协议项下的所有交易违约,如等到其他合约到期后再行使相关权利,可能造成损失扩大,无法实现管理衍生品交易风险的初衷,因此守约方必须有权立即终止。(2)维持市场的平稳运行。考虑到衍生品交易往往具有连锁性,一旦某一方无法履行合约,可能导致后续一系列相关合约的违约，因此需要及时对涉案合约进行处理，防止引发系统性风险。

二是守约方有权按净额对协议项下的全部交易盈亏进行结算。提前终止交易后，首先，需要根据当前的市场价格计算每一笔被提前终止交易的价值。计算的方式均规定在主协议当中，计算的原则是计算被终止交易的公允市场价值。其次，根据前述方式计算出每一笔交易的价值后，再对该等交易下互负的债权债务进行抵销、轧差，得出一个净额，一方负有向另一方支付该等净额的义务，这个义务也是双方当事人在主协议下的唯一义务。通过这种运作，终止净额结算得以最终实现。

三是依法进行的净额结算，不因交易任何一方依法进入破产程序而中止、无效或者撤销，也就是说，终止净额结算具有对抗破产法的效力。终止净额结算的最大障碍在于其与破产法的冲突，这是世界各国普遍遭遇的情况。例如，很多国家的破产法规定，破产管理人享有“合约挑拣履行权”（cherry-picking，又称“摘樱桃”）；如果衍生品交易一方只挑选履行对其有利的合约，而拒绝履行对其不利的合约，将导致交易对手方无法对所有合约进行净额结算，从而损害交易对手方的利益，影响了市场信心。例如，《企业破产法》第 18 条规定，人民法院受理破产申请后，管理人对破产申请受理前成立而债务人和对方当事人均未履行完毕的合同有权决定解除或者继续履行；第 31—33 条规定，在一定期间内对债务人财产不利的行为无效或者可撤销；第 40 条规定，债权人在破产申请受理前对债务人负有债务的，可以向管理人主张抵销，但在特定情形下抵销权受限；第 75 条中规定，在重整期间，对债务人的特定财产享有的担保权暂停行使。

本条第 2 款明确规定，依照本条第 1 款进行的净额结算，不因交易任何一方依法进入破产程序而中止、无效或者撤销。这一规定为终止净额结算提供了优先于《企业破产法》的效力，解决了目前终止净额结算效力不确定的最大难题。

第三十六条　国务院授权的部门、国务院期货监督管理机构应当建立衍生品交易报告库，对衍生品交易标的、规模、对手方等信息进行集中收集、保存、分析和管理，并按照规定及时向市场披露有关信息。具体办法由国务院授权的部门、国务院期货监督管理机构规定。

【释义】 本条是关于衍生品交易报告库的规定。

交易报告库(Trade Repository, TR)是支付结算体系委员会(CPSS)和国际证监会组织发表的《金融市场基础设施原则》(PFMI)所列的5种重要的金融市场基础设施之一。2009年,二十国集团召开匹兹堡峰会,对加强场外衍生品监管达成相关共识,其中一项共识就是对衍生品交易实行强制交易报告,所有衍生品交易(不论是进场还是不进场、是集中清算还是非集中清算)都应当向交易报告库报告,以便监管机构全面掌握市场交易数据,综合判断市场风险。

我国衍生品市场交易报告库建设近年来取得积极进展。2020年,中国期货市场监控中心成为我国境内首家获得金融稳定理事会(FSB)认可的交易报告库;2021年12月,中证机构间报价系统成为我国第二家获得FSB认可的交易报告库。同时,中国外汇交易中心、中国银行间市场交易商协会获得了FSB的准交易报告库资格(TR-like)。制定本法,将衍生品交易报告库制度上升为法律规定,有利于衍生品交易报告库建设,提升衍生品市场透明度,规范和促进衍生品市场平稳健康发展。

为加强对衍生品交易信息的监管、提高市场透明度、防范化解市场风险,在总结实践经验的基础上,本条对衍生品交易报告库制度作了原则规定。依法负责监管相关衍生品市场的国务院授权的部门和国务院期货监督管理机构,应当按照本法要求建立衍生品交易报告库,对衍生品交易相关信息,包括交易标的、规模、对手方等,进行集中收集、保存、分析和管理,并按照规定及时向市场披露有关信息。衍生品交易报告库的具体办法,由国务院授权的部门、国务院期货监督管理机构规定。

第三十七条　衍生品交易,由国务院授权的部门或者国务院期货监督管理机构批准的结算机构作为中央对手方进行集中结算的,可以依法进行终止净额结算;结算财产应当优先用于结算和交割,不得被查封、冻结、扣押或者强制执行;在结算和交割完成前,任何人不得动用。

依法进行的集中结算,不因参与结算的任何一方依法进入破产程序而中止、无效或者撤销。

【释义】 本条是关于衍生品交易集中结算的规定。

衍生品交易的集中结算，是由结算机构作为中央对手方为符合条件的相关衍生品交易提供集中结算，结算机构作为结算参与方的共同对手方，提供集中履约保障。对衍生品交易实行集中结算，有利于降低衍生品交易双方的信用风险和市场整体风险。对衍生品进行集中结算是 2008 年国际金融危机后相关国家加强衍生品监管的重要改革举措之一。2009 年，二十国集团匹兹堡峰会达成关于加强场外衍生品监管的共识，其中一项就是要求符合条件的衍生品合约应在交易所或电子交易平台交易，并在适当情况下，通过中央交易对手进行清算（结算）。

2014 年中国人民银行发布《关于建立场外金融衍生产品集中清算机制及开展人民币利率互换集中清算业务有关事宜的通知》，要求以 FR007（银行间同业 7 天回购定盘利率）、Shibor_ON（上海银行间同业隔夜拆放利率）、Shibor_3M（上海银行间同业 3 个月拆放利率）为参考利率且期限在 5 年以下的人民币利率互换交易，由上海清算所进行集中清算。该通知同时规定："中国人民银行将根据场外金融衍生产品的风险敞口情况、交易活跃程度、定价机制完善情况、标准化程度及指定集中清算机构的准备充分性等情况，决定其他场外金融衍生产品进行集中清算的类别及具体品种。"

在总结实践经验的基础上，本条对衍生品交易的集中结算作了规定。一是经国务院授权的部门或者国务院期货监督管理机构批准，相关结算机构可以作为中央对手方为衍生品交易提供集中结算。二是结算机构经批准为衍生品交易提供集中结算时，成为结算参与方的共同对手方，为防控结算风险、维护结算安全，可以依法对出现违约等情形的相关参与方进行终止净额结算。三是为维护集中结算秩序和结算财产安全，本条规定，"结算财产应当优先用于结算和交割，不得被查封、冻结、扣押或者强制执行；在结算和交割完成前，任何人不得动用"。同时，为保证集中结算的最终性，本条还规定了集中结算对抗破产的法律效力，即"依法进行的集中结算，不因参与结算的任何一方依法进入破产程序而中止、无效或者撤销"。

第三十八条　对衍生品交易及相关活动进行规范和监督管理的具体办法，由国务院依照本法的原则规定。

【释义】 本条是关于授权国务院规定衍生品交易活动规范和监管具

体办法的规定。

制定本法，将衍生品纳入调整范围，填补了衍生品交易基本法律制度的空白。同时，考虑到我国衍生品市场正处于发展成长阶段的实际情况，借鉴国际经验，本法对衍生品交易及相关活动作出了一些原则性、基础性的规定。例如，规定禁止内幕交易、操纵衍生品市场、编造传播虚假信息或者误导性信息等行为，明确组织、开展衍生品交易、结算的监管要求，以及衍生品交易主协议、单一协议效力、终止净额结算效力等，重点解决制约衍生品市场发展的关键性制度问题，同时为衍生品市场改革创新留出充分的制度空间。

为规范和促进衍生品市场持续健康发展，加强衍生品市场制度化建设，本条授权国务院依照本法的原则，对衍生品交易及相关活动进行规范和监督管理的具体办法作出相应规定。从事衍生品交易及相关活动，除应当遵守本法的有关规定外，还应当遵守国务院依据本法的原则制定的有关具体办法。

第三章　期货结算与交割

第三十九条　期货交易实行当日无负债结算制度。在期货交易场所规定的时间，期货结算机构应当在当日按照结算价对结算参与人进行结算；结算参与人应当根据期货结算机构的结算结果对交易者进行结算。结算结果应当在当日及时通知结算参与人和交易者。

【释义】　本条是关于当日无负债结算制度的规定。

一、当日无负债结算制度的定义

当日无负债结算制度，又称逐日盯市制度，是期货市场最基本的结算制度和最主要的风险管理制度，也是期货结算机构履行中央对手方职责的基础制度。其分为两个层级，即期货结算机构对结算参与人进行结算、结算参与人对交易者进行结算。

以期货结算机构对结算参与人进行结算为例，当日无负债结算制度是指期货结算机构在期货交易场所规定的时间，在当日按照确定的结算价，计算结算参与人所持合约的盈亏、交易保证金及手续费、税金等费用，对应收应付实行净额一次划转，相应增加或者减少结算参与人的结算准备金，由此做到当日无负债。

二、实施当日无负债结算制度的原因

与现货交易的全额买卖、“货银兑付”不同，期货交易实行保证金交易，货物和价金不是及时交付的。结算参与人或交易者在了结平仓前，其所持的仓位面临价格波动风险，造成风险敞口。结算参与人或者交易者如果风险控制不力，则可能发生严重亏损甚至爆仓。因此，需要采取有效措施缓释风险，防止风险敞口累积。而期货结算机构作为中央对手方，承担履约保障职责,一旦交易一方亏损而其保证金账户中的资金不足以承担履约责任时,期货结算机构则需要提供履约保障。因此,也需要采取有效措施减轻期货结算机构作为中央对手方面临的潜在未来风险敞口。

历史上,各期货交易所为了缓释风险,做了很多有益尝试。起初只有合约到期后,期货交易所才对经纪商收取费用和差额,而到那时经纪商可能已经累积了较大的风险敞口,影响其履约能力。1881 年成立的利物浦棉花交易所引入了固定日期结算合约,通过将合约的结算周期限定为一周以及引入官方结算价格,即每周盯市一次,以防止风险敞口累积、控制对手方风险。但随着交易量的扩大和参与交易主体的增加,每周盯市一次已不足以缓释风险。1883 年,芝加哥期货交易所(CBOT)修改规则,要求每天出一份结算报告,报告中须列明交割的头寸以及交易各方需结清的款项、支付或者收取的差额,即每日盯市一次。由于每日盯市可以有效控制风险敞口累积,因此各期货交易所和期货结算机构都采用了每日无负债结算制度。随着市场的发展,各期货交易所施行了连续交易机制,所谓的交易日已经突破了自然日的限制。为了将结算参与人的风险累积限制在更短的时间内,期货结算机构在交易日可以多次对结算参与人进行结算,即逐日盯市,从而更好地缓释风险。

当日无负债结算制度已经成为确保交易双方履约、保障期货结算机构中央对手方职责履行最基础、最有效的制度。各国在法律中都明确规定要求期货结算机构进行当日无负债结算。2008 年国际金融危机之后,国际支付结算体系委员会与国际证监会组织发布的《金融市场基础设施原则》指出,中央对手方面临对其结算参与人造成的风险敞口可能因价格、头寸或者两者的变化而迅速变化的风险。不利的价格变动以及结算参与人通过新的交易建立更大的头寸可迅速增加中央对手方对其结算参与人造成的风险敞口。中央对手方可按当前市场价格调整每个结算参与人的未结清头寸,以此确定其对每个结算参与人造成的现实风险敞口。中央对手方应对一切收益和损失轧差操作,并要求对收益和损失进行频繁结算(至少每日一次),以防止现实风险敞口累积、减轻中央对手方可能面临的潜在未来风险敞口。美国《商品交易法》第 5 条(b)款规定了衍生品结算组织核心原则:结算程序中要求衍生品结算组织应当及时完成现金结算,频率不得低于每个营业日一次。

三、分层结算

本条还规定了分层结算，为保障期货结算机构中央对手方职责的履行，期货结算机构仅对结算参与人进行结算，结算参与人再对交易者进行结算。相应地，在结算结果确定后，期货结算机构应当及时通知结算参与人，结算参与人应当在当日及时通知交易者，以便交易者及结算参与人及时知晓结算结果，进行自行平仓、追加保证金、划转资金等后续操作。

第四十条　期货结算机构、结算参与人收取的保证金、权利金等，应当与其自有资金分开，按照国务院期货监督管理机构的规定，在期货保证金存管机构专户存放，分别管理，禁止违规挪用。

【释义】 本条是关于保证金专户存放和禁止违规挪用的规定。

为了保证金、权利金等资金的安全，能够专款专用，防止出现违规挪用情形，本条明确规定，期货结算机构对结算参与人收取的保证金、权利金等资金必须与自有资金严格分离，结算参与人自有资金也必须与向交易者收取的保证金、权利金等资金分开。并且要求期货结算机构、结算参与人收取的保证金、权利金等资金，必须按照国务院期货监督管理机构的规定，在期货保证金存管机构单独开立专门账户存放，分别管理，除用作交易结算外，禁止违规挪用。

当保证金的形式为现金时，保证金应当在期货保证金存管银行专户存放；当保证金的形式为有价证券或国务院期货监督管理机构规定的其他财产时，保证金应当专户存放在相应的期货保证金存管机构。

同时，本法在“期货经营机构”一章中明确了期货经营机构诚实守信的义务，禁止“挪用交易者保证金”或“未依照规定在期货保证金存管机构开立保证金账户，或者违规划转交易者保证金”。

保证金存管和专户存放，不仅可以保障交易者的资金安全，也可以有效保护交易者的资金不受结算参与人违约或破产影响，同时单个交易资金专户存放，防止交易者遭受相互违约的影响。

在期货市场发展初期，期货公司客户资金和自有资金混同存放，挪用客户保证金的事件屡有发生，严重影响了期货市场健康发展。在经历了两次清理整顿后,我国期货市场探底回升。市场的稳步发展需要一个更加稳健的监管体系。当时监管部门认为,对于期货市场,资金安全特别是客户保证金安全问题尤为重要。对于客户来说,保证金的安全与否直接代表了期货市场运行是否有序、是否值得信赖。2002 年,证监会在各地推广试行“期货保证金封闭运行”制度。2004 年 7 月,在总结经验的基础上,证监会颁布了《期货经纪公司保证金封闭管理暂行办法》,要求“期货经纪公司客户保证金必须全额存入从事期货交易结算业务的商业银行”,“与期货公司自有资金分户存放,封闭管理”。这一制度收到了一定的成效,但受制于落实难、执行难、滞后性等因素,保证金挪用事件仍无法杜绝。2004 年 8 月,四川省的嘉陵期货公司爆出挪用客户保证金事件,涉及金额超过 8000 万元,引发期货市场参与者的恐慌。事件发生后,证监会一改以往“出文件、出制度”的办法,决定成立一家专门机构,采用全新的信息监控手段,彻底解决客户保证金挪用的问题,中国期货保证金监控中心(现名中国期货市场监控中心)应运而生。该监控中心利用互联网手段收集全国保证金、交易、交易主体等信息,实行以期货公司、期货交易所、保证金存管银行三方数据核对为核心的信息监控制度。通过三方信息比对,确保保证金的封闭运行和安全,从而杜绝了挪用客户保证金事件的发生。2007 年国务院发布的《期货交易管理条例》在行政法规层面确立了保证金安全存管监控制度,规定“建立、健全保证金安全存管监控制度,设立期货保证金安全存管监控机构”,要求“期货保证金安全存管监控机构依照有关规定对保证金安全实施监控,进行每日稽核,发现问题应当立即报告国务院期货监督管理机构”。

第四十一条　结算参与人的保证金不符合期货结算机构业务规则规定标准的,期货结算机构应当按照业务规则的规定通知结算参与人在规定时间内追加保证金或者自行平仓;结算参与人未在规定时间内追加保证金或者自行平仓的,通知期货交易场所强行平仓。

交易者的保证金不符合结算参与人与交易者约定标准的,结算参与人应当按照约定通知交易者在约定时间内追加保证金或者自行平仓;交易者未在约定时间内追加保证金或者自行平仓的,按照约定强行平仓。

以有价证券等作为保证金,期货结算机构、结算参与人按照前两款规定强行平仓的,可以对有价证券等进行处置。

【释义】 本条是关于保证金不符合标准的处理措施的规定。

根据本法第 22 条的规定,保证金用于结算和履约保障。保证金不符合标准意味着结算参与人或交易者的履约能力不足,影响正常的交易结算秩序,因此必须及时采取处置措施,防止风险敞口蔓延至期货结算机构,影响中央对手方职责的履行。通常来说,保证金不符合标准可以采取 3 种处置措施:一是追加保证金,直至符合标准;二是自行平仓;三是强行平仓。本条分结算参与人和交易者两个层次对保证金不符合标准的处置措施作出了规定,同时对有价证券作为保证金的强行平仓作出了特殊规定。

一、结算参与人的保证金不符合标准的处理

结算参与人的保证金标准应当符合期货结算机构业务规则规定的标准。随着保证金形式的多样化和组合保证金等保证金制度的改革创新,未来保证金的收取形式、收取标准将更加多元化。因此,本条未再采用保证金不足的表述,而采用不符合业务规则规定标准的表述,以支持保证金制度的改革创新,提高市场资金的使用效率。

对于结算参与人保证金不符合标准的处理,本条要求期货结算机构应当按照业务规则的规定,通知结算参与人在规定时间内追加保证金或者自行平仓。如果结算参与人未能在规定的时间内追加保证金或者自行平仓,期货结算机构将通知期货交易场所进行强行平仓。

根据现行各交易场所的做法,结算完毕后,会员任一明细账户的结算准备金低于最低余额时,该结算结果即被视为交易场所向会员发出的追加保证金通知。交易场所发出追加保证金通知后,可以通过存管银行从会员的专用资金账户中扣划应当追加的保证金金额。若未能全额扣款成功,会员应当在下一交易日开市前补足结算准备金最低余额。未能补足的,按照以下方法处理:(1)会员在交易场所的任一内部明细账户的结算准备金余额大于或者等于零的,该账户对应的会员不得开立新仓;(2)会员在交易场所的任一内部明细账户的结算准备金余额小于零的,则交易场所对该会员强行平仓。

二、交易者保证金不符合标准的处理

交易者的保证金应当符合与结算参与人约定的标准。随着结算参与人(期货经营机构)风险管理能力和综合经营水平的提升,对于收取交易者的保证金,可以根据交易者的资金实力、交易记录、信用状况等约定更加灵活的保证金收取形式和收取标准,以满足交易者个性化需求和支持期货经营机构做强、做大。

对于交易者的保证金不符合约定标准的处理,本条要求结算参与人应当按照约定通知交易者在约定的时间内进行追加保证金或者自行平仓操作。如果交易者未能在约定的时间内进行追加保证金或者自行平仓操作的,结算参与人将按照约定进行强行平仓。

三、强行平仓及其后果承担

强行平仓,是指当会员、交易者违反期货交易场所业务规则或合同约定时,对相关合约持仓予以平仓的强制措施。强行平仓是期货交易场所最重要的风险控制措施之一。目前强行平仓的情形包括:(1)结算准备金余额小于零且未能在规定时间内补足的;(2)持仓量超出其限仓规定的;(3)进入交割月份的自然人持仓的;(4)因违规受到交易场所强行平仓处罚的;(5)根据交易场所紧急措施应予强行平仓的;(6)其他应予以强行平仓的情形。其中,本条规定的保证金不符合标准且未能追加保证金或自行平仓,是最常见的强行平仓情形之一。

本条虽未规定强行平仓的后果,但由于强行平仓是该结算参与人或交易者不能或者拒绝在规定的时间内追加保证金且也未自行平仓而造成的,因此强行平仓的后果也只能由该结算参与人或该交易者承担。

四、有价证券等作为保证金的特殊规定

本法第22条规定,保证金的形式包括现金、有价证券以及国务院期货监督管理机构规定的其他财产。有价证券等虽然具有流动性强等特征,但其毕竟不是一般等价物,其价值会根据市场情况发生一定的波动。因此,其作为保证金的金额也处于变动之中。由于我国实行当日无负债结算制度,在当日结算时,有价证券等作为保证金的金额,也需要根据该有价证券等当

日的价值客观计算。因此,有价证券等的价值也应当逐日确定。

保证金的性质是对履约的担保,相应地,作为保证金形式之一的有价证券等,也起到了履约担保的作用。而根据涉及担保等相关法律的规定,担保物的处分可以采取双方合意的方式或者通过司法的方式。由于期货交易的结算实行当日无负债结算,要求每天都要对保证金进行无负债结算。如果有价证券等通过双方合意或者司法途径处置,显然无法满足期货结算时效性的要求。因此本条规定,将有价证券等作为保证金,期货结算机构、结算参与人按照规定强行平仓的,可以对有价证券等进行处置。

第四十二条　结算参与人在结算过程中违约的,期货结算机构按照业务规则动用结算参与人的保证金、结算担保金以及结算机构的风险准备金、自有资金等完成结算;期货结算机构以其风险准备金、自有资金等完成结算的,可以依法对该结算参与人进行追偿。

交易者在结算过程中违约的,其委托的结算参与人按照合同约定动用该交易者的保证金以及结算参与人的风险准备金和自有资金完成结算;结算参与人以其风险准备金和自有资金完成结算的,可以依法对该交易者进行追偿。

本法所称结算担保金,是指结算参与人以自有资金向期货结算机构缴纳的,用于担保履约的资金。

【释义】　本条是关于违约处置即违约瀑布序列(default waterfall)的规定。

由于期货交易实行保证金交易、具有杠杆属性,且采用匿名、集中的交易方式,如果交易一方出现违约,不及时处置可能导致风险传导,影响期货结算机构履行作为中央对手方的职责,进而可能影响整个市场正常的交易结算秩序。因此,期货结算的时效性和风险的传导性,要求违约处置不能像合同违约那样通过漫长的司法途径,必须采取快速、及时、有效的措施,按照预先设置好的业务规则进行违约处置,以尽快恢复正常的交易结算秩序。

一、违约处置可以动用的财务资源

本条规定的结算违约处置分为两个层级,结算参与人违约和交易者违约,对应两类稍有不同的可以动用的财务资源。

结算参与人在结算过程中违约的,期货结算机构按照业务规则可以动用的财务资源包括:结算参与人的保证金、结算担保金,期货结算机构的风险准备金、自有资金等。

交易者在结算过程中违约的,由于交易者不缴纳结算担保金,因此结算参与人按照合同约定可以动用的财务资源包括:交易者的保证金、结算参与人的风险准备金和自有资金。

二、不同财务资源的作用

不同的财务资源在违约损失分摊处理中发挥着不同作用:

一是结算参与人/交易者的保证金。这是结算机构确保结算参与人履约、结算参与人确保交易者履约的基本工具和安全运营的第一道防线,通常用于弥补常规市场条件下处理结算参与人/交易者违约所需付出的成本,以覆盖潜在违约损失。

二是结算参与人的结算担保金。这是为了防止结算参与人在市场极端情况下可能发生违约,结算机构设立结算担保基金进行保护,每个结算参与人都须缴纳,相当于结算参与人之间的互保互助基金。如果违约损失超过结算参与人的保证金,结算机构可以动用该违约结算参与人的结算担保金。

三是结算机构的风险准备金。本法第 116 条规定,为防范交易及结算的风险,期货经营机构、期货交易场所、期货结算机构和非期货经营机构结算参与人应当从业务收入中按规定提取、管理和使用风险准备金。风险准备金是用于维护期货市场正常运转、提供财务担保和弥补不可预见风险带来的亏损的资金,是保障中央对手方履行职责的重要保障资金。

四是结算机构的自有资金。当风险准备金仍不能覆盖违约损失的,结算机构应当动用自有资金代为履约,确保合约履行,防止单个或部分结算参与人冲击整个市场,进而产生系统性风险。根据国际通行做法,风险准备金和自有资金应当至少能覆盖两个最大结算参与人或更严重情形下的损失。

三、违约瀑布序列(财务资源动用顺序)

本条并未规定期货结算机构在违约处置时可以动用财务资源的使用顺序,即违约瀑布序列,授权期货结算机构在业务规则中规定。

为了防范利益冲突和道德风险，按照国际通行做法，一般都会在法律或者相关规则中规定违约瀑布序列，明确期货结算机构可以动用财务资源的顺序。

《金融市场基础设施原则》在原则四“信用风险”中规定，中央对手方通常使用一系列预付财务资源（通常称为“瀑布”）来管理因参与人违约给其造成的损失。该“瀑布”可能包括违约者的初始保证金、违约者对预付违约安排的缴款、中央对手方自有资金的指定部分、其他参与人对预付违约安排的缴款。

欧盟《欧洲市场基础设施监管原则》第45章规定的违约瀑布序列顺序依次为：违约者的初始保证金、违约者的担保基金、一部分清算所的自有资源、其他市场参与者的担保基金。清算所必须先使用一部分自有资源，才能动用未违约会员的担保基金；且未违约会员的保证金，不能用于偿付违约会员造成的损失。

伦敦清算所（LCH）规定的违约瀑布序列顺序依次为：违约会员变动保证金和初始保证金、违约会员的担保基金、清算所的风险准备金、未违约会员的担保基金、清算所剩余资本。

我国在《期货交易管理条例》《期货交易所管理办法》中对违约瀑布序列进行了原则规定。各大期货交易所在业务规则中明确了本交易所的违约瀑布序列。以中国金融期货交易所为例，其在《中国金融期货交易所结算细则》中规定，“结算会员无法履约时，交易所有权按照规定依次采取下列保障措施：（一）暂停开仓；（二）强行平仓，并用平仓后释放的保证金履约赔偿；（三）处置有价证券，用于履约赔偿；（四）动用该违约结算会员缴纳的结算担保金；（五）动用其他结算会员缴纳的结算担保金；（六）动用交易所风险准备金；（七）动用交易所自有资金”。

四、追偿权

由于风险准备金和自有资金属于期货结算机构所有，因此期货结算机构动用风险准备金和自有资金代为履约的同时，也获得了向违约结算参与人追索求偿的权利。同样地，结算参与人动用自己的风险准备金和自有资金为违约的交易者代为履约的，可以对该违约交易者行使追偿的权利。

五、结算担保金

本条规定了结算担保金的概念，即结算参与人以自有资金向期货结算机构缴纳的，用于担保履约的资金。结算担保金制度实际上先将所有结算参与人的对手方信用风险集中于期货结算机构，然后再分散返还给各结算参与人，类似“一方有难，八方支援”的风险分摊机制。

第四十三条　期货结算机构依照其业务规则收取和提取的保证金、权利金、结算担保金、风险准备金等资产，应当优先用于结算和交割，不得被查封、冻结、扣押或者强制执行。

在结算和交割完成之前，任何人不得动用用于担保履约和交割的保证金、进入交割环节的交割财产。

依法进行的结算和交割，不因参与结算的任何一方依法进入破产程序而中止、无效或者撤销。

【释义】　本条是关于结算财产保护和交收最终性的规定。

结算财产保护主要包括结算财产免予强制执行及结算财产破产隔离两方面的内容。结算财产免予强制执行，指结算财产优先用于结算和交割，不得被查封、冻结、扣押或者强制执行。结算财产破产隔离，是指结算财产应与结算参与人、结算机构的破产财产相分离，其不属于破产财产或者清算财产。

交收最终性是风险管理系统的一块重要基石。根据《金融市场基础设施原则》的规定，最终交收是指金融市场基础设施或其他参与人根据相关合约的条款对资产或者金融工具进行不可撤销的、无条件的转移，或对债务的清偿。关键问题是无偿还能力的结算参与人的交易是否兑现为最终交易，或是否可能被破产管理人或者相关有权机关认定为无效或者可以认定为无效。

期货结算机构作为中央对手方，有担保交收的义务，即要求期货结算机构必须根据业务规则和已成交交易结果，保证将一方结算参与人用于交收的资金或货物交付给另一方结算参与人。期货结算机构根据业务规则要求结算参与人提供的保证金、权利金、结算担保金等资产，是结算参与人的履约保证。在结算参与人不能按时足额履行交收义务时,必须用这些担保物完成向对手方的交收,这是维系多边净额结算体系正常运行和交收最终性原则的基础。如果由于结算参与人的债务纠纷或者破产清算,造成这些进入结算和交割环节的财产被挪用,或被司法机关等强制执行,期货结算机构就无法完成向对手方交付资金和货物的交收义务。这将严重扰乱正常的交收秩序,甚至造成结算和交割的中断,有可能引发系统性风险。因此,本法明确排除了保证金、权利金、结算担保金、风险准备金等资产在司法上的不确定性,规定不得被查封、冻结、扣押或者强制执行。我国在司法解释中已经明确规定了结算财产免予强制执行。《最高人民法院关于审理期货纠纷案件若干问题的规定》第59条第1款规定:"期货交易所、期货公司为债务人的,人民法院不得冻结、划拨期货公司在期货交易所或者客户在期货公司保证金账户中的资金。"第60条第1款中规定:"期货公司为债务人的,人民法院不得冻结、划拨专用结算账户中未被期货合约占用的用于担保期货合约履行的最低限额的结算准备金。"

交易者、结算参与人、期货结算机构作为民事主体,都有可能进入破产程序。依法进行的结算和交割,有可能因为交易者、结算参与人、期货结算机构等任何一方主体进入破产程序而面临破产法上挑拣履行权、撤销权等挑战,影响正常的结算和交割秩序。本条明确排除了破产法可能对结算和交割产生的不利影响,规定不因参与结算的任何一方进入破产程序而中止、无效或者撤销。

第四十四条　期货合约到期时,交易者应当通过实物交割或者现金交割,了结到期未平仓合约。

在标准化期权合约规定的时间,合约的买方有权以约定的价格买入或者卖出标的物,或者按照约定进行现金差价结算,合约的卖方应当按照约定履行相应的义务。标准化期权合约的行权,由期货结算机构组织进行。

【释义】　本条是关于交割和行权的规定。

一、期货合约的交割

期货合约一般设有最后交易日,期货合约到期时,交易者可以通过实物交割或者现金交割两种方式，了解到期未平仓合约。

交割是连接期货市场和现货市场的纽带，是促使期货价格和现货价格趋向一致的制度保证。当市场出现过度投机，发生期货价格严重偏离现货价格时，交易者就会在期货和现货两个市场之间进行套利。当期货价格过高而现货价格过低时，交易者在期货市场卖出期货合约，同时在现货市场买进对应的标的物。这样现货需求增多、现货价格上升，期货合约供给增多、期货价格下降，期现价差缩小。当期货价格过低而现货价格过高时，交易者在期货市场买进期货合约、在现货市场卖出对应的标的物。这样期货需求增多、期货价格上升，现货供给增多、现货价格下降，使期现价差趋于正常。正是通过交割机制的安排，期货和现货两个市场得以实现联动，期现价格收敛，使期货市场发挥价格发现的功能。同时也可以遏制过度投机，防止金融空转、脱实向虚。

通常来说，商品期货合约采取实物交割方式，金融期货合约采取现金交割方式，如生猪期货合约就是通过交割实体生猪的方式了结到期合约。当然，金融期货也存在实物交割的情形，如国债期货就采用实物交割的方式了结到期合约。但随着期货市场的发展，未来商品期货合约也可能采取现金交割的方式。

需要指出的是，按照目前的实物交割制度安排，需要在交割过程中流转增值税发票，因此各大商品期货交易所都禁止自然人进入实物交割环节，自然人需要在交割月前自行平仓，否则将会被交易所强行平仓。

实际上，交易者真正进行实物交割的比例非常低，国际上运行较为成熟的期货市场，实物交割的比例仅有 5%左右。绝大多数交易者会在合约到期前采用对冲的方式了结持仓。

二、标准化期权合约的行权

标准化期权合约的行权和履约相较于期货合约更为复杂。根据行权时间的不同，期权可以分为美式期权、欧式期权和其他期权。美式期权的买方在合约到期日及其之前任一交易日均可行权，欧式期权的买方只可在合约到期日当天行权。因此，行权时间由所上市的期权合约所规定。合约买方行权的，有权以约定的价格买入（看涨期权）或者卖出（看跌期权）对应合约标的物，或者有权按照约定进行现金差价结算。而合约卖方应当按照合约的规定履行相应的义务。标准化期权合约的行权,由期货结算机构组织进行。

第四十五条　期货合约采取实物交割的,由期货结算机构负责组织货款与标准仓单等合约标的物权利凭证的交付。

期货合约采取现金交割的,由期货结算机构以交割结算价为基础,划付持仓双方的盈亏款项。

本法所称标准仓单,是指交割库开具并经期货交易场所登记的标准化提货凭证。

【释义】　本条是关于实物交割、现金交割和标准仓单的规定。

一、实物交割

实物交割是指交易双方按照合约和规则的规定,通过该期货合约所载商品的所有权转移,了结未平仓合约的过程。

随着期货市场产品的创新,针对不同期货合约所对应的现货市场交易特点,实物交割的流程和方式也越来越多样化。实物交割可以适用提货单交割、滚动交割、每日选择交割、一次性交割等多种交割流程。实物交割方式包括仓库交割、厂库交割、车船板交割等多种方式。合约标的物的权利凭证也不再仅限于标准仓单,还包括提货单等。为了支持实物交割的创新,本条采用了“标准仓单等合约标的物权利凭证”的表述。

本法第 94 条规定期货结算机构负责组织期货交易的结算、交割,因此本条规定实物交割由期货结算机构负责组织货款与标准仓单等合约标的物权利凭证的交付。

二、现金交割

相较于实物交割,现金交割更为简单。在合约最后交易日收市后,期货结算机构以交割结算价为基准,划付持仓双方的盈亏,了结到期未平仓合约。交割结算价根据期货交易场所的业务规则确定。如《中国金融期货交易所国债期货合约交割细则》规定,最后交易日的交割结算价为该合约最后交易日全部成交价格按照成交量的加权平均价。

三、标准仓单

标准仓单是交易场所指定交割库按照期货交易场所规定的程序提交注册申请后,经期货交易场所登记的符合期货合约规定质量标准的实物提货凭证。按期货商品存放地点可分为仓库标准仓单和厂库标准仓单。按期货商品完税状态可分为保税标准仓单和完税标准仓单。

标准仓单自期货交易场所登记之日起生效,经期货交易场所登记后,标准仓单可用于交割、交易、转让、提货、作为保证金等。标准仓单登记后在电子仓单系统中以电子形式存在。

第四十六条　期货交易的实物交割在期货交易场所指定的交割库、交割港口或者其他符合期货交易场所要求的地点进行。实物交割不得限制交割总量。采用标准仓单以外的单据凭证或者其他方式进行实物交割的,期货交易场所应当明确规定交割各方的权利和义务。

【释义】　本条是关于实物交割地点、不得限制交割总量、交割各方权利和义务的规定。

一、交割地点

交割地点是采取实物交割的期货合约的必要要素之一。通常来说,交割地点选择应当满足以下条件:(1)符合现货贸易流向、价格具有代表性;(2)具有充足的库容或产能条件;(3)具有较好的物流条件以及便于组织交割和接货等条件。商品期货交易所在设计期货合约时,通过交割地点设计,设置基准交割地和非基准交割地的升贴水,以使期货价格更具有代表性。

随着实物交割方式的创新,交割地点也不再局限于交割库,还包括交割港口、车板交割场所等地点。如动力煤期货合约可以采取船板交割方式,其交割地点为港口;生猪期货合约可以采取车板交割方式,其交割地点为车板交割场所等。

为了鼓励实物交割方式的创新,本条在规定交割地点时,采取了“期货交易场所指定的交割库、交割港口或者其他符合期货交易场所要求的地点”的表述,预留了制度空间。

二、实物交割不得限制交割总量

实物交割是期货市场联结现货市场的纽带，是期货市场发挥价格发现和风险管理功能的前提。如果实物交割限制交割总量，则可能会出现逼仓的情况，造成期货价格扭曲，影响市场功能的发挥。因此，本条明确规定实物交割不得限制交割总量。

考虑到期货品种的可供交割量是一定的，为了促使有真正实物交割需求的双方进入交割环节，期货交易场所对期货合约进入交割月设定了较为严格的持仓限额和保证金标准，同时采取交割预报等程序，以防止逼仓行为的出现，维护市场秩序。实际上，采取实物交割了结持仓属于极少数，绝大多数都在期货合约进入交割月前对冲平仓。

三、期货交易场所应规定交割各方的权利、义务

在采用标准仓单的方式进行实物交割时，所涉及的交割各方仅有交割库、质检机构等有限主体，权利、义务较为明确。但随着实物交割方式的创新和发展，合约标的物权利凭证、交割地点也越来越丰富，参与交割主体也变得多样化，交割各方的权利、义务也越来越复杂。此时，便需要期货交易场所在业务规则中明确规定交割各方的权利和义务，以防止交割纠纷的发生。本法第 83 条规定了期货交易场所业务规则的效力，参与交割的各方应当遵守期货交易场所的业务规则。

《金融市场基础设施原则》原则十“实物交收”亦要求金融市场基础设施应当明确规定其在实物金融工具或商品交收方面的交割义务，规定其所接受进行实物交收的资产类别以及与每类资产的交收相关程序。

第四十七条　结算参与人在交割过程中违约的，期货结算机构有权对结算参与人的标准仓单等合约标的物权利凭证进行处置。

交易者在交割过程中违约的，结算参与人有权对交易者的标准仓单等合约标的物权利凭证进行处置。

【释义】　本条是关于交割违约处置的规定。

交割违约是指在实物交割时，卖方结算参与人或者交易者未能在规定

时间内如数交付标准仓单等合约标的物权利凭证，或者买方结算参与人或者交易者未能在规定时间内如数交付货款。

本条分两款，赋予了出现交割违约时，期货结算机构和结算参与人可以处置标准仓单等合约标的物权利凭证的权利。第1款针对结算参与人交割违约，规定期货结算机构有权对结算参与人的标准仓单等合约标的物权利凭证进行处置。第2款针对交易者交割违约，规定结算参与人有权对交易者的标准仓单等合约标的物权利凭证进行处置。

实践中，由于标准仓单等合约标的物权利凭证的处置较为复杂、流程烦琐，为了保护守约方的合法权益，期货交易场所一般采取违约金或者罚款的方式处理交割违约。以大连商品交易所为例，其在《大连商品交易所交割管理办法》中规定，构成交割违约的，由违约方支付违约部分合约价值20%的违约金给守约方，买卖双方终止交割；若买卖双方都违约的，交易所按终止交割处理，并对双方分别处以违约部分合约价值5%的罚款；会员发生部分交割违约时，违约会员所接标准仓单或所得货款可用于违约处理。

第四十八条　不符合结算参与人条件的期货经营机构可以委托结算参与人代为其客户进行结算。不符合结算参与人条件的期货经营机构与结算参与人、交易者之间的权利义务关系，参照本章关于结算参与人与交易者之间权利义务的规定执行。

【释义】　本条是关于不符合结算参与人条件的期货经营机构为其客户进行结算参照处理的规定。

期货结算机构作为中央对手方，聚集了所有结算参与人的对手方信用风险，因此期货结算机构的核心运营目标之一就是降低结算参与人的违约概率，以及有效防止违约事件的影响扩散。为此，期货结算机构通常会对结算参与人设置一定的条件，要求结算参与人具有较强的资金实力、风控能力和运营效率。

一、全员结算与分级结算

按照期货经营机构能否与期货结算机构直接进行结算，结算制度可以分为全员结算和分级结算。对于不符合结算参与人条件的期货经营机构，只能委托结算参与人代为其客户进行结算。目前,我国期货结算机构除从事与证券业务相关的期货交易结算、交割业务的证券结算机构外,均是以内部设有结算部门的期货交易场所的形式存在。相应地,区分全员结算与分级结算的标准,是期货交易场所会员能否直接与期货交易场所进行结算。

全员结算是指期货交易场所的会员均具有与期货交易场所结算的资格,期货交易场所的会员均既是交易会员,也是结算会员,没有结算会员与非结算会员之分。目前上海期货交易所、郑州商品交易所、大连商品交易所、广州期货交易所均实行全员结算。

分级结算时,期货交易场所将会员区分为结算会员和非结算会员。期货交易场所仅与结算会员直接进行结算。非结算会员是交易会员的,可以直接进场进行交易,但不能与期货交易场所进行结算,需要委托结算会员与期货交易场所进行结算。目前,中国金融期货交易所采用的是分级结算模式。按照《中国金融期货交易所会员管理办法》的规定,交易所的会员分为交易结算会员、全面结算会员、特别结算会员和交易会员。交易会员可以在交易所进行期货交易,但不具有与交易所进行结算的资格。交易结算会员具有在交易所进行交易的资格,只能为其自身或者其受委托客户办理结算、交割业务。全面结算会员具有在交易所进行交易的资格,既可以为其自身或其受托客户办理结算、交割业务,也可以为与其签订结算协议的交易会员办理结算、交割业务。特别结算会员只能为与其签订结算协议的交易会员办理结算、交割业务。

二、分级结算权利义务参照规定执行

对于不符合结算参与人条件的期货经营机构,只能委托结算参与人代其客户进行结算。本法规定了期货结算机构与结算参与人、结算参与人与交易者在期货交易的结算、交割过程中的权利义务关系,但未对不符合结算参与人条件的期货经营机构与结算参与人、交易者之间的权利义务关系作出规定。为简化条文表述,本条概括性地规定,其权利义务关系参照本章关于结算参与人与交易者之间权利义务的规定执行。具体参照执行如下:

一是关于当日无负债结算。结算参与人应当根据期货结算机构的结算结果与不符合结算参与人条件的期货经营机构进行结算;不符合结算参与人条件的期货经营机构再根据期货结算机构的结算结果与其客户进行结算。结算结果应当在当日及时通知不符合结算参与人条件的期货经营机构和其客户。

二是关于保证金存管。不符合结算参与人条件的期货经营机构向其客户收取的保证金、权利金等，应当与其自有资金分开，按照规定在期货保证金存管机构专户存放，分别管理，禁止违规挪用。

三是关于保证金不符合标准的处理。不符合结算参与人条件的期货经营机构的客户保证金不符合与期货经营机构约定的标准的，期货经营机构应当按照约定通知客户在规定时间内追加保证金或者自行平仓；客户未在约定时间内追加保证金或者自行平仓的，按照约定强行平仓。将有价证券等作为保证金，期货经营机构强行平仓的，可以对有价证券等进行处置。

四是关于结算违约处置。不符合结算参与人条件的期货经营机构在结算过程中违约的，其委托结算的结算参与人可以按照委托结算协议的约定动用该期货经营机构的保证金以及结算参与人的风险准备金和自有资金等完成结算。不符合结算参与人条件的期货经营机构的客户在结算过程中违约的，期货经营机构按照合同约定动用该客户的保证金以及期货经营机构的风险准备金和自有资金等完成结算；不符合结算参与人条件的期货经营机构以其风险准备金和自有资金等完成结算的，可以依法对该客户进行追偿。

五是关于结算财产保护和交收最终性。不符合结算参与人条件的期货经营机构收取和提取的保证金、权利金、结算担保金、风险准备金等资产，同样应当优先用于结算和交割，不得被查封、冻结、扣押或者强制执行。

六是关于交割违约处理。不符合结算参与人条件的期货经营机构的客户在交割过程中违约的，该期货经营机构有权对该客户的标准仓单等合约标的物权利凭证进行处置。

第四章　期货交易者

第四十九条　期货交易者是指依照本法从事期货交易，承担交易结果的自然人、法人和非法人组织。

期货交易者从事期货交易，除国务院期货监督管理机构另有规定外，应当委托期货经营机构进行。

【释义】　本条是关于期货交易者定义及委托交易的规定。

“期货交易者”概念首次引入期货领域立法中。现行金融法律均采用“投资者”概括交易主体，《期货交易管理条例》则交叉使用“投资者”和“客户”的概念。立法过程中，有的意见认为，参与期货交易的主体是期货市场生存和发展的基础力量，期货立法应当统一法律规范。也有的意见认为，与其他资本市场投融资不同，期货市场的基本功能在于风险管理，期货交易的主体更多的是通过事先锁定未来价格规避价格波动风险，也有一部分是为了博取投机利益而承接转让出来的风险。“投资者”概念不能涵盖期货市场所有参与交易的主体，如套期保值主体。“客户”概念则是相对于期货公司提供中介服务而言，无法将交易所自营会员以及其他直接入场交易主体囊括进来。“参与者”概念过于宽泛，包括为期货交易提供服务的期货经营机构、交易场所、结算机构、保证金存管银行、交割库等。最终使用“交易者”指代下达交易指令、最终承担交易结果、直接或间接参与期货交易的主体，并专设一章规定期货交易者的权利和义务，充分体现了对交易者进行全方位保护。

为了厘清概念边界、避免法律适用不清等问题，本条明确了期货交易者的定义。本条可以从以下几个方面进行理解：

一、期货交易者的定义

期货交易者需满足从事期货交易和承担交易结果两项要件，典型情况如在委托交易中,由于期货经营机构不承担交易结果,故不构成交易者,不享受交易者相关权利。

同时,本条隐含了从事期货交易行为需承担交易结果的含义,体现了"买者自负"原则。自己责任是现代法律的一项基本原则,其意味着承认每个人都是独立自主的,要对自己的行为负责。交易者在从事期货交易前,应履行基本的注意义务,全面评估自身对市场及产品的认知能力、自身的风险控制与承受能力和经济实力,审慎决定是否参与期货交易。交易者从事期货交易后,应当根据交易结果,履行相应义务,承担期货市场波动或者投资品种价值本身发生变化所导致的损失。

期货交易者类型包括自然人、法人和非法人组织。非法人组织主要有个人独资企业、合伙企业等。

二、委托交易

本条第 2 款是关于委托交易的规定。通常情况下,在期货交易所进行期货交易的,应当是期货交易场所会员。期货交易场所会员按照业务类型分为期货公司会员和非期货公司会员。普通期货交易者不具备会员资格,仅能委托期货经营机构入场交易。

根据本法第 19 条规定,符合国务院期货监督管理机构规定的其他参与者可以直接在期货交易场所进行期货交易。除期货经营机构以外,现实中还有其他需要进行风险管理活动的交易者如商业银行、大型实体企业等,出于交易便利、降低交易成本等目的,申请成为期货交易所会员,在符合规定条件并经期货交易所同意正式取得交易所会员资格后,会员至少取得一个交易席位,无须委托期货经营机构便可以直接入场交易。同时,为了提高我国期货市场的国际化程度和定价能力,为实体经济发展提供优质高效的价格发现和风险管理服务,2015 年证监会出台了《境外交易者和境外经纪机构从事境内特定品种期货交易管理暂行办法》,引入境外交易者参与我国期货市场交易。根据该办法,境外特殊参与者可以根据业务需要,向交易所申请相应的交易席位,直接入场交易。目前,我国已向境外特殊参与者开放原油期货、棕榈油期货等 9 个品种。

第五十条　期货经营机构向交易者提供服务时，应当按照规定充分了解交易者的基本情况、财产状况、金融资产状况、交易知识和经验、专业能力等相关信息；如实说明服务的重要内容，充分揭示交易风险；提供与交易者上述状况相匹配的服务。

交易者在参与期货交易和接受服务时，应当按照期货经营机构明示的要求提供前款所列真实信息。拒绝提供或者未按照要求提供信息的，期货经营机构应当告知其后果，并按照规定拒绝提供服务。

期货经营机构违反第一款规定导致交易者损失的，应当承担相应的赔偿责任。

【释义】　本条是关于期货市场交易者适当性管理的规定。

一、条文来源

最早在2010年，证监会在股指期货与融资融券这两项业务试点试行了投资者适当性制度，出台了《关于建立股指期货投资者适当性制度的规定（试行）》，并研究在商品期货领域建立投资者适当性制度。2013年，国务院办公厅发布《关于进一步加强资本市场中小投资者合法权益保护工作的意见》，要求健全投资者适当性制度。一是制定、完善中小投资者分类标准。根据我国资本市场实际情况，制定并公开中小投资者分类标准及依据，并进行动态评估和调整。进一步规范不同层次市场及交易品种的投资者适当性制度安排，明确适合投资者参与的范围和方式。二是科学划分风险等级。证券期货经营机构和中介机构应当对产品或者服务的风险进行评估并划分风险等级。推荐与投资者风险承受和识别能力相适应的产品或者服务，向投资者充分说明可能影响其权利的信息，不得误导、欺诈客户。三是进一步完善规章制度和市场服务规则。证券期货经营机构和中介机构应当建立执业规范和内部问责机制，销售人员不得以个人名义接受客户委托从事交易；明确提示投资者如实提供资料信息，对收集的个人信息要严格保密、确保安全，不得出售或者非法提供给他人。严格落实投资者适当性制度并强化监管，违反适当性管理规定给中小投资者造成损失的，要依法追究责任。2016年年底，证监会出台了面向证券期货市场统一的《证券期货投资者适当性管理办法》。

二、适当性义务

期货市场是一个高风险的市场,交易者在专业水平、风险承受能力、风险收益偏好等方面存在很大不同。期货市场通过要求经营机构履行必要的义务,减少信息不对称,从而为交易者提供适当的产品或服务。对交易者尤其是中小型交易者来说,由于其在信息获取、产品风险认知与承受能力等方面处于弱势,要求经营机构履行适当性相关义务,禁止将服务提供给不适当的交易者,禁止不适当匹配行为,有助于帮助交易者识别风险,减少超出其承受能力风险的损失。与此相应,期货经营机构履行适当性义务后,消费者在充分了解相关金融产品、投资活动的性质及风险的基础上,根据自身能力审慎决策,独立承担投资风险。需要注意的是,经营机构的适当性匹配意见不表明其对产品或者服务的风险和收益作出实质性判断或者保证。

金融机构适当性义务分为两个层次:一是告知说明义务,二是适当推荐义务。告知说明义务的履行是金融消费者能够真正了解各类高风险等级金融产品或者高风险等级投资活动的投资风险和收益的关键,是适当推荐义务履行的前提。告知说明义务包括说明服务的重要内容和风险揭示义务。告知说明义务的履行应当遵守主客观一致原则,综合理性人能够理解的客观标准和金融消费者能够理解的主观标准来确定卖方机构是否已经履行了告知说明义务。2019 年《全国法院民商事审判工作会议纪要》规定,卖方机构简单地以金融消费者手写了诸如“本人明确知悉可能存在本金损失风险”等内容主张其已经履行了告知说明义务,不能提供其他相关证据的,人民法院对其抗辩理由不予支持。

经营机构的适当推荐义务主要有 3 个要件,分别是“了解你的客户”“了解产品”“将适当的产品(或服务)销售(或者提供)给适合的金融消费者”。“了解你的客户”是指了解客户的基本情况、财产状况、金融资产状况、交易知识和经验、专业能力,评估客户的能力和信用,划分专业交易者和普通交易者。值得注意的是,在期货交易中尤其要了解客户的交易目的,区分投机者和套期保值者。“了解产品”是指经营机构应当了解其所销售产品或者所提供服务的信息,包括流动性、产品期限、投资方向、投资范围、杠杆情况、结构复杂程度、信用情况、历史业绩等因素,根据上述风险特征和程度,对销售的产品或者提供的服务划分风险等级。“将适当的产品(或服务)销售(或者提供)给适合的金融消费者”是指向交易者提供与其风险承受能力等情况相匹配的产品或者服务,根据产品或者服务的不同风险等级,对其适合销售产品或者提供服务的交易者类型作出判断;根据交易者的不同分类,对其适合购买的产品或者接受的服务作出判断。经营机构告知交易者不适合购买相关产品或者接受相关服务后,交易者主动要求购买风险等级高于其风险承受能力的产品或者接受相关服务的,经营机构在确认其不属于风险承受能力最低类别的交易者后,应当就产品或者服务风险高于其承受能力进行特别的书面风险警示,交易者仍坚持购买的,可以向其销售相关产品或者提供相关服务。适当性匹配的实现必须建立在真正“了解你的客户”和“了解产品”的基础上。

国际证监会组织《复杂金融产品分销的适当性要求(最终报告)》原则五要求:当中介机构建议购买特定复杂的金融产品时,包括在中介机构提出建议或执行投资决策裁量权时,应采取合理步骤确保推荐、建议或者代表投资者作出的交易决策是基于合理的评估,即该金融产品的结构和风险回报状况与该等客户的经验、知识、投资目标、风险偏好和承受损失的能力相一致。

欧盟《金融工具市场指令Ⅱ》(MiFID Ⅱ)中也有关于投资者适当性的规定。一方面,要求投资公司“了解金融工具”,并使自己提供的金融工具符合目标客群的利益要求。另一方面,要求投资公司“了解客户”,评估客户与金融工具的匹配性(suitability)或适当性(appropriateness)。匹配性主要针对提供投资建议和管理投资组合服务的情况,由于风险性更大,故应当掌握现有及潜在客户的必要信息,包括该领域的投资知识、经验、财务状况(包括承担损失能力)、投资目标(包括风险偏好程度),从而确保投资公司的投资服务与投资者相匹配,尤其是与投资者的风险偏好和风险承担能力相匹配。适当性则适用于提供投资建议和投资组合管理以外的服务,应要求客户或潜在客户提供其在特定产品类型或相关投资领域的知识和经验的信息,以使投资公司能够评估所设想的投资服务或产品是否适合客户,不要求掌握客户的财务状况。

我国香港特别行政区的《证券及期货条例》也要求中介人及其任何代表须采取指明的步骤,以确知指明的、关乎该中介人的每一位客户的身份、财务状况,以及与该中介人提供的服务有关的投资经验和目标的事宜;中介人及其任何代表须采取指明的步骤,以确保他向该中介人的客户披露他所推荐的金融产品所涉及的财务风险。中介人违反相关规定的,最高可处罚款 20 万港元及监禁 2 年。

三、交易者如实告知义务

本条第 2 款规定了交易者的如实告知义务及相应后果。交易者应当按照期货经营机构明示的要求如实告知基本情况、财产状况、专业能力等信息。对于未提供或者未按照要求提供信息的,国际证监会组织明确了在信息不充分时经营机构可以采取拒绝服务或者进行警告两种做法,欧盟将经营机构提供的服务分为提供执行型服务和提供建议型服务两类。在提供执行型服务中,经营机构可以在进行充分的风险披露和警告后提供服务;在提供建议型服务中,如果经营机构无法掌握足够的信息进行匹配性评估,则不应向交易者提供服务。我国的规定较为严格,要求期货经营机构应当告知其后果,并按照规定拒绝提供服务。

期货服务是一种民事法律关系,双方都应遵守诚信原则。在对交易者进行特别保护的基础上,期货交易者也应履行基本的如实告知义务。《民法典》规定,当事人不履行如实告知义务的,依据目的不同可构成欺诈或重大误解,后果为可撤销。为了维护商事交易行为的稳定,本条规定不履行如实告知义务的应拒绝向其提供服务。

此外,还需要注意以下两点:一是期货经营机构要求交易者提供信息的意思表示应当明示,避免由于意思表示的模糊导致交易者未能及时提供信息;二是期货经营机构应在拒绝提供服务前告知其后果。

四、期货经营机构的赔偿责任

第 3 款明确了期货经营机构违反适当性义务时应承担的民事赔偿责任。

2019 年《全国法院民商事审判工作会议纪要》对金融消费者权益保护纠纷案件的审理进行了细化规定。(1)在责任主体上,金融产品发行人、销售者未尽适当性义务,导致金融消费者在购买金融产品过程中遭受损失的,金融消费者既可以请求金融产品的发行人承担赔偿责任,也可以请求金融产品的销售者承担赔偿责任,还可以根据《民法典》第 167 条的规定,请求金融产品的发行人和销售者共同承担连带赔偿责任。发行人、销售者在实际承担了赔偿责任后,有权向责任方追偿其应当承担的赔偿份额,即卖方机构应按照"对外连带,对内按份"的方式承担责任。(2)在举证责任上,金融消费者应当对购买产品(或者接受服务)、遭受的损失等事实承担举证责任。卖方机构对其是否履行了适当性义务承担举证责任。卖方机构不能提供其已经建立了金融产品(或者服务)的风险评估及相应管理制度、对金融消费者的风险认知、风险偏好和风险承受能力进行了测试、向金融消费者告知产品(或者服务)的收益和主要风险因素等相关证据的,应当承担举证不能的法律后果。(3)在损失赔偿的确定上,卖方未尽适当性管理义务给交易者造成损失的,赔偿范围为"实际损失",也即损失的本金和利息。利息根据卖方机构向交易者提供的预期收益上限予以确认,即金融产品的合同文本中载明了预期收益率、业绩比较基准或者类似约定的,可以将其作为计算利息损失的标准;合同文本以浮动区间的方式对预期收益率或者业绩比较基准等进行约定,可以将约定的上限作为利息损失计算标准;合同文本中虽然没有关于预期收益率、业绩比较基准或者类似约定,但能够提供证据证明产品发行的广告宣传资料中载明了预期收益率、业绩比较基准或者类似表述的,应当将宣传资料作为合同文本的组成部分;合同文本或广告宣传资料未载明预期收益率、业绩比较基准或类似表述的,按照全国银行间同业拆借中心公布的贷款市场报价利率计算。

第五十一条　根据财产状况、金融资产状况、交易知识和经验、专业能力等因素,交易者可以分为普通交易者和专业交易者。专业交易者的标准由国务院期货监督管理机构规定。

普通交易者与期货经营机构发生纠纷的,期货经营机构应当证明其行为符合法律、行政法规以及国务院期货监督管理机构的规定,不存在误导、欺诈等情形。期货经营机构不能证明的,应当承担相应的赔偿责任。

【释义】　本条是关于交易者分类和举证责任倒置的规定。

交易者分类制度是实现交易者适当性管理的前提和基础,目的是要求经营机构根据交易者风险承受能力以及风险偏好的不同,将交易者分为标准化的类别,便于根据交易者需求及金融产品或服务风险程度的不同,向不同类别的交易者推荐匹配的产品或服务。国际证监会组织《复杂金融产品分销的适当性要求(最终报告)》原则一要求:中介机构采用适当的程序和标准,区分零售客户和非零售客户。客户的分类应基于对有关客户的合理评估,考虑到不同产品的复杂性和风险性。区分零售客户和非零售客户主要考虑以下因素:客户性质(是否为被监管实体,是商业实体还是普通消费者),财务状况,对复杂金融产品的专业知识、经验和了解情况(之前投资的频率和规模,在金融领域的相关专业经验,特别是复杂金融产品;有相关资产类别或复杂金融产品交易经验),客户独立评估或在独立顾问协助下评估相关产品的价值和特征(包括风险)的能力。

我国交易者按照现行《证券期货投资者适当性管理办法》划分为普通投资者与专业投资者,专业投资者和普通投资者符合一定的条件可以互相转化。经营机构应当将普通交易者按其风险承受能力至少划分为 5 类,由低至高分别为 C1 类(含风险承受能力最低类别)、C2 类、C3 类、C4 类、C5 类。期货行业产品或服务的风险等级原则上由低到高划分为 5 级,分别为 R1 级、R2 级、R3 级、R4 级、R5 级。普通交易者由于风险承受能力和风险偏好的不同,在信息告知、风险警示、适当性匹配等方面享有特别保护。

第 2 款是关于举证责任倒置的规定。鉴于期货经营机构的信息优势地位,要求其在与普通交易者发生纠纷时,应当提供相应资料,证明其已履行相应义务。

第五十二条　参与期货交易的法人和非法人组织,应当建立与其交易合约类型、规模、目的等相适应的内部控制制度和风险控制制度。

【释义】　本条是关于建立内控和风控制度的规定。

本条的立法目的有两个:一是防范期货市场中的交易者过度投机。客观上,投机者的交易承担了套期保值者交易所转移的价格风险,但如果期货市场出现过度投机,使投机的交易量大于套期保值的需要,就会导致期货市场价格剧烈震荡,扩大期货交易费用,增大期货交易风险,破坏市场稳定,甚至引发风险事件,交易者加强自身内控,是防止因其过度投机而引发系统性风险的第一道防线。二是避免期货市场风险向实体经济转移。根据实践经验,期货交易存在较大风险,与自身经营状况不相适应的过度交易可能导致交易者巨额损失、资金链断裂甚至破产。参与套期保值的通常是大型实体企业,这类行业巨头的停摆将影响产业链上下游行业的正常生产经营,同时期货市场价格异常波动也会导致现货商品价格偏离正常轨道。

过往的期货风险事件暴露出参与者的内控及风控缺陷。例如,1997 年株冶事件中,在伦敦金属交易所(LME)期货市场上大量卖空锌期货合约已经出现亏损时,交易员未及时汇报,铤而走险越权进行透支交易,开出了更多空单合约。因此,有必要要求参与交易的法人和非法人组织建立完善的内控、风控制度,合法、审慎参与期货交易,防范市场风险。

国务院国有资产监督管理委员会《关于切实加强金融衍生业务管理有关事项的通知》要求,中央企业开展金融衍生业务要严守套保原则,以降低实货风险敞口为目的,与实货的品种、规模、方向、期限相匹配,与企业资金实力、交易处理能力相适应,不得开展任何形式的投机交易;建立有效的金融衍生业务风险管理体系,健全内控机制,完善信息系统,强化风险预警,覆盖事前防范、事中监控和事后处理的各个环节;操作主体要强化内控执行,严格合规管理,规范开展授权审批、交易操作、资金使用、定期报告;建立健全金融衍生业务审计监督体系,完善监督机制,加强监督检查,提高监督质量,充分发挥审计监督功能作用。

除了上述规定明确规制的企业,其他任何参与期货交易的法人和非法人组织,如金融机构等,均应当参考上述要求建立与其交易合约类型、规模、目的等相适应的内部控制制度和风险控制制度。

第五十三条　期货经营机构、期货交易场所、期货结算机构的从业人员,国务院期货监督管理机构、期货业协会的工作人员,以及法律、行政法规和国务院期货监督管理机构规定禁止参与期货交易的其他人员,不得进行期货交易。

【释义】　本条是关于禁止有关人员进行期货交易的规定。

一、立法目的

期货经营机构、期货交易场所、期货结算机构是专门从事期货交易和经营业务的组织。为了保证期货交易的公开、公平、公正,防止专业机构的从业人员利用其业务和信息优势参与期货交易而损害其他交易者,本法将这些从业人员划入禁止参与期货交易的人员范围。期货监督管理机构、期货业协会的工作人员，因分别参与对期货交易活动的监督管理、自律管理，如果其参与期货交易活动，将与其所担负的职责发生利益冲突，有失公正，因此有必要将这些人员划入此范围。

二、禁止交易的主体范围

本条规定的主体，包括期货交易场所、期货结算机构、期货经营机构的从业人员，以及国务院期货监督管理机构、期货业协会的工作人员。

本条还以兜底表述的方式列举了法律、行政法规、国务院期货监督管理机构规定的禁止参与期货交易的其他人员。除上述从业人员、工作人员外，还有其他一些人员，因其地位、职务和与有关人员的关系，而被法律、行政法规、国务院期货监督管理机构规定禁止参与期货交易。例如，国务院期货监督管理机构要求证监会系统工作人员的近亲属不得从事期货交易。

第五十四条　交易者有权查询其委托记录、交易记录、保证金余额、与其接受服务有关的其他重要信息。

【释义】　本条是关于交易者查询权的规定。

交易者查询权，也可称为交易者知情权保护制度，这一规定既是对交易者知情权的保护，也是对期货经营机构义务的规定。一方面，《民法典》第1037条中规定，自然人可以依法向信息处理者查阅或者复制其个人信息，明确了个人信息查询权。另一方面，由于个人不能直接参与期货交易，要委托期货经营机构进行，如此可能导致“代理风险”，故有必要赋予交易者查询权，以便交易者及时掌握与自身权益有关的各项信息，因此本法明确了交易者对委托记录、交易记录、保证金余额以及其他与接受服务有关的重要信息的查询权利。查询对象为信息处理者，不仅限于期货经营机构，还可以向期货结算机构、监控中心等机构申请查询。实践中，期货交易所等对客户提出的信息查询申请，可提供包括开户、交易、持仓、结算、仓单、交割、套保以及盈亏情况等数据和信息，本条将实践中的做法在法律上予以确定。

同时，由于期货交易是保证金交易，实行当日无负债结算制度，交易者保证金随时可能发生变化，并导致出现穿仓的风险，因此交易者应当及时查询其委托记录、交易记录、保证金余额、与交易者接受服务有关的其他重要信息。

第五十五条　期货经营机构、期货交易场所、期货结算机构、期货服务机构及其工作人员应当依法为交易者的信息保密，不得非法买卖、提供或者公开交易者的信息。

期货经营机构、期货交易场所、期货结算机构、期货服务机构及其工作人员不得泄露所知悉的商业秘密。

【释义】　本条是关于交易者保密权的规定。

本条强调的"信息保密"，是在人格权益保护日渐加强的背景下，对隐私权保护的应有之义。一方面，"为交易者的信息保密"的目的是避免由于个人隐私的泄露，致使人格尊严受到侵害或者人身、财产安全受到危害。另一方面，现代商业社会尤其是资本市场，不仅是资金流动的场所，更是一个重要的信息场所。商业主体的交易行为属于商业秘密的一部分，因此有必要确保包含交易情况以及其他重要信息在内的商业秘密不被泄露。

值得注意的是，本条中的信息、商业秘密与内幕信息同为尚未公开的信息，但不要求其可能对期货交易的交易价格产生重大影响。在法律适用上，构成本法第 14 条规定的内幕信息的，其泄露行为直接依据内幕信息条款进行处罚；不构成内幕信息的，依据相关法律法规进行处罚；侵犯个人隐私权的，依照《民法典》承担相应的责任。

第五十六条　交易者与期货经营机构等发生纠纷的，双方可以向行业协会等申请调解。普通交易者与期货经营机构发生期货业务纠纷并提出调解请求的，期货经营机构不得拒绝。

【释义】　本条是关于强制调解制度的规定。

一、多元纠纷解决机制

本条是关于纠纷解决机制的规定。建设期货纠纷多元化解机制，是畅通交易者诉求表达和权利救济渠道、夯实资本市场基础制度和保护交易者合法权益的重要举措。2013 年,国务院办公厅发布《关于进一步加强资本市场中小投资者合法权益保护工作的意见》,要求建立多元化纠纷解决机制。2016 年,最高人民法院、证监会联合在全国部分地区开展证券期货纠纷多元化解机制试点工作,证券期货监管机构、行业组织等发起设立、实际管理的调解组织可以成为试点调解组织,建立证券期货纠纷特邀调解组织和特邀调解员名册制度,调解组织受理中小投资者的纠纷调解申请,不收取任何费用,健全诉调对接机制。2018 年,最高人民法院、证监会联合印发《关于全面推进证券期货纠纷多元化解机制建设的意见》,明确了建立、健全有机衔接、协调联动、高效便民的证券期货纠纷多元化解机制,依法保护投资者的合法权益,维护公开、公平、公正的资本市场秩序,促进资本市场的和谐健康发展的工作目标。

我国根据"互联网+"的要求,创新在线纠纷解决方式,搭建中国投资者网——全国证券期货纠纷在线调解平台,期货交易者可直接线上申请调解。除期货经营机构以外,交易者与期货服务机构等发生纠纷时,也可以申请调解。

二、强制调解制度

《期货交易管理条例》中规定的调解制度为双向调解。为了加强对期货市场交易者的保护力度,本法参考证券领域的强制调解制度,建立了期货领域的强制调解制度。

从境外经验看,我国香港特别行政区在以调解及仲裁方式处理了雷曼兄弟迷你债纠纷后,由于该方式在处理涉众纠纷方面简便有效,香港特别行政区常设了金融纠纷调解中心,该中心的章程中明确了强制调解制度。当符合资格的申请人为该争议已经向金融机构提出书面投诉,并已收到最后书面答复或者逾 60 日并未收到答复,且该争议并未在双方之间解决时,可以直接提起调解申请,金融机构必须参与调解或仲裁。

需注意的是,强制调解限于普通交易者与期货经营机构发生的期货业务纠纷,即专业交易者不适用强制调解制度,普通交易者与期货经营机构发生的非期货业务纠纷也不适用强制调解。

第五十七条　【代表人诉讼】交易者提起操纵市场、内幕交易等期货民事赔偿诉讼时，诉讼标的是同一种类，且当事人一方人数众多的，可以依法推选代表人进行诉讼。

【释义】　本条是关于期货代表人诉讼的规定。

期货市场上交易者之间力量对比明显，量化交易机构等专业交易者的交易能力、信息获取能力远高于普通交易者，当其进行操纵市场、内幕交易等违法行为时，可能对普通交易者造成较大的利益损害。普通交易者由于举证能力不强、诉讼成本负担较大等原因，客观上难以有效实现维权效果。本条明确了在交易者提起操纵市场、内幕交易等期货民事赔偿诉讼时，可以采用人数不确定的代表人诉讼，由人民法院发出公告征集受害交易者登记，依据《民事诉讼法》第56条、第57条的相关规定实施诉讼活动，这是期货领域对《民事诉讼法》规定的代表人诉讼制度的法律确认，有利于凝聚普通交易者的力量，更好地实现诉讼目的。

在立法过程中，《中华人民共和国期货法（草案）》曾规定了与《证券法》类似的特别代表人诉讼制度，即在交易者保护机构帮助下的明示退出、默示加入制度，但在后续修改中删去了这一规定。主要是考虑到：一方面，期货市场交易者之间的力量对比和交易模式与证券市场有所不同，因此交易者保护机构的功能和工作重点也有所不同；另一方面，期货交易者进行集体诉讼在实践中可能性较小，故没有设置突破现有《民事诉讼法》的特别代表人诉讼制度。

第五十八条　国家设立期货交易者保障基金。期货交易者保障基金的筹集、管理和使用的具体办法，由国务院期货监督管理机构会同国务院财政部门制定。

【释义】　本条是关于期货交易者保障基金的规定。

本条将现行的期货交易者保障基金制度上升到法律层面予以确认。期货交易者保障基金是在期货经营机构严重违法违规或者风险控制不力等导致保证金出现缺口，可能严重危及期货市场安全时，补偿交易者保证金损失的专项基金。

期货交易者保障基金是一种同业共担风险的保障机制，遵循取之于市场、用之于市场的原则。我国香港特别行政区的《证券及期货条例》规定了期货交易所赔偿基金，其目的是在持牌中介人及认可的财务机构出现丧失清偿能力或破产等情形时，赔偿投资者损失并相应获得追偿权。我国期货交易者保障基金建立于 2007 年，当时少数期货公司因违规经营、风险控制不力等原因造成保证金缺口，严重制约了我国期货市场的健康发展。我国借鉴国际上成熟的市场经验，结合我国证券市场发展经验，着力补足投资者保障制度短板。2007 年，证监会联合财政部共同发布了《期货投资者保障基金管理办法》，规定了期货投资者保障基金的筹集、管理、使用等情况。期货交易者保障基金目前由中国期货市场监控中心代为管理，以保障基金名义设立资金账户、专户存放，启动资金由期货交易所从其积累的风险准备金中按照截至 2006 年 12 月 31 日风险准备金账户总额的 15%缴纳形成，后续资金来源包括期货交易所按其向期货公司会员收取的交易手续费的一定比例缴纳、期货公司从其收取的交易手续费中按照代理交易额的一定比例缴纳、保障基金管理机构追偿或者接受的其他合法财产。在运作机制上，出现风险时由交易者保障基金进行赔付并获得相应的追偿权，避免了国家救助的负担和道德风险。

第五章　期货经营机构

第五十九条　期货经营机构是指依照《中华人民共和国公司法》和本法设立的期货公司以及国务院期货监督管理机构核准从事期货业务的其他机构。

【释义】 本条是关于期货经营机构范围的规定。

本法采用"期货经营机构"的概念,具体包括两类期货经营机构:一是期货公司,二是其他机构。对于期货公司来说,明确其组织形式必须符合《公司法》的规定,同时设立环节必须符合本法规定,如具备本法第60条规定的条件并经国务院期货监督管理机构核准。对于其他机构来说,主要是指目前实践中从事股票期权经纪业务的证券公司等机构,同时也为未来经国务院期货监督管理机构核准从事期货业务的其他机构预留了制度空间。

第六十条　设立期货公司,应当具备下列条件,并经国务院期货监督管理机构核准:

(一)有符合法律、行政法规规定的公司章程;

(二)主要股东及实际控制人具有良好的财务状况和诚信记录,净资产不低于国务院期货监督管理机构规定的标准,最近三年无重大违法违规记录;

(三)注册资本不低于人民币一亿元,且应当为实缴货币资本;

(四)从事期货业务的人员符合本法规定的条件,董事、监事和高级管理人员具备相应的任职条件;

(五)有良好的公司治理结构、健全的风险管理制度和完善的内部控制制度;

(六)有合格的经营场所、业务设施和信息技术系统;

（七）法律、行政法规和国务院期货监督管理机构规定的其他条件。

国务院期货监督管理机构根据审慎监管原则和各项业务的风险程度，可以提高注册资本最低限额。

国务院期货监督管理机构应当自受理期货公司设立申请之日起六个月内依照法定条件、法定程序和审慎监管原则进行审查，作出核准或者不予核准的决定，并通知申请人；不予核准的，应当说明理由。

【释义】 本条是关于期货公司设立条件、核准期限的规定。

一、期货公司设立条件

根据本条的规定，设立期货公司是行政许可项目，实施机关为国务院期货监督管理机构，审核期限为6个月，核准条件即设立期货公司应具备以下条件。

（一）有符合法律、行政法规规定的公司章程

公司章程是记载公司组织规范及行为准则的法律文件。期货公司的章程除了必须符合《公司法》的规定外，还应当符合本法和行政法规的相关要求，如注册资本、人员配备、部门设置、公司治理、内控制度等方面。

（二）主要股东及实际控制人具有良好的财务状况和诚信记录，净资产不低于国务院期货监督管理机构规定的标准，最近3年无重大违法违规记录

主要股东对公司有重大影响，一方面要履行出资义务，另一方面影响公司重大事项。而实际控制人，按照《公司法》的规定，虽然不是公司的股东，但通过投资关系、协议或者其他安排，能够实际支配公司行为，同样能对公司施以重大影响。因此，本条对主要股东和实际控制人提出了较高的要求，主要包括两个方面：一是财务实力方面，二是信誉和诚信方面。相较《期货交易管理条例》《期货公司监督管理办法》的相关规定，本项增加了对实际控制人净资产的要求，以进一步强化对期货公司的穿透式监管，而具体标准还需要由国务院期货监督管理机构结合市场发展的实际情况在下位法中进行明确。

（三）注册资本不低于人民币1亿元或者国务院期货监督管理机构规定的更高标准，同时应为实缴货币资本

为了提高期货公司设立条件，严把准入关，本条将注册资本的要求提高

到 1 亿元;并授权国务院期货监督管理机构可以根据审慎监管原则和各项业务的风险程度提高注册资本最低限额。另外,将《期货交易管理条例》规定的“注册资本应当是实缴资本且货币出资比例不得低于 85%”的要求,调整为注册资本应当是实缴货币资本,即股东在设立期货公司时应当一次性以货币形式将认缴的注册资本缴足,以保证期货公司的资本足额按时到位,维持较好的偿付能力,保护客户的利益。

(四)从事期货业务的人员符合本法规定的条件,董事、监事和高级管理人员具备相应的任职条件

由于期货市场的高风险和专业性,对期货公司的管理人员和从业人员应当设定一定的门槛。《期货交易管理条例》第 16 条第 1 款第 2 项规定:“董事、监事、高级管理人员具备任职条件,从业人员具有期货从业资格。”但是,结合国务院相关精神,对期货从业人员不再采取资格管理。具体是,《国务院关于取消一批职业资格许可和认定事项的决定》要求人力资源和社会保障部公布实施国家职业资格目录清单,清单之外一律不得许可和认定职业资格,清单之内除准入类职业资格外一律不得与就业创业挂钩。自 2017 年起,人力资源和社会保障部出台的《国家职业资格目录》将证券期货业从业人员资格规定为水平评价类。2019 年修订的《证券法》也将原“从业人员具有证券从业资格”的规定修改为“从业人员符合本法规定的条件”。据此,本条规定“从事期货业务的人员符合本法规定的条件,董事、监事和高级管理人员具备相应的任职条件”,相关条件既包括本法规定的条件(如第 64 条、第 69 条),又包括国务院期货监督管理机构依照本法细化规定的其他条件。

(五)有良好的公司治理结构、健全的风险管理制度和完善的内部控制制度

期货公司的公司治理结构,包括但不限于董事会、监事会以及经理层的配置及运行,应当符合《公司法》以及本法的相关规定,建立规范的组织结构并稳健合理运行。根据监管执法实践,健全的风险管理制度和完善的内部控制制度应当符合全面、合理、制衡、独立的原则。全面性是指应当覆盖期货公司所有业务、所有部门和所有人员;合理性是指应当与期货公司的经营规模、业务范围、风险状况等相适应;制衡性是指期货公司部门和岗位的设置应当权责分明、互相制约;独立性是指期货公司的风险管理部门和内部

控制部门应当相对独立。

（六）有合格的经营场所、业务设施和信息技术系统

期货公司要有与其业务相适应的办公场所、营业场所、电子设施、通信设施、交易结算软件等，这些场所、设施和系统作为期货公司业务开展的基础必须满足一定的要求。

（七）法律、行政法规和国务院期货监督管理机构规定的其他条件

期货公司在设立时，除了满足本条第1款列明的前6项条件外，还应当符合法律、行政法规规定的其他条件，如《公司法》《市场主体登记管理条例》等关于公司设立的相关规定，以及国务院期货监督管理机构规定的其他条件。

二、设立申请的核准

国务院期货监督管理机构在审核期货公司设立申请过程中，应当遵循审慎监管原则，即应当在全面考虑期货市场的发展规模、风险状况、期货公司的布局和竞争秩序等因素的基础上，对期货公司的设立申请进行核准。同时，国务院期货监督管理机构应当严格按照本法规定的程序要求进行操作。

第六十一条　期货公司应当在其名称中标明“期货”字样，国务院期货监督管理机构另有规定的除外。

【释义】　本条是关于期货公司名称要求的规定。

本条是与期货公司许可经营的规定相联系的。考虑到期货公司的设立必须符合法定条件并经国务院期货监督管理机构核准，期货公司的名称是许可经营的象征，是区别于其他单位或者个人的标志。在法律上以专门条文设定名称的规范，一是为了便于主管机关监管，及时掌握市场信息；二是使期货公司本身意识到自己的特殊身份，尽到主管机关规定的相关合规义务；三是有利于交易者识别，给予其合理的信赖。我国台湾地区期货交易相关规定中也有类似规定，即“期货商之名称应表明期货之字样”。

截至2022年6月，经证监会核准成立的150家期货公司均在名称中标明“期货”字样。

此外,为了给今后期货公司和期货市场的创新发展预留空间,本条还授权国务院期货监督管理机构可以对期货公司的名称要求另行规定。

第六十二条　期货公司办理下列事项,应当经国务院期货监督管理机构核准:

(一)合并、分立、停业、解散或者申请破产;

(二)变更主要股东或者公司的实际控制人;

(三)变更注册资本且调整股权结构;

(四)变更业务范围;

(五)国务院期货监督管理机构规定的其他重大事项。

前款第三项、第五项所列事项,国务院期货监督管理机构应当自受理申请之日起二十日内作出核准或者不予核准的决定;前款所列其他事项,国务院期货监督管理机构应当自受理申请之日起六十日内作出核准或者不予核准的决定。

【释义】　本条是关于期货公司重大事项变更的程序要求的规定。

一、应当核准的重大事项

为贯彻落实党中央关于"放管服"改革的相关部署,加强资本市场简政放权,结合目前监管实践的需要及期货市场发展的现状,同时更科学合理地规范期货公司审批事项,本条规定,期货公司发生涉及公司主体资格变更、公司控制权变更、财务状况重大变动、业务活动取得或终止等会对期货公司经营活动产生重大影响的重大事项时,应当经国务院期货监督管理机构核准,以从源头防范风险,保护交易者合法权益。具体而言:

(一)合并、分立、停业、解散或者申请破产

公司合并,是指一个公司吸收其他公司,或者两个以上的公司合并设立一个新公司;公司分立,是指公司将全部财产分割,重新设立两个以上的公司,或者一个公司以其部分财产设立另一个公司;公司停业,意味着委托其进行期货交易的交易者、由其进行资产管理的客户等的正常业务无法开展;公司解散,意味着公司丧失法人主体资格,公司不复存在;公司申请破产,是指公司不能清偿到期债务,并且资产不足以清偿全部债务或者明显缺乏清

偿能力而申请破产。上述事项都涉及公司财产的变化,以及相关交易者期货交易等活动的正常进行,因此需要经监管机构核准才能进行。

(二)变更主要股东或者公司的实际控制人

主要股东,按照现行有关规定,是指持有期货公司5%以上股权的法人、非法人组织或者自然人;实际控制人,是指虽不是期货公司的股东,但通过投资关系、协议或者其他安排,能够实际支配公司行为的人。考虑到监管的必要性问题,本项将《期货交易管理条例》第19条规定的"持有5%以上股权的股东或者控股股东"调整为"主要股东或者公司的实际控制人",增加了"实际控制人"的概念,加强对期货公司的穿透式监管。

(三)变更注册资本且调整股权结构

变更注册资本包括增资和减资,是指公司依照法定条件和程序,增加或减少公司的资本总额。而调整股权结构,是指股份公司总股本中,不同性质的股份所占的比例及其相互关系发生的重要变化,特别是股权集中度、股权构成发生的重大变化,如股权结构过于分散易造成"内部人控制",而股权高度集中则会使经理层的任命被大股东所控制,从而也削弱了经理层的作用。

(四)变更业务范围

变更业务范围,是指期货公司扩大或缩小其经国务院期货监督管理机构核准从事的业务,包括本法第63条规定的期货经纪、期货交易咨询、期货做市交易等期货业务,以及资产管理业务等其他业务。

(五)国务院期货监督管理机构规定的其他重大事项

为适应市场的发展变化情况,本项以兜底形式预留制度空间。但同时,为了限制监管机关的自由裁量权,避免增加期货经营机构负担,保障期货经营机构正常的经营自由,本项规定明确了需要经核准的其他重大事项应该由国务院期货监督管理机构在规章制度中予以规定。

二、核准时限

按照《行政许可法》第42条的规定,一般的行政许可必须在20日内作出决定,但法律、法规另有规定的从其规定。因此,本条明确,除了变更注册资本且调整股权结构和国务院期货监督管理机构规定的其他重大事项按照

《行政许可法》规定的自受理之日起20日进行核准外,其他事项的核准时限为60日。

第六十三条　期货公司经国务院期货监督管理机构核准可以从事下列期货业务:

(一)期货经纪;

(二)期货交易咨询;

(三)期货做市交易;

(四)其他期货业务。

期货公司从事资产管理业务的,应当符合《中华人民共和国证券投资基金法》等法律、行政法规的规定。

未经国务院期货监督管理机构核准,任何单位和个人不得设立或者变相设立期货公司,经营或者变相经营期货经纪业务、期货交易咨询业务,也不得以经营为目的使用"期货"、"期权"或者其他可能产生混淆或者误导的名称。

【释义】　本条是关于期货公司业务范围的规定。

一、关于业务范围

根据本条规定,期货公司的业务包括期货经纪、期货交易咨询、期货做市交易、其他期货业务以及资产管理等业务。

(一)期货经纪

期货经纪,是指招揽交易者、向交易者推介期货业务,接受交易者委托为其进行期货交易、执行其交易指令、为其办理期货结算与交割等的业务。

实践中,期货经纪业务主要从3个维度理解:一是既包括以期货合约为标的进行交易的经纪业务,又包括以标准化期权合约为标的进行交易的经纪业务;二是既包括商品期货交易的经纪业务,又包括金融期货交易的经纪业务;三是既包括境内期货经纪业务,又包括境外期货经纪业务。

(二)期货交易咨询

根据1998年实施的《证券、期货投资咨询管理暂行办法》第2条的规定,期货投资咨询是指通过以下形式为客户提供期货投资分析、预测或者建议等直接或者间接有偿咨询服务的活动，包括：(1)接受投资人或者客户委托，提供期货投资咨询服务；(2)举办有关期货投资咨询的讲座、报告会、分析会等；(3)在报刊上发表期货投资咨询的文章、评论、报告，以及通过电台、电视台等公众传播媒体提供期货投资咨询服务；(4)通过电话、传真、电脑网络等电信设备系统，提供期货投资咨询服务；(5)证监会认定的其他形式。2022年修正的《期货公司期货交易咨询业务办法》，明确期货投资咨询业务包括：(1)协助客户建立风险管理制度、操作流程，提供风险管理咨询、专项培训等风险管理顾问服务；(2)收集整理期货市场信息及各类相关经济信息，研究分析期货市场及相关现货市场的价格及其相关影响因素，制作、提供研究分析报告或者资讯信息的研究分析服务；(3)为客户设计套期保值、套利等交易方案，拟定期货交易策略等交易咨询服务；(4)证监会规定的其他活动。总结来看，期货交易咨询业务包括一对一服务和一对多服务。一对一服务也称期货交易咨询顾问，主要是指期货公司、期货交易咨询机构等接受客户委托，按照约定，向客户提供涉及期货以及期货相关产品的交易建议服务，辅助客户作出交易决策，并直接或者间接获取经济利益的经营活动；而一对多服务则主要是指直接或者通过讲座、文章、电信通信等方式间接为客户提供期货交易和标的物、合约的价值、价格涨跌的分析、预测或者建议。

(三)期货做市交易

期货做市交易是指为指定品种的期货合约、标准化期权合约提供双边报价等服务，以增强交易流动性，促进市场功能发挥。目前实践中，期货交易已经广泛采用做市方式，为强化规范，本条新增"期货做市交易"业务。同时，结合本法第3条关于"期货交易"的定义，本条"期货做市交易"包括以期货合约为交易标的的做市交易和以标准化期权合约为交易标的的做市交易。

(四)其他期货业务

本条第1款第4项规定期货业务包括"其他期货业务"，为期货业务创新发展预留了制度空间。值得一提的是，立法过程中，要求放开期货公司自营业务的呼声很高。本法删除了《期货交易管理条例》中关于禁止自营的规定，为未来期货公司从事自营业务预留了制度空间。但期货公司能否从事自营业务，以及从事自营业务应当具备的条件等，均需要国务院期货监督管理机构根据市场情况审慎地作出安排。

(五)资产管理

期货公司从事资产管理业务,即接受客户委托,运用客户资产进行投资,投资收益由客户享有,损失由客户承担。期货公司从事资产管理业务应当遵守《证券投资基金法》《关于规范金融机构资产管理业务的指导意见》《证券期货经营机构私募资产管理业务管理办法》等规定。

二、关于禁止私自设立期货公司经营或变相经营期货经纪业务、期货交易咨询业务

本条第3款主要包含以下两层意思:一是设立期货公司、经营期货业务必须经国务院期货监督管理机构核准,未经核准,任何人不得设立期货公司,经营或者变相经营期货经纪业务、期货交易咨询业务,不得以经营为目的使用"期货""期权"等名称;二是变相设立期货公司,是指公司名称中不使用"期货公司"等字样,但超出或者改变其业务范围从事期货业务。

第六十四条　期货公司的董事、监事、高级管理人员,应当正直诚实、品行良好,熟悉期货法律、行政法规,具有履行职责所需的经营管理能力。期货公司任免董事、监事、高级管理人员,应当报国务院期货监督管理机构备案。

有下列情形之一的,不得担任期货公司的董事、监事、高级管理人员:

(一)存在《中华人民共和国公司法》规定的不得担任公司董事、监事和高级管理人员的情形;

(二)因违法行为或者违纪行为被解除职务的期货经营机构的董事、监事、高级管理人员,或者期货交易场所、期货结算机构的负责人,自被解除职务之日起未逾五年;

(三)因违法行为或者违纪行为被吊销执业证书或者被取消资格的注册会计师、律师或者其他期货服务机构的专业人员,自被吊销执业证书或者被取消资格之日起未逾五年。

【释义】　本条是关于期货公司董事、监事和高级管理人员任职条件的规定。

一、期货公司董事、监事、高级管理人员的任职条件

根据本法第60条的规定，期货公司的董事、监事和高级管理人员应当具备相应的任职条件。本条第1款明确了相关具体条件：正直诚实、品行良好，熟悉期货法律、行政法规，具有履行职责所需的经营管理能力。

本条第2款进一步规定了不得担任期货公司董事、监事、高级管理人员的情形：

一是与《公司法》第146条关于不得担任公司的董事、监事、高级管理人员的情形相衔接，期货公司应当首先满足《公司法》的相关规定。

二是因违法违纪行为被解除职务的期货经营机构、期货交易场所和期货结算机构的管理层，自被解除职务之日起未逾5年的，不得担任期货公司董事、监事和高级管理人员。关于"期货交易场所、期货结算机构的负责人"，按照现行规则，主要是指会员制期货交易所的理事长、副理事长、总经理、副总经理，公司制期货交易所的董事长、副董事长、总经理、副总经理、独立董事、董事会秘书、监事会主席、监事会副主席，会员制证券交易所的总经理、监事长，公司制证券交易所的董事长、副董事长、总经理、监事长，以及证券登记结算机构的董事长、副董事长、总经理和副总经理。

三是因违法违纪行为被吊销执业证书或者被取消资格的期货服务机构专业人员，自被吊销执业证书或者被取消资格之日起未逾5年的，不得担任期货公司董事、监事和高级管理人员。被吊销执业证书或被取消资格，都说明该期货服务机构从业人员在专业能力、道德素养等方面出现瑕疵，本条限制其在一定时间内任职期货公司董事、监事和高级管理人员，既是对其违法违规行为施以限制从业的惩处，也是对期货公司稳健运行进行一定程度上的保障。

二、对期货公司董事、监事、高级管理人员实行备案管理

期货公司董事、监事和高级管理人员共同组成公司的经营管理层，负责公司的经营管理，有权依照法律和公司章程的规定，处理公司经营管理中的重大问题。为保障期货公司稳健运行，有必要对这类人员进行一定的监管。因此，在本条规定期货公司董事、监事和高级管理人员任职条件的基础上，规定期货公司任免董事、监事、高级管理人员的，应当报国务院期货监督管

理机构备案。而备案的程序、备案内容等具体办法由国务院期货监督管理机构制定,以便监管机构及时掌握期货公司经营管理层的变动,把控市场风险。

第六十五条　期货经营机构应当依法经营,勤勉尽责,诚实守信。期货经营机构应当建立健全内部控制制度,采取有效隔离措施,防范经营机构与客户之间、不同客户之间的利益冲突。

期货经营机构应当将其期货经纪业务、期货做市交易业务、资产管理业务和其他相关业务分开办理,不得混合操作。

期货经营机构应当依法建立并执行反洗钱制度。

【释义】　本条是关于期货经营机构基本经营原则和内部控制制度的规定。

一、期货经营机构经营规范

一是期货经营机构在经营过程中应当秉持“依法经营,勤勉尽责,诚实守信”的行为原则,遵守相关法律法规规定,履行法定义务,诚实对待客户、诚实向监管机关提供信息资料等。2018 年,证监会发布实施《证券期货经营机构及其工作人员廉洁从业规定》,要求期货经营机构及其工作人员在开展期货业务及相关活动中,严格遵守法律法规、证监会的规定和行业自律规则,遵守社会公德、商业道德、职业道德和行为规范,公平竞争,合规经营,忠实勤勉,诚实守信,不直接或者间接向他人输送不正当利益或者谋取不正当利益。

二是期货经营机构应当按照本法的要求和期货业务的内在需要,建立健全内部控制制度,采取有效隔离措施,主要包括期货经营机构经营与管理中的授权与审批、复核与查证、业务规则与操作程序、岗位权限与职责分工、相互独立与制衡、应急与预防等措施,并强调期货公司必须采取隔离措施,以防范公司与客户之间、不同客户之间的利益冲突。

二、业务隔离

为进一步避免期货经营机构与客户之间产生利益冲突,避免因为业务混合、资金混合等混合操作带来的风险以及对客户利益造成潜在的损害，本条第2款建立业务防火墙制度，明确期货经营机构同时经营期货经纪业务、期货做市交易业务、资产管理业务和其他相关业务的，应当严格执行业务分离制度，不得混合操作。

三、反洗钱要求

本条第3款明确期货经营机构应当遵守《反洗钱法》等相关法律法规，依法采取预防、监控措施，建立健全客户身份识别制度、客户身份资料和交易记录保存制度、大额交易和可疑交易报告制度，履行反洗钱义务。2010年，证监会发布实施《证券期货业反洗钱工作实施办法》，明确期货经营机构的反洗钱义务，包括建立健全反洗钱内部控制制度、客户风险等级划分制度、反洗钱工作保密制度、反洗钱培训宣传制度等，以及及时报送相关信息的要求。

第六十六条　期货经营机构接受交易者委托为其进行期货交易，应当签订书面委托合同，以自己的名义为交易者进行期货交易，交易结果由交易者承担。

期货经营机构从事经纪业务，不得接受交易者的全权委托。

【释义】　本条是关于期货经纪业务规则的规定。

一、关于期货经纪业务的法律关系

期货经营机构从事期货经纪业务，需要遵守以下原则：一是期货经营机构从事期货经纪业务，应当经国务院期货监督管理机构核准；二是期货经营机构以自己的名义为交易者进行期货交易，而不是以交易者的名义；三是交易结果由交易者承担，期货经营机构不得与交易者约定分担期货交易的盈利或者亏损，只能依照书面委托合同收取佣金等费用；四是期货经营机构必须严格按照交易者的委托进行期货交易，期货经营机构不得自行为交易者进行期货交易。

此外，关于期货经营机构和交易者签订的书面合同，证监会于2013年发布《关于公布金融行业推荐性标准〈期货经纪合同要素〉的公告》，明确期货经纪合同制定的必备要素,用于指导期货公司制定期货经纪合同。2021年1月,中国期货业协会修订发布了《〈期货经纪合同〉指引》,提供期货经纪合同的范本,规定期货公司可以根据实际情况增加严于《〈期货经纪合同〉指引》标准的内容。

二、关于全权委托

本条第2款明确禁止期货经营机构在经纪业务中接受交易者全权委托。全权委托是指交易者在委托期货经营机构代其进行期货交易时,不下达任何交易指令,而是完全由期货经营机构代为决定并进行操作。该禁止规定主要是考虑:一是全权委托实际上改变了经纪业务的基础法律关系,更类似于一种资产管理的行为,需要对其提出专门的监管要求,不能简单地作为经纪业务看待;二是全权委托容易引发期货经营机构从业人员的道德风险,容易导致其利用客户授权为自己谋取私利,从而损害交易者利益;三是期货交易是杠杆交易,收益或亏损的幅度相对较大,容易引发交易者和期货经营机构之间的利益纠纷;四是期货交易以发现价格、管理风险、配置资源为主要功能,需要结合交易者自身的避险需求进行交易,而全权委托的模式则与其不相适应。

第六十七条　期货经营机构从事资产管理业务,接受客户委托,运用客户资产进行投资的,应当公平对待所管理的不同客户资产,不得违背受托义务。

【释义】　本条是关于期货经营机构资产管理业务规则的规定。

一、关于公平对待所管理的不同客户资产

期货经营机构在资产管理业务中,作为受托人,对每一个客户都负有忠实义务。实践中,期货经营机构通常同时管理着若干资产管理产品,由于不同资产管理产品的利益不同,如公开募集基金和非公开募集基金的费用计提方式就存在不同,可能会出现不同资产管理产品之间的利益输送,特别是公开募集基金向非公开募集基金利益输送的可能。因此,应当要求期货经营机构公平地对待不同资产管理产品,同时,也要求其公平地对待同一资产管理产品中不同客户的资产。

在管理客户资产进行投资时,期货经营机构应当通过相应的防火墙设置、人员分离等技术手段,日常对投资交易行为进行监控、分析、评估、核查,监督投资交易的过程和结果,保证公平交易原则的实现,不得开展可能导致不公平交易和利益输送的交易行为。

二、关于不得违背受托义务

期货经营机构在从事资产管理业务时,对客户的受托义务既包括法定的义务,也包括合同约定的义务。法定义务即《证券投资基金法》《关于规范金融机构资产管理业务的指导意见》《证券期货经营机构私募资产管理业务管理办法》等规定的义务;合同约定的义务,则是期货经营机构和客户在签订合同时共同约定的义务,合同一经成立并生效,具有法律效力,其中约定的受托职责条款,也具有法律效力,期货经营机构也要认真履行,否则将承担违约责任。

需要注意的是,期货经营机构违背受托义务,擅自运用客户资金或者其他委托、信托的财产,情节严重的可能构成《刑法》第 185 条之一第 1 款规定的背信运用受托财产罪。“兴证期货有限公司大连分公司背信运用受托财产案”[(2019)最高法刑申 468 号]中,被告人兴证期货有限公司大连分公司客户经理陈某向被害人高某介绍兴证期货有限公司大连分公司有保本理财产品,且收益高于银行利息,基于此,被害人提出保证资金安全,并且随取随用的要求后,基于资产管理的目的与兴证期货有限公司签订了《期货经纪合同》及相关附属文件,并转款 1670 万元。但被告人在未找到第三方投资顾问的情况下,未通知被害人也未征得被害人的同意,擅自利用被害人的账户资金进行期货交易。最终被认定严重违背受托义务,构成《刑法》第 185 条之一第 1 款规定的背信运用受托财产罪。

第六十八条　期货经营机构不得违反规定为其股东、实际控制人或者股东、实际控制人的关联人提供融资或者担保,不得违反规定对外担保。

【释义】　本条是关于禁止期货经营机构违规为其股东、实际控制人及其关联人提供融资或者担保,以及禁止期货经营机构违规对外担保的规定。

与《期货交易管理条例》第 17 条的规定相比,本条不再绝对禁止期货经营机构为其股东、实际控制人或其他关联人提供融资,不再绝对禁止期货经营机构对外担保。

根据《公司法》的规定,实际控制人,是指虽不是公司的股东,但通过投资关系、协议或者其他安排,能够实际支配公司行为的人。股东、实际控制人都会对期货经营机构行为产生重大影响,而股东、实际控制人的关联人,是指受期货经营机构股东、实际控制人直接或者间接控制,或者与期货经营机构股东、实际控制人之间存在可能导致公司利益转移的其他关系的企业和个人,股东、实际控制人的关联人同样对期货经营机构行为产生较大影响。

《期货交易管理条例》既严格禁止期货公司为其股东、实际控制人或者其他关联人提供融资,又严格禁止期货公司对外担保,是为了保护期货公司资产的安全性和流动性,保护客户和其他债权人的合法权益。在制定《期货和衍生品法》的过程中,考虑到一些特殊情况下也存在对内、对外担保的合理需求,因此在严格监管的前提下为其留出必要空间,本条设置了"不得违反规定"的前提条件,具体留待国务院期货监督管理机构等进行详细规定。

第六十九条　期货经营机构从事期货业务的人员应当正直诚实、品行良好,具备从事期货业务所需的专业能力。

期货经营机构从事期货业务的人员不得私下接受客户委托从事期货交易。

期货经营机构从事期货业务的人员在从事期货业务活动中,执行所属的期货经营机构的指令或者利用职务违反期货交易规则的,由所属的期货经营机构承担全部责任。

【释义】　本条是关于期货经营机构从业人员任职要求、行为规范,以及执业行为责任承担的规定。

一、从业人员任职要求

为了保障期货经营机构从业人员具有从事期货业务必备的专业能力和

职业道德素养,相比于《期货交易管理条例》,本条新增关于期货经营机构从业人员任职要求的原则性规定。在此基础上,国务院期货监督管理机构可以进一步细化期货经营机构从业人员的任职要求,虽不得再以资格准入的方式对其进行监管,但可以通过事中事后监管的方式对期货经营机构从业人员形成规制。

二、从业人员不得私下接受客户委托从事期货交易

期货经营机构从业人员私下接受客户委托,是指从业人员未履行所属期货经营机构关于期货经纪业务开展的管理规定,直接接受客户委托进行期货交易的行为。为有效规范期货公司从业人员的执业行为,避免纠纷、维护公平竞争,《期货公司监督管理办法》对从业人员的相关行为作了规范,此次上升为法律条文予以明确。

三、从业人员执业行为的责任承担

本条第 3 款主要包括两层含义:一是行为场景应当是在从事期货业务活动中,执行所属期货经营机构的指令或者利用职务违反期货交易规则的行为,即从业人员执行的是期货业务的职务行为,如果是从业人员的非职务行为产生的民事责任,应由该从业人员自己承担;二是期货经营机构承担全部责任,是指期货经营机构对其从事期货业务的人员的行为依法承担全部的民事责任。

关于从业人员职业行为的责任承担,《最高人民法院关于审理期货纠纷案件座谈会纪要》第 4 条规定,"关于经纪人的法律地位及民事责任的承担问题。会议认为,期货经纪公司的从业人员,不能独立地对外承担民事责任,其受委托所从事的行为产生的责任应由其所在的期货经纪公司承担。但因经纪人的非职务行为所产生的民事责任,应由经纪人自己承担";《最高人民法院关于审理期货纠纷案件若干问题的规定》第 8 条规定了期货公司从业人员职务行为的责任承担,即"期货公司的从业人员在本公司经营范围内从事期货交易行为产生的民事责任,由其所在的期货公司承担"。此外,《最高人民法院关于审理期货纠纷案件若干问题的规定》第 9 条还规定了非期货公司人员以该期货公司名义从事期货交易的责任承担问题,即"期货公司授权非本公司人员以本公司的名义从事期货交易行为的,期货

公司应当承担由此产生的民事责任;非期货公司人员以期货公司名义从事期货交易行为,具备民法典第一百七十二条所规定的表见代理条件的,期货公司应当承担由此产生的民事责任”。

第七十条　国务院期货监督管理机构应当制定期货经营机构持续性经营规则,对期货经营机构及其分支机构的经营条件、风险管理、内部控制、保证金存管、合规管理、风险监管指标、关联交易等方面作出规定。期货经营机构应当符合持续性经营规则。

【释义】 本条是关于期货经营机构持续性经营规则的规定。

持续性经营主要是指公司能够维持正常的生产经营活动,持续、稳健运行,不会出现停业、破产、清算或大规模削减业务等现象。在针对期货经营机构的日常监管中,具体体现在经营条件、风险管理、内部控制、保证金存管、合规管理、风险监管指标、关联交易等方面,国务院期货监督管理机构作为期货市场的监管者,应当制定相关规则,而期货经营机构应当符合相关要求。当然,本条仅列举了持续性经营规则的7项主要内容,实际上并不仅限于此,随着期货经营机构的发展,持续性经营规则的要求也会越来越丰富。

一、国务院期货监督管理机构应当作出的规范

(一)经营条件

本法第60条规定了期货公司的设立条件,现行规章也规定了其他经营条件,如《期货公司监督管理办法》第6条规定了期货公司设立对期货从业人员与高管人员的人数要求,《期货公司期货交易咨询业务办法》规定了期货公司申请从事期货交易咨询业务应当具备的条件,对于这些条件,期货公司在经营过程中需要持续满足。而关于分支机构的经营条件,《期货公司监督管理办法》第28条第2款规定了期货公司设立境内分支机构应当具备的条件,包括公司治理健全,符合风险监管指标标准,符合资产管理规定,不存在违法违规记录,具有分支机构设立方案和稳定的经营计划,以及证监会根据审慎监管原则规定的其他条件,分支机构在经营过程中也需要持续满足这些条件。

(二)风险管理

明确期货经营机构风险管理的规范,能够有效预防风险事件的发生,以

及在风险事件发生后能够及时、妥善地处理。具体来说，应当要求期货经营机构对公司经营中的流动性风险、市场风险、信用风险、操作风险、声誉风险等各类风险，进行准确识别、审慎评估、动态监控、及时应对及全程管理，需要明确风险管理组织架构、风险管理政策和机制、风险管理信息技术系统和数据等内容的规范要求。

《期货公司监督管理办法》已经对首席风险官、风险管理部门或者岗位等的设立提出了规范要求，同时要求期货公司应当建立健全并持续完善覆盖境内外分支机构、子公司及其业务的风险管理体系。我国香港特别行政区《证券及期货条例》也有相似的制度要求，即注册机构在进行受证监会根据任何有关条文规定管理的活动时，应当采用适当的内部监控及风险管理制度。

（三）内部控制

内部控制是指公司为实现经营目标，根据经营环境变化，对公司经营与管理过程中的风险进行识别、评价和管理的制度安排、组织体系和控制措施，应当充分考虑控制环境、风险识别与评估、控制活动与措施、信息沟通与反馈、监督与评价等要素，应当贯彻健全、合理、制衡、独立的原则，确保内部控制有效。

《期货公司监督管理办法》对期货公司的内部控制制度进行了规范，其中，第40条要求期货公司应当按照明晰职责、强化制衡、加强风险管理的原则，建立并完善公司治理。在此基础上，该办法在第3章针对人财物独立、决策程序、部门岗位设置等进行了规定，以防范经营风险的出现，更好地实现经营目标。我国台湾地区期货交易相关规定也指出，期货商应建立财务、业务的内部控制制度，主管机构应当制定公司或机构内部控制制度的准则。且在一般情况下，期货商应在每会计年度结束后的4个月内，向主管机关申报内部控制声明书。

（四）保证金存管

保证金的安全存管是期货交易正常运行的基础。为妥善保管交易者保证金，保障期货市场稳健运行，国务院期货监督管理机构应当规范期货经营机构对保证金的管理。

《期货公司监督管理办法》专章规定了客户资产保护，对资产隔离、专户存管、实名登记、交易报告、规范使用等内容进行规范。2004年，证监会发布实施《期货经纪公司保证金封闭管理暂行办法》(2022年更名为《期货公司保证金封闭管理办法》),明确期货公司客户保证金以封闭运行为原则,细化了账户管理、业务规范等具体内容。期货公司对于保证金的存管应当严格遵照前述相关要求。

(五)合规管理

为保障期货经营机构及其工作人员的经营管理和执业行为符合法律、法规、规章及规范性文件、行业规范和自律规则、公司内部规章制度,以及行业普遍遵守的职业道德和行为准则,国务院期货监督管理机构应当对期货经营机构及其分支机构的合规管理提出要求,即通过规范期货经营机构制定和执行合规管理制度、建立合规管理机制等行为来防范合规风险。

《期货公司监督管理办法》第50条已经要求期货公司应当设立合规审查部门或者岗位,审查和稽核期货公司经营管理的合法合规性;第51条规定,期货公司应当建立健全并持续完善覆盖境内外分支机构、子公司及其业务的合规管理体系。

(六)风险监管指标

为确保金融机构具有足够的抗风险能力,各国金融监管部门均强调对金融机构资本充足的监管。期货公司作为接受客户委托从事期货交易的金融机构,吸收客户资金,风险突发性强,需要有充足的流动性来抵御风险。

2007年4月,证监会出台《期货公司风险监管指标管理试行办法》,建立了期货公司净资本监管制度。2013年2月,针对期货业由单一业态向多元业态转变的情况,证监会对该制度进行修订,进一步强化公司资本与各项业务之间的有机联系,提高了监管针对性。2017年4月,结合期货行业快速发展的新情况,应对净资本监管制度出现的一些不适应的状况,证监会公布《期货公司风险监管指标管理办法》,明确风险监管指标标准及计算要求、风险监管报表的编制和披露等要求,进一步提高期货行业风险监管体系的适应性和有效性,促进期货公司加强内部控制、防范风险、稳健发展。

(七)关联交易

关联交易是指企业关联方之间的交易。关联交易作为市场经济中普遍存在的经济现象,既有正面效应,如能够有效节约交易成本;也有明显的负面效应,如利用关联交易转移公司财产等。为了规范期货经营机构的关联交易行为,《期货公司监督管理办法》第42条明确规定:“期货公司应当加强关联交易管理，准确识别关联方，严格落实关联交易审批和信息披露制度，及时向公司住所地中国证监会派出机构报告关联交易情况。期货公司股东、实际控制人和其他关联人应当遵守法律、行政法规和中国证监会关于关联交易的相关规定，不得与期货公司进行不当的关联交易，不得利用其对期货公司经营管理的影响力获取不当利益。”

二、期货经营机构应当符合持续性经营规则

期货经营机构应当严格遵守国务院期货监督管理机构针对期货经营机构及其分支机构的经营条件、风险管理、内部控制、保证金存管、合规管理、风险监管指标、关联交易等方面作出的规定。对于不符合前述持续性经营规则的，国务院期货监督管理机构可以依照本法第73条等采取风险处置措施。

第七十一条　期货经营机构应当按照规定向国务院期货监督管理机构报送业务、财务等经营管理信息和资料。国务院期货监督管理机构有权要求期货经营机构及其主要股东、实际控制人、其他关联人在指定的期限内提供有关信息、资料。

期货经营机构及其主要股东、实际控制人或者其他关联人向国务院期货监督管理机构报送或者提供的信息、资料，应当真实、准确、完整。

【释义】　本条是关于期货经营机构及其主要股东、实际控制人或者其他关联人负有依法报送和提供有关信息和资料义务的规定。

一、期货经营机构应当按照规定报送有关信息和资料

业务、财务等经营管理信息和资料，是指反映期货经营机构的业务情况、财务状况、经营成果及客户资产状况等的信息和资料，一般是期货经营机构在经营过程中生成、收集的，往往只有期货经营机构自己掌握。由于通过期货经营机构的业务、财务等经营管理信息和资料，可以了解期货经营机构经营管理的真实情况，所以，本条规定期货经营机构应当按照规定向国务院期货监督管理机构报送，以便国务院期货监督管理机构分析问题并发现问题，及时采取相关对策纠正、处理有关问题，也便于国务院期货监督管理机构根据期货经营机构的整体情况，制定有关政策，推动期货市场平稳健康发展。

二、国务院期货监督管理机构有权要求期货经营机构及其主要股东、实际控制人、其他关联人在指定的期限内提供有关信息、资料

期货经营机构应当主动报送其业务、财务等经营管理信息和资料，同时，国务院期货监督管理机构也有权要求期货经营机构及其主要股东、实际控制人、其他关联人在指定的期限内提供有关信息、资料。这主要是因为，期货经营机构的主要股东、实际控制人、其他关联人也会存在影响期货经营机构正常经营的行为，而期货经营机构无法完整、准确、及时地掌握这些信息和资料，国务院期货监督管理机构在对期货经营机构进行监督管理，特别是在查处案件过程中，应当有权要求期货经营机构的主要股东、实际控制人、其他关联人提供有关信息、资料。

其他关联人是指期货经营机构的其他关联人，即除了主要股东、实际控制人之外的，受期货经营机构直接或者间接控制，或者与期货经营机构之间存在可能导致公司利益转移的其他关系的企业和个人。

三、报送或者提供的信息、资料应当真实、准确、完整

真实，是指有关的信息、资料是客观事实的反映，没有虚假的成分；准确，是指有关的信息、资料完全与客观事实相一致，没有偏差；完整，是指有关的信息、资料反映了客观事实的全貌，没有缺少的部分。有关信息、资料真实、准确、完整，是对期货市场进行正确分析，从而得出正确结论、采取正确措施的前提。

第七十二条　期货经营机构涉及重大诉讼、仲裁，股权被冻结或者用于担保，以及发生其他重大事件时，应当自该事件发生之日起五日内向国务院期货监督管理机构提交书面报告。

期货经营机构的控股股东或者实际控制人应当配合期货经营机构履行前款规定的义务。

【释义】　本条是关于期货经营机构及时报告重大事件以及期货经营机构控股股东、实际控制人配合义务的规定。

一、期货经营机构应当及时报告重大事件

期货经营机构发生重大事件，无论对其公司治理、经营状况，还是对作为其客户的广大期货交易者的利益，都会产生一定程度的影响。因此，本条将《期货交易管理条例》第60条的规定上升到法律层面，规定期货经营机构发生重大事件时，应当在5日内向国务院期货监督管理机构提交书面报告，以便于监管机构及时掌握信息，分析和了解相关问题。

二、期货经营机构的控股股东或者实际控制人的配合义务

本条规定的提交书面报告的主体是期货经营机构，为保证期货经营机构能够全面掌握其涉及的重大事件，本条第2款明确规定控股股东或者实际控制人应当配合期货经营机构履行相关书面报告的义务。

第七十三条　期货经营机构不符合持续性经营规则或者出现经营风险的，国务院期货监督管理机构应当责令其限期改正；期货经营机构逾期未改正的，或者其行为严重危及该期货经营机构的稳健运行、损害交易者合法权益的，或者涉嫌严重违法违规正在被国务院期货监督管理机构调查的，国务院期货监督管理机构可以区别情形，对其采取下列措施：

（一）限制或者暂停部分业务；

（二）停止核准新增业务；

（三）限制分配红利，限制向董事、监事、高级管理人员支付报酬、提供福利；

（四）限制转让财产或者在财产上设定其他权利；

（五）责令更换董事、监事、高级管理人员或者有关业务部门、分支机构的负责人员，或者限制其权利；

（六）限制期货经营机构自有资金或者风险准备金的调拨和使用；

（七）认定负有责任的董事、监事、高级管理人员为不适当人选；

（八）责令负有责任的股东转让股权，限制负有责任的股东行使股东权利。

对经过整改符合有关法律、行政法规规定以及持续性经营规则要求的期货经营机构，国务院期货监督管理机构应当自验收完毕之日起三日内解

除对其采取的有关措施。

对经过整改仍未达到持续性经营规则要求,严重影响正常经营的期货经营机构,国务院期货监督管理机构有权撤销其部分或者全部期货业务许可、关闭其部分或者全部分支机构。

【释义】 本条是关于对期货经营机构不符合持续性经营规则或出现经营风险实施监管措施的规定。

本条按照期货经营机构的风险情况,通过3款内容详细规范不同阶段下国务院期货监督管理机构实施监管措施的条件、对象、内容以及后果等,在适用上具有内在逻辑递进关系,环环相扣。

一是当期货经营机构不符合持续性经营规则或者出现经营风险的,国务院期货监督管理机构应当责令其限期改正。

二是在期货经营机构逾期未改正,或者其行为严重危及其稳健运行、损害交易者合法权益,或者涉嫌严重违法违规而被国务院期货监督管理机构调查的情况下,国务院期货监督管理机构可以相应采取本条第1款列举的8项具体监管措施,控制其经营风险,及时阻止违法违规行为及其后果的扩散。这8项措施可以大致分为三个方面:(1)业务控制措施,如第1项、第2项;(2)资产控制措施,如第3项、第4项、第6项;(3)权利限制措施,如第5项、第7项、第8项。

三是对经过整改符合有关法律、行政法规规定以及持续性经营规则要求的期货经营机构,国务院期货监督管理机构应当自验收完毕之日起3日内解除对其采取的有关措施,限制监管机构的自由裁量权,避免损害期货经营机构的正当经营权利。

四是对经过整改仍未达到持续性经营规则要求,严重影响正常经营的期货经营机构,国务院期货监督管理机构则有权采取更为严厉的措施,包括撤销其部分或者全部期货业务许可、关闭其部分或者全部分支机构。

第七十四条　期货经营机构违法经营或者出现重大风险,严重危害期货市场秩序、损害交易者利益的,国务院期货监督管理机构可以对该期货经营机构采取责令停业整顿、指定其他机构托管或者接管等监督管理措施。

期货经营机构有前款所列情形，经国务院期货监督管理机构批准，可以对该期货经营机构直接负责的董事、监事、高级管理人员和其他直接责任人员采取以下措施：

（一）决定并通知出境入境管理机关依法阻止其出境；

（二）申请司法机关禁止其转移、转让或者以其他方式处分财产，或者在财产上设定其他权利。

【释义】 本条是关于期货经营机构出现重大风险的处理措施的规定。

一、期货经营机构出现重大风险的情形

在本法第73条规定的基础上，本条对期货经营机构出现更大风险，即在违法经营或者出现重大风险，严重危害期货市场秩序、损害交易者利益的情形下，国务院期货监督管理机构可以采取的措施作了规定。“重大风险”，是指期货经营机构无法继续维持经营的风险，如遭受重大损失、业务资格被注销等。

二、国务院期货监督管理机构可以采取的措施

（一）针对期货经营机构采取责令停业整顿、指定其他机构托管或接管等措施

责令停业整顿，是指国务院期货监督管理机构责令期货经营机构停止营业，要求其查找存在的违法违规行为或者重大风险，并采取措施予以改正。

托管、接管是无自我整改能力，需要借助外力进行整顿的一种处置措施。当期货经营机构治理混乱、管理失控，或者挪用客户资产且不能自行弥补，或者在期货交易结算中多次发生违约、违约金额较大，或者风险控制指标不符合规定、发生重大财务危机时，国务院期货监督管理机构按规定程序选择专业机构成立托管组，对其期货经纪等涉及客户的业务进行托管，情节严重的，国务院期货监督管理机构按规定程序组织专业人员成立接管组，接管该期货经营机构。

国务院发布的《证券公司风险处置条例》第62条规定：“期货公司风险处置参照本条例的规定执行。”该条例详细规定了托管、接管的情形，托管

组的职责,托管期限,费用分担,信息公告等内容,期货公司应当参照执行。

（二）针对期货经营机构直接负责的董事、监事、高级管理人员和其他直接责任人员采取限制出境、限制转移处分财产权利等措施

与《期货交易管理条例》第56条相比,本条将条例中的"通知出境管理机关依法阻止其出境"修改为"决定并通知出境入境管理机关依法阻止其出境"。主要是考虑到根据《出境入境管理法》的相关规定,出入境管理机构是协助执行单位,而非决定机构,修改后进一步明确国务院期货监督管理机构是作出阻止出境决定的机构,更加明确各方职责,保持法律规定的有效衔接。

第七十五条　期货经营机构的股东有虚假出资、抽逃出资行为的,国务院期货监督管理机构应当责令其限期改正,并可责令其转让所持期货经营机构的股权。

在股东依照前款规定的要求改正违法行为、转让所持期货经营机构的股权前,国务院期货监督管理机构可以限制其股东权利。

【释义】　本条是关于对期货经营机构股东虚假出资、抽逃出资行为实施监管措施的规定。

股东的出资,是公司设立并从事生产经营活动的物质基础,是法人财产的组成部分,是公司开展日常经营、对外承担债务的保证。股东的真实出资义务是《公司法》规定的股东的基本义务之一,本法第60条也从最低注册资本和出资方式方面对股东的出资作出了强制性规定,即注册资本不低于人民币1亿元,且应当为实缴货币资本。为了保证公司资本的真实可靠,防止公司设立中的欺诈和投机,保护债权人和其他发起人、股东的权益,维护社会经济秩序的稳定发展,本条对期货经营机构股东虚假出资和抽逃出资的行为进行了限制性规定。

虚假出资,是指股东采取各种方式,不向公司交付其作为出资的货币,或者不依法办理向公司转移其作为出资的实物、知识产权、土地使用权等非货币财产出资的财产权的行为;抽逃出资,根据《最高人民法院关于适用〈中华人民共和国公司法〉若干问题的规定(三)》第12条的规定,是指公司成立后,股东制作虚假财务会计报表虚增利润进行分配、通过虚构债权债务

关系将其出资转出、利用关联交易将出资转出以及其他未经法定程序将出资抽回的行为。

由于股东虚假出资或者抽逃出资的行为会破坏市场经济的诚信基础和秩序,《公司法》第199条、第200条分别针对股东虚假出资、抽逃出资两种违法行为,规定由公司登记机关责令改正,处以虚假出资金额或所抽逃出资金额5%以上15%以下的罚款;《刑法》第159条规定,虚假出资或者抽逃出资,数额巨大、后果严重或者有其他严重情节的,处5年以下有期徒刑或者拘役,并处或者单处虚假出资金额或者抽逃出资金额2%以上10%以下罚金。本条在《公司法》《刑法》的基础上,加强了对期货经营机构股东虚假出资、抽逃出资两种违法行为的监管。本条可以从以下方面理解:

一、对虚假出资、抽逃出资的股东应当责令其限期改正,并可责令其转让所持股权

对虚假出资、抽逃出资的期货经营机构股东,国务院期货监督管理机构应当责令其限期改正,还可以根据期货经营机构股东虚假出资、抽逃出资的情节、所造成的后果等情形,责令其转让所持期货经营机构的股权,使其持有的期货经营机构的股权减少,或者不再成为期货经营机构的股东。

二、对虚假出资、抽逃出资的股东可以限制其股东权利

限制股东权利是指限制股东行使某些权利,如分红权、表决权等。股东的出资是股东行使权利的基础。股东虚假出资、抽逃出资时,由于其出资存在瑕疵,其行使股东权利的基础也就受到了影响。只有当其改正违法行为,完全履行了相应出资义务后,才重新拥有行使相应股东的权利。为此,本条第2款规定,在虚假出资、抽逃出资的股东依法改正违法行为、转让所持股权前,国务院期货监督管理机构可以限制其股东权利。

第七十六条　期货经营机构有下列情形之一的,国务院期货监督管理机构应当依法办理相关业务许可证注销手续:

(一)营业执照被依法吊销;

(二)成立后无正当理由超过三个月未开始营业,或者开业后无正当理由停业连续三个月以上;

（三）主动提出注销申请；

（四）《中华人民共和国行政许可法》和国务院期货监督管理机构规定应当注销行政许可的其他情形。

期货经营机构在注销相关业务许可证前，应当结清相关期货业务，并依法返还交易者的保证金和其他资产。

【释义】 本条是关于期货经营机构业务许可证注销的规定。

一、注销情形

按照本条规定，期货经营机构业务许可证的注销包括依职权和依申请两种情形，即期货经营机构有下列情形的，国务院期货监督管理机构应当办理相关业务许可证注销手续：

（一）营业执照被依法吊销

营业执照被依法吊销，导致公司解散，被注销登记，期货经营机构的法人资格将不存在，其业务资格也没有存在的意义。

（二）成立后无正当理由超过3个月未开始营业，或者开业后无正当理由停业连续3个月以上

期货业务是期货经营机构主动申请的，如果期货经营机构无正当理由在较长的时间内未开展期货业务，表明其自身不再具有经营期货业务的意愿，因此予以注销。而期货公司如果有正当理由需要停业的，应当按照本法第62条的规定向国务院期货监督管理机构申请核准；经国务院期货监督管理机构核准从事期货业务的其他机构，如证券公司，有正当理由需要暂停经营期货业务的，同样应当向国务院期货监督管理机构申请核准。

需要注意的是，本条第1款第2项规定的"3个月"与《公司法》第211条中"公司成立后无正当理由超过六个月未开业的，或者开业后自行停业连续六个月以上的，可以由公司登记机关吊销营业执照"的规定需要作出区分，二者是根据停业时间长短由不同监管机关作出的不同行政措施，对期货经营机构的影响也截然不同。即期货经营机构成立后无正当理由不开业超过3个月或开业后停业连续超过3个月的，由业务主管机关注销业务许可证，期货经营机构法人资格还存在，只是不能继续经营相关业务；而当时限超过6个月时，则由公司登记机关吊销其营业执照，公司法人资格将被注

销,从根本上灭失。

(三)主动提出注销申请

期货经营机构主动申请注销相关业务的,国务院期货监督管理机构应当依法办理,但期货经营机构应当符合本条第2款的要求结清相关期货业务,并依法返还交易者的保证金和其他资产。

(四)《行政许可法》和国务院期货监督管理机构规定应当注销的其他情形

根据《行政许可法》第70条的规定,对于行政许可有效期届满未延续的;赋予公民特定资格的行政许可,该公民死亡或者丧失行为能力的;法人或者其他组织依法终止的;行政许可依法被撤销、撤回,或者行政许可证件依法被吊销的;因不可抗力导致行政许可事项无法实施的;法律、法规规定的应当注销行政许可的其他情形,行政机关应当依法办理有关行政许可的注销手续。本项同时授权国务院期货监督管理机构根据实践情况规定其他应当注销的情形。

二、注销前对期货经营机构的要求

为了保护交易者的合法权益,根据本条第2款的规定,期货经营机构在出现第1款的注销情形后,不应再进行业务拓展,对现有业务,应当按照合同约定的方式通知交易者,为交易者办理平仓或者移仓;对没有持仓的交易者,应返还其保证金和其他资产;对于暂时无法取得联系的交易者,应当进行公告并将交易者的资产予以提存,确保交易者权益不受侵害。上述措施应在期货经营机构注销相关业务许可证之前完成。

第七十七条　国务院期货监督管理机构认为必要时,可以委托期货服务机构对期货经营机构的财务状况、内部控制状况、资产价值进行审计或者评估。具体办法由国务院期货监督管理机构会同有关主管部门制定。

【释义】 本条是关于国务院期货监督管理机构可以依法委托期货服务机构对期货经营机构进行审计或者评估的规定。

根据本法规定,期货经营机构应当依法向国务院期货监督管理机构报送相关材料,如本法第71条规定,期货经营机构应当按照规定向国务院期货监督管理机构报送业务、财务等经营管理信息和资料;第 106 条规定,国务院期货监督管理机构在对期货经营机构进行现场检查时,也可以要求其报送有关的财务会计、业务活动、内部控制等资料。期货经营机构报送、提供的信息和资料是否反映了期货经营机构的真实情况,还需要国务院期货监督管理机构进行具体的分析。国务院期货监督管理机构对期货经营机构业务、财务等经营状况的掌握程度,直接影响监督管理的质量,但期货经营机构的业务、财务等经营状况究竟如何,不能完全按照期货经营机构的表述来确定,国务院期货监督管理机构需要自己进行核查,必要时,可以委托期货服务机构对期货经营机构的财务状况、内部控制状况、资产价值进行审计或者评估。

此外,在期货经营机构出现风险事件,国务院期货监督管理机构需要对其进行风险处置时,也可以委托期货服务机构对其财务状况、内部控制状况、资产价值进行审计或者评估。

第七十八条　禁止期货经营机构从事下列损害交易者利益的行为:

(一)向交易者作出保证其资产本金不受损失或者取得最低收益承诺;

(二)与交易者约定分享利益、共担风险;

(三)违背交易者委托进行期货交易;

(四)隐瞒重要事项或者使用其他不正当手段,诱骗交易者交易;

(五)以虚假或者不确定的重大信息为依据向交易者提供交易建议;

(六)向交易者提供虚假成交回报;

(七)未将交易者交易指令下达到期货交易场所;

(八)挪用交易者保证金;

(九)未依照规定在期货保证金存管机构开立保证金账户,或者违规划转交易者保证金;

(十)利用为交易者提供服务的便利,获取不正当利益或者转嫁风险;

(十一)其他损害交易者权益的行为。

【释义】　本条是关于禁止期货经营机构从事损害交易者利益行为的规定。

一、向交易者作出保证其资产本金不受损失或者取得最低收益承诺

期货交易本身是一种风险自担的经济活动，交易者应当自行承担交易风险，风险是不可能消失的，只能转移，如果期货经营机构向交易者作出"保本保收益"的承诺，那么风险就转移到了期货经营机构，从而可能因连锁反应引发系统性风险。

二、与交易者约定分享利益、共担风险

根据本法第66条的规定，期货交易的交易结果由交易者承担，而期货经营机构仅能从中赚取佣金。因此，禁止期货经营机构违背该条，而与交易者约定分享利益、共担风险。

三、违背交易者委托进行期货交易

根据本法第66条的规定，期货经营机构作为受托人必须按照其委托人，即交易者的委托进行期货交易。《最高人民法院关于审理期货纠纷案件若干问题的规定》第54条规定了期货公司违背交易者委托进行期货交易应当承担的民事责任，即"期货公司擅自以客户的名义进行交易，客户对交易结果不予追认的，所造成的损失由期货公司承担"。

四、隐瞒重要事项或者使用其他不正当手段，诱骗交易者交易

期货经营机构向交易者提供的市场行情、交易信息等内容应当完整，尽可能全面，不得利用信息不对称有意隐瞒重要事项或者使用其他不正当手段诱骗交易者进行交易。

五、以虚假或者不确定的重大信息为依据向交易者提供交易建议

与本条第4项相比，本项更强调的是期货经营机构向交易者提供的信息的真实性和准确性，尤其是作为交易建议依据的重大信息。《最高人民法院关于审理期货纠纷案件若干问题的规定》第52条也有相关规定，其明确规定了期货公司的责任承担，即"期货交易所、期货公司故意提供虚假信息误导客户下单的，由此造成客户的经济损失由期货交易所、期货公司承担"。

六、向交易者提供虚假成交回报

期货经营机构向交易者提供虚假成交回报，主要是指期货经营机构向交易者提供的成交回报与在期货交易场所实际的成交情况不相符，这是一种严重的欺诈客户的行为。

七、未将交易者交易指令下达到期货交易场所

本项主要是禁止场外对冲行为。根据本法第11条的规定，禁止在期货交易场所之外进行期货交易，如果期货经营机构未将交易者的交易指令下达到期货交易场所，交易者就无法进行期货交易，其委托事项就没有达成，作为受托人的期货经营机构即需要承担相应责任。1997年10月至1998年5月，天津中环期货经纪有限公司向客户提供虚假成交回报，不将客户的交易指令下达到期货交易场所内，自己作为客户的交易对手，与客户进行场外交易共计1.9万余手(按双边计算)，获得非法收入365.5925万元。对此，证监会对其作出处罚决定，责令其停业整顿半年，并没收非法收入365.5925万元。

《最高人民法院关于审理期货纠纷案件若干问题的规定》第53条规定了期货公司未将交易指令入市交易的行为无效，期货公司应当承担相应的赔偿责任，即"期货公司私下对冲、与客户对赌等不将客户指令入市交易的行为，应当认定为无效，期货公司应当赔偿由此给客户造成的经济损失；期货公司与客户均有过错的，应当根据过错大小，分别承担相应的赔偿责任"。此外，关于如何判断交易指令是否入市，以及相关举证责任，该司法解释第56条规定："期货公司应当对客户的交易指令是否入市交易承担举证责任。确认期货公司是否将客户下达的交易指令入市交易，应当以期货交易所的交易记录、期货公司通知的交易结算结果与客户交易指令记录中的品种、买卖方向是否一致，价格、交易时间是否相符为标准，指令交易数量可以作为参考。但客户有相反证据证明其交易指令未入市交易的除外。"

八、挪用交易者保证金

本项实际禁止的是期货经营机构侵占交易者财产的行为。根据本法第22条的规定，保证金是由交易者缴纳的，用于结算和履约保障；第40条规

定,结算参与人收取的保证金禁止违规挪用。本项进一步明确期货经营机构不得将交易者保证金用于其他地方。

《最高人民法院关于审理期货纠纷案件若干问题的规定》第55条规定了期货公司挪用客户保证金应承担赔偿责任,即"期货公司挪用客户保证金,或者违反有关规定划转客户保证金造成客户损失的,应当承担赔偿责任"。

九、未依照规定在期货保证金存管机构开立保证金账户,或者违规划转交易者保证金

同本条第8项类似,本项实际禁止的也是期货经营机构侵占交易者财产的行为。根据本法第40条的规定,结算参与人收取的保证金应当与其自有资金分开,按照国务院期货监督管理机构的规定,在期货保证金存管机构专户存放,分别管理,禁止违规挪用。一般来说,发生以下情形方可划转交易者的保证金:一是根据交易者的要求支付其账户内的可用资金;二是为交易者向期货结算机构交存保证金,支付税款、手续费;三是国务院期货监督管理机构规定的其他情形。期货经营机构不得在上述情形之外划转交易者保证金。

十、利用为交易者提供服务的便利,获取不正当利益或者转嫁风险

为了确保期货交易的公平性,本项严格禁止期货经营机构在为交易者提供服务的过程中,利用信息优势获取不正当利益,或将风险转移给交易者以避免自身可能出现的亏损。

十一、其他损害交易者权益的行为

任何事物都是发展变化的,随着期货市场的进一步发展,期货经营机构可能会出现新的损害交易者权益的行为,因此本项进行兜底规定,为认定新的损害交易者权益的行为预留空间。

第六章　期货交易场所

第七十九条　期货交易场所应当遵循社会公共利益优先原则，为期货交易提供场所和设施，组织和监督期货交易，维护市场的公平、有序和透明，实行自律管理。

【释义】 本条是关于期货交易场所遵循的原则、职能和自律管理的法律属性的规定。

本法所称“期货交易场所”包括期货交易所和其他期货交易场所。目前我国有上海期货交易所、郑州商品交易所、大连商品交易所、中国金融期货交易所和广州期货交易所5家期货交易所。上海证券交易所和深圳证券交易所组织开展了股票或ETF份额的期权交易，其法律性质为其他期货交易场所。

一、期货交易场所应当遵循的原则

本条规定了期货交易场所应当遵循社会公共利益优先原则。

一方面，期货交易场所作为市场经济发展的产物，具有一定的商业利益，作为市场主体具有追求营利的特征；另一方面，作为期货交易的组织方，期货交易场所也承担着维护市场公平、有序和透明的社会公共利益职责。这种商业利益与公共利益之间的冲突，在期货交易场所进行“公司化”改造之后尤其明显。

商业利益和公共利益失衡风险加剧的原因主要存在两个方面：一方面，商业利益可能驱使期货交易场所专注于收入的持续增长而忽视对市场的监督和管理。特别是公司制期货交易所，在利润最大化的驱使下可能竞相降低自律管理标准以获取更多的商业利益。另一方面，管理层和股东在决策过程中可能会漠视公共利益、减少监管资源的投入，从而难以维持一个强有力、良好的监管环境。

为了防范利益冲突,各国(地区)通过完善内部治理结构、限制所有权取得份额与股东身份、强化外部监管等多种方式,强化期货交易场所的公共利益职责。为了防止期货交易场所的商业利益凌驾于社会公共利益之上,本条明确要求,期货交易场所应当遵循社会公共利益优先原则。

二、期货交易场所的基本职能

本条规定了期货交易场所的基本职能:为期货交易提供场所和设施,组织和监督期货交易,维护市场的公平、有序和透明。

所谓“公平”,并不是指交易结果的公平,而是指参与交易机会的公平,即所有适格的交易者都应当有公平的机会参与期货交易场所组织的期货交易;同时也要求期货交易场所公平保护会员、交易者等市场各方的合法权益。“有序”,是指期货交易能够有序进行,为此期货交易场所应当强化一线监管职责,对期货交易进行实时监控和风险监测,出现异常情况应当及时采取紧急措施,恢复期货交易正常交易秩序。“透明”,是指提高市场的透明度,降低信息不对称性。监管机构只有“看得清、摸得准”,才能“管得住”。透明度降低可能会导致市场违法违规行为的产生,监管机构、期货交易场所无法知晓风险暴露,进而导致风险的累积。因此,期货交易场所应当努力提升市场的透明度、减少信息不对称性,降低市场违法违规行为发生的可能性。

三、期货交易场所的自律管理

本条规定了期货交易场所实行自律管理的法律属性。

自律管理,是指期货交易场所作为自律组织,基于会员或者市场参与者的一致授权而进行的自律管理。会员通过与期货交易场所订立章程或者自律规则的形式向交易场所让渡相关权利;而会员之外的其他市场参与者则通过参与期货交易及其相关活动的行为本身,表明其对期货交易场所自律规则的认可和遵守,这也是让渡权利的方式之一。

虽然期货交易场所是自律组织,依照章程和业务规则对会员、交易者、期货服务机构等进行管理,但期货交易场所与会员等主体之间在法律上的地位是平等的。期货交易场所的自律管理权归根结底还源于被管理者事先自愿对自身权利的让渡。

期货交易场所作为自律组织,其行使的自律管理权源于会员等市场参与者通过章程、自律规则等对交易场所的授权,而章程、自律规则等本身为契约性文件,本质上仍为民事合同。可以说期货交易场所通过契约性文件取得了相关权利,又依据契约性文件的约定行使该权利,期货交易场所与授权者(会员等市场参与者)之间自始至终均为民事法律关系,期货交易场所的法律地位也应为民事主体。

第八十条　设立、变更和解散期货交易所,应当由国务院期货监督管理机构批准。

设立期货交易所应当制定章程。期货交易所章程的制定和修改,应当经国务院期货监督管理机构批准。

【释义】 本条是关于期货交易所的设立、变更、解散审批以及制定、修改章程审批的规定。

一、设立、变更和解散期货交易所审批

本条第1款规定,设立、变更和解散期货交易所,应当由国务院期货监督管理机构批准。

期货交易所承担着组织开展期货交易的职责,是期货市场发挥价格发现、风险管理、资源配置功能的基础载体。因此,期货交易所的准入必须经过监管机构的批准,这也是各国(地区)的通行做法。

我国对期货交易所的设立一直实行审批制。在我国期货早期试点发展阶段,期货交易所(商品交易所、批发市场等)主要由国务院各部门和各级地方人民政府批准设立。1993年,我国期货市场出现盲目发展的情况,据不完全统计,经批准组织开展期货交易的期货交易所(商品交易所、批发市场等)多达50家。期货交易所数量过多、交易品种重复,出现盲目竞争的混乱局面,严重影响了期货市场试点工作的正常进行。1993年11月4日《国务院关于坚决制止期货市场盲目发展的通知》,决定由国务院证券委员会负责对期货市场试点工作的指导、规划和协调、监管工作,具体工作由证监会执行。该通知规定,"未经证券委批准,不得设立期货交易所(中心)"。

已经成立的各种期货交易机构,须按照国务院期货交易法规要求重新履行审核批准手续,由证监会从严审核后报国务院批准,统一在国家工商行政管理局重新登记注册;重新审核后未予批准的,一律停止进行期货交易。1994年5月《国务院办公厅转发国务院证券委员会关于坚决制止期货市场盲目发展若干意见的请示的通知》,明确审核试点期货交易所的条件包括期货合约交易额占本所交易比重、实物交割率、日均交易额、会员数量等因素。经过合并、整合地方期货交易所,经国务院审批的试点交易所缩减至14家。1998年8月1日《国务院关于进一步整顿和规范期货市场的通知》,按照"继续试点,加强监管,依法规范,防范风险"的原则,对14家期货交易所进行整顿和撤并,只保留上海期货交易所、郑州商品交易所、大连商品交易所3家期货交易所。对保留的期货交易所实行集中统一管理,比照证券交易所管理体制,将期货交易所划归证监会直接管理。1999年国务院出台了《期货交易管理暂行条例》,确立了期货市场集中统一的监管体制,明确规定"设立期货交易所,由中国证监会审批。未经中国证监会批准,任何单位或者个人不得设立或者变相设立期货交易所"。之后2007年出台的《期货交易管理条例》延续了原暂行条例的规定,明确"设立期货交易所,由国务院期货监督管理机构审批。未经国务院期货监督管理机构批准,任何单位或者个人不得设立期货交易所或者以任何形式组织期货交易及其相关活动"。

除了设立期货交易所需要国务院期货监督管理机构审批外,期货交易所的变更和解散也应当由国务院期货监督管理机构批准。

如前所述,期货交易所是期货市场功能发挥的基础载体,其变更和解散将对期货市场各方参与者造成影响,因此本条规定期货交易所的变更和解散也需要审批。

二、期货交易所章程制定和修改的审批

章程,是指由期货交易所会员大会或者股东会制定的,对期货交易所及其会员、内部组织机构具有约束力并经过国务院期货监督管理机构批准的内部行为规范。本法第79条明确了期货交易所自律管理的法律属性,而期货交易所行使自律管理职责源于会员等市场参与者通过章程等自律规则对期货交易所的授权。如前所述,章程也是期货交易所自治与治理的"基本

法”。通过对期货交易所章程的制定和修改的审批，确保期货交易所能够遵循社会公共利益优先原则，以维护市场的公平、有序和透明，也是国务院期货监督管理机构监管期货交易所的重要方式之一。

第八十一条　期货交易所应当在其名称中标明“商品交易所”或者“期货交易所”等字样。其他任何单位或者个人不得使用期货交易所或者其他可能产生混淆或者误导的名称。

【释义】　本条是关于期货交易所名称的规定。

一、期货交易所名称必备字样

本条规定期货交易所应当在其名称中标明“商品交易所”或者“期货交易所”等字样。期货交易所是金融市场基础设施，是期货市场功能发挥的基础载体。通过要求其名称中必须标明“商品交易所”“期货交易所”等字样，以区别于其他各类市场主体，有利于交易者等市场参与者的识别，给予其合理的信赖。

目前我国几大期货交易所，如上海期货交易所、郑州商品交易所、大连商品交易所、中国金融期货交易所和广州期货交易所都在其名称中标明了“商品交易所”或“期货交易所”字样。此外，本条还特意规定了“等”字样，以为名称中包含其他类似字样的期货交易所留足制度空间。

二、禁止其他单位或个人使用期货交易所等名称

本条规定，其他任何单位和个人不得使用期货交易所或者其他可能产生混淆或者误导的名称。长期以来，我国期货市场的发展一直受到非法期货交易场所、非法期货活动的困扰。为了欺骗和误导公众，这些非法期货交易场所往往以各种“交易所”的名义出现，或者使用与正规期货交易所相似或类似的名称，以使公众产生混淆或者被误导，以为其参与的是正规合法的期货交易。为了打击非法交易场所和非法期货及相关活动，本条明确了“期货交易所”名称的排他效力，即其他任何单位或者个人不得使用期货交易所或者其他可能产生混淆或者误导的名称。此外，考虑到部分现货交易场所已经采用“商品交易所”的字样，并运行多年，本法并未就“商品交易所”字样作出排他性的规定。

为了防范金融风险，规范市场秩序，维护社会稳定，2011 年国务院发布了《关于清理整顿各类交易场所切实防范金融风险的决定》。其中对于交易所的名称作出了严格规范：凡使用“交易所”字样的交易场所，除经国务院或国务院金融管理部门批准的外，必须报省级人民政府批准；省级人民政府批准前，应征求联席会议意见。未按上述规定批准设立或违反上述规定在名称中使用“交易所”字样的交易场所，工商部门不得为其办理工商登记。未经批准在交易场所名称中使用“交易所”字样的交易场所，应限期清理规范。

第八十二条　期货交易所可以采取会员制或者公司制的组织形式。会员制期货交易所的组织机构由其章程规定。

【释义】 本条是关于期货交易所组织形式的规定。

本条第 1 款规定期货交易所可以采取会员制或者公司制的组织形式。

在 2006 年以前，我国期货交易所的组织形式仅有会员制。2006 年中国金融期货交易所以公司制形式成立，自此我国期货交易所同时存在会员制和公司制两种组织形式。目前上海期货交易所、郑州商品交易所和大连商品交易所采取会员制组织形式，中国金融期货交易所和广州期货交易所采取公司制组织形式。

一、会员制期货交易所的实践

我国期货交易所在期货市场试点初期基本上都采用了公司制的组织形式。至 1993 年，组织开展期货交易的期货交易所（商品交易所、批发市场等）多达 50 家。之后我国期货市场进入了清理整顿阶段。为了加强期货市场管理，证监会于 1995 年 9 月 11 日印发了《关于期货交易所进行会员制改造的意见》，要求期货交易所按会员制改造组织形式，理顺管理体制。经过清理整顿，1998 年，上海期货交易所、郑州商品交易所和大连商品交易所 3 家交易所确定被保留，划归证监会管理。之后 3 家交易所陆续完成了会员制改造工作。

二、非互助化/公司化改造

根据国际证监会组织的定义,"非互助化"是指交易所由会员拥有所有权的、非营利性的组织转变为股东拥有所有权的、营利性组织的过程。追溯期货交易所组织形式的发展沿革,会员制组织形式一直是期货交易所默认的选择。这一局面一直维持到20世纪90年代,由首开非互助化先河的斯德哥尔摩证券交易所打破。当时斯德哥尔摩证券交易所为了将留存在交易所内部过多的闲置资本返还给会员出资者,创造性地采用了公司制的组织形式,利用公司向股东分配盈余的形式,实现了资金的退出。之后不论是证券交易所还是期货交易所都纷纷开启了非互助化改造。

2000年,伦敦国际石油交易所(IPE)经全体会员投票通过将其改组成为营利性公司。2000年5月,经美国商品期货交易委员会(CFTC)批准,纽约商业交易所(NYMEX)从非营利性组织转变为营利性组织。全球最大的期货期权交易所——芝加哥商品交易所(CME),也于2000年11月完成了非互助化改造,由在伊利诺伊州注册的一家非营利性公司转变为依据特拉华州公司法注册的营利性公司,并在之后实现在纽约证券交易所和纳斯达克证券交易所上市。2005年,芝加哥期货交易所通过公司化改制,并在纽约证券交易所挂牌上市。2008年,东京工业品交易所(TOCOM)宣布改变其组织形式,实现由会员制向公司制转变,并成为日本第一家进行非互助化改造的交易所。2010年,芝加哥期权交易所(CBOE)也完成了公司化改制。

非互助化/公司化改造也对我国期货交易所的发展格局产生了影响。进入21世纪后为了发展金融期货,上海证券交易所、深圳证券交易所、上海期货交易所、郑州商品交易所和大连商品交易所5家会员制证券期货交易所共同出资,于2006年成立了第一家公司制交易所——中国金融期货交易所股份有限公司。为了上市原油期货并实现对外开放,上海期货交易所于2013年发起成立了上海国际能源交易中心股份有限公司。为服务绿色发展和粤港澳大湾区建设,由上海期货交易所、郑州商品交易所、大连商品交易所、中国金融期货交易所和中国平安保险(集团)股份有限公司、广州金融控股集团有限公司、广东珠江投资控股集团有限公司、香港交易及结算所有限公司于2021年共同发起设立了广州期货交易所股份有限公司,这是国内首家混合所有制交易所。

纵观境外期货交易所非互助化/公司化的进程，其选择公司制与信息技术的发展密不可分。20 世纪八九十年代，随着信息技术的进步，电子化交易逐渐兴起，电子化在降低交易成本、提高交易效率的同时，也要求期货交易所大规模的资金投入。而很多会员制交易所受体制所限，难以筹措大量资金，使得期货交易所在激烈的市场竞争中处于不利地位。在资本市场发展史上，交易所公司化的最初动力正是源自交易所与各个新兴电子化交易所的竞争。此外，公司化改革可以改善管理和经营结构、激发对新商业策略的追求、吸引战略合作伙伴等，也是境外各大期货交易所纷纷开展公司化改造的原因之一。

三、会员制期货交易所的组织机构

本条第 2 款规定会员制期货交易所的组织机构由其章程规定。公司制期货交易所的法律性质为公司。《公司法》明确规定了公司的组织机构，包括股东会、董事会、监事会、经理等。公司制交易所按照《公司法》规定完善其公司治理结构即可。而对于会员制交易所，其组织机构在法律上暂时没有规定，因此本条规定由其章程规定组织机构事宜。从目前实践来看，各会员制交易所章程规定的组织机构包括会员大会、理事会、监事会、高级管理人员等，并对上述组织机构的组成、职责、任期和议事规则等作了详细规定，以确保会员制交易所建立完善的内部治理结构。

第八十三条　期货交易所依照法律、行政法规和国务院期货监督管理机构的规定，制定有关业务规则；其中交易规则的制定和修改应当报国务院期货监督管理机构批准。

期货交易所业务规则应当体现公平保护会员、交易者等市场相关各方合法权益的原则。

在期货交易所从事期货交易及相关活动，应当遵守期货交易所依法制定的业务规则。违反业务规则的，由期货交易所给予纪律处分或者采取其他自律管理措施。

【释义】　本条是关于期货交易所业务规则的要求和法律效力的规定。

一、业务规则制定依据

本条第1款明确了期货交易所业务规则制定的依据,即期货交易所依照法律、行政法规和国务院期货监督管理机构的规定,制定有关业务规则。

与一对一交易中双方的权利义务由协议规定不同,期货交易实行场内集中匿名交易,市场参与者众多,为保障交易秩序的正常进行,需要有确定的规则来明确市场参与各方的权利义务关系。这就要求为期货交易提供场所和设施、组织和监督期货交易的期货交易所必须制定业务规则。同时,业务规则也是期货交易所具体实施自律管理的主要依据。

期货交易所制定业务规则的依据是法律、行政法规和国务院期货监督管理机构的规定,以规范期货交易行为、保障各方合法权益、维护市场秩序和公共利益、促进期货市场服务国民经济、防范化解金融风险。

二、交易规则制定、修改的批准

本条第1款还规定,交易规则的制定和修改应当报国务院期货监督管理机构批准。对交易规则的审批是国务院期货监督管理机构对期货交易所进行全方位监管的方式之一。

目前各期货交易所的规则体系,根据效力层级大致可以分为两级:一是章程和交易规则,二是实施细则等。交易规则是期货交易所组织和监督期货交易的基本规则,主要包括品种与合约、会员管理、交易业务、结算业务、交割业务、风险控制、异常情况处理、信息披露、自律管理、纠纷处理等内容,全方位规范各市场参与者的行为。根据本法第80条的规定,期货交易所章程的制定和修改,应当经国务院期货监督管理机构批准。交易规则作为与章程同层级的规则,其制定和修改也应当与章程保持一致,即应当经国务院期货监督管理机构批准。而期货交易所的各项业务实施细则变动比较频繁,为及时满足市场发展需求,法律未要求实施细则进行审批。

目前,各期货交易所对于章程和交易规则的制定和修改程序为经会员大会审议,报证监会批准。实施细则等的制定和修改程序为事前向证监会报告,报理事会审议通过。

三、对业务规则的要求

本条第2款明确规定,期货交易所的业务规则应当体现公平保护会员、交易者等市场相关各方合法权益的原则。这是本法总则第 1 条“保障各方合法权益”和第 6 条公平原则的细化,同时也是本法第 79 条“维护市场的公平”的体现。期货交易所作为期货交易的组织者,应当秉承社会公共利益优先的原则,在业务规则中公平保护会员、交易者等市场相关各方合法权益。

四、业务规则的效力

本条第 3 款明确了期货交易所业务规则的效力,即在期货交易所从事期货交易及相关活动,应当遵守期货交易所依法制定的业务规则。其效力及于所有在期货交易所从事期货交易及相关活动的市场参与者,既包括会员、交易者等参与期货交易的主体,也包括交割库、保证金存管机构、信息技术服务机构等从事期货交易相关活动的主体。

本法第 79 条明确了期货交易所自律管理的法律地位,而期货交易所的自律管理主要是通过制定和实施业务规则来实现的。本条从法律上明确了期货交易所业务规则的法律效力,会员等市场参与者参与期货交易及其相关活动,必须遵守期货交易所依法制定的业务规则。

对于违反业务规则的,本条规定期货交易所可以给予纪律处分或者采取其他自律管理措施。从目前各期货交易所的业务规则来看,纪律处分包括警告、通报批评、公开谴责、强行平仓、暂停开仓交易、暂停部分期货或者期权业务等。其他自律管理措施包括列入重点监管名单、口头警示、出具书面警示函、要求提交书面承诺等。自律管理措施主要是为维护市场秩序、防范市场风险而采取的矫正性应对措施,一般不具有惩戒性。

第八十四条　期货交易所的负责人由国务院期货监督管理机构提名或者任免。

有《中华人民共和国公司法》规定的不适合担任公司董事、监事、高级管理人员的情形或者下列情形之一的,不得担任期货交易所的负责人:

(一)因违法行为或者违纪行为被解除职务的期货经营机构的董事、监事、高级管理人员,或者期货交易场所、期货结算机构的负责人,自被解除职务之日起未逾五年;

（二）因违法行为或者违纪行为被吊销执业证书或者被取消资格的注册会计师、律师或者其他期货服务机构的专业人员，自被吊销执业证书或者被取消资格之日起未逾五年。

【释义】 本条是关于期货交易所负责人的提名或任免以及任职限制条件的规定。

一、期货交易所负责人的提名或任免

本条第 1 款规定，期货交易所的负责人由国务院期货监督管理机构提名或者任免。为维护市场公平、有序和透明，国务院期货监督管理机构对期货交易所实行了从设立到持续合规运行等全方位监管。其中对期货交易所负责人的提名或任免，也是国务院期货监督管理机构对期货交易所监管的体现。

考虑到会员制期货交易所和公司制期货交易所在组织机构上的差别，本条采用了“负责人”一词作为统称。同时，考虑到两类期货交易所的治理结构和产生方式的不同，对于负责人采取提名或任免两种方式。本条未规定期货交易所负责人的外延，实践中，对于会员制期货交易所的理事长、监事长和公司制期货交易所的董事长、监事长由国务院期货监督管理机构提名；会员制期货交易所和公司制期货交易所的总经理、副总经理等则由国务院期货监督管理机构任免。

二、不得担任期货交易所负责人的情形

本条第 2 款规定了不得担任期货交易所负责人的情形，即任职的负面清单。考虑到期货交易所的负责人对于期货交易所的运行承担重要职责，理应提出更高的要求，因此本条在《公司法》规定的不得担任董事、监事、高级管理人员情形的基础上，还列举了两项额外情形。根据本条规定，不得担任期货交易所负责人的情形有以下 3 种：

一是根据《公司法》第 146 条的规定，有下列情形之一的，不得担任公司的董事、监事、高级管理人员：(1)无民事行为能力或者限制民事行为能力；(2)因贪污、贿赂、侵占财产、挪用财产或者破坏社会主义市场经济秩序，被判处刑罚，执行期满未逾 5 年，或者因犯罪被剥夺政治权利，执行期满

未逾5年;(3)担任破产清算的公司、企业的董事或者厂长、经理,对该公司、企业的破产负有个人责任的,自该公司、企业破产清算完结之日起未逾3年;(4)担任因违法被吊销营业执照、责令关闭的公司、企业的法定代表人,并负有个人责任的,自该公司、企业被吊销营业执照之日起未逾3年;(5)个人所负数额较大的债务到期未清偿。

二是因违法违纪行为被解除职务的期货经营机构的董事、监事、高级管理人员,或者期货交易场所、期货结算机构的负责人,自被解除职务之日起未逾5年。

三是因违法违纪行为被吊销执业证书或者被取消资格的注册会计师、律师或者其他期货服务机构的专业人员,自被吊销执业证书或者被取消资格之日起未逾5年。

第八十五条　期货交易场所应当依照本法和国务院期货监督管理机构的规定,加强对交易活动的风险控制和对会员以及交易场所工作人员的监督管理,依法履行下列职责:

(一)提供交易的场所、设施和服务;

(二)设计期货合约、标准化期权合约品种,安排期货合约、标准化期权合约品种上市;

(三)对期货交易进行实时监控和风险监测;

(四)依照章程和业务规则对会员、交易者、期货服务机构等进行自律管理;

(五)开展交易者教育和市场培育工作;

(六)国务院期货监督管理机构规定的其他职责。

期货交易场所不得直接或者间接参与期货交易。未经国务院批准,期货交易场所不得从事信托投资、股票投资、非自用不动产投资等与其职责无关的业务。

【释义】　本条是关于期货交易场所职责和禁止从事的业务的规定。

一、期货交易场所履行职责的依据

本条第1款规定了期货交易场所履行职责的依据,即依照本法和国务院期货监督管理机构的规定。履行职责的范围覆盖对交易活动的风险控制和对会员以及交易场所工作人员的监督管理,以强化期货交易场所一线监管职责和自律管理的法律地位。

二、期货交易场所的具体职责

根据本条的规定,期货交易场所的职责包括以下6项:

一是提供交易的场所、设施和服务。作为期货交易的组织者,提供交易的场所、设施和服务,是期货交易场所最基本的职责,是期货交易得以开展的物质载体。

二是设计期货合约、标准化期权合约品种,安排期货合约、标准化期权合约品种上市。期货合约和标准化期权合约是由期货交易场所统一制定的标准化合约。设计"具有经济价值""合约不易被操纵""符合社会公共利益"的合约品种并适时安排上市,是期货交易场所的主要职责,也是开展期货交易的基本条件。

三是对期货交易进行实时监控和风险监测。本法强化了期货交易场所一线监管职责,要求期货交易场所对期货交易进行实时监控、监测可能出现的各类风险、及时发现各类违法违规行为;对于出现异常情况或者突发性事件的,应当依照业务规则及时采取紧急措施或者处置措施。

四是依照章程和业务规则对会员、交易者、期货服务机构等进行自律管理。根据本法第79条的规定,期货交易场所实行自律管理。自律管理的依据是章程和业务规则,自律管理的对象包括会员、交易者、期货服务机构等。

五是开展交易者教育和市场培育工作。作为期货交易的组织者,期货交易场所开展交易者教育工作,可以使普通交易者更为理性地参与期货交易,保护交易者的合法权益;开展市场培育工作,促使更多实体企业参与期货交易,充分发挥期货市场价格发现、风险管理和资产配置的功能。

六是国务院期货监督管理机构规定的其他职责。本项是兜底条款,以防列举疏漏。同时也赋予了国务院期货监督管理机构根据市场需要适时赋予期货交易场所新的职责的权力。如根据本法第30条的规定,经国务院期货监督管理机构审批,期货交易所可以组织开展衍生品交易等。

三、禁止期货交易场所从事的业务

根据本条第2款规定,期货交易场所不得直接或者间接参与期货交易。

期货交易场所负有组织和监督期货交易的职责，这决定了其只能作为独立于期货交易双方的“中立方”，不能以任何方式参与期货交易。同时期货交易场所掌握期货市场的交易信息，如果允许其参与期货交易，必将损害交易者的权益，有悖于期货市场公开、公正、公平的原则。因此为了公平保护会员、交易者等市场各方的合法权益，维护市场的公平、有序和透明，本条明确禁止期货交易场所直接或者间接参与期货交易。

本条第 2 款还规定，未经国务院批准，期货交易场所不得从事信托投资、股票投资、非自用不动产投资等与其职责无关的业务。期货交易场所具有明显的公共利益特点，必须以稳健运行为基础，从事与其职责无关的业务可能影响运营，产生亏损，影响期货交易场所职责的履行，甚至威胁期货市场的平稳运行。因此本条规定，禁止期货交易场所未经批准，从事信托投资、股票投资、非自用不动产投资等与其职责无关的业务。

第八十六条　期货交易所的所得收益按照国家有关规定管理和使用，应当首先用于保证期货交易的场所、设施的运行和改善。

【释义】　本条是关于期货交易所所得收益管理和使用规则的规定。

期货交易所的收入主要包括手续费、申报费、席位费、年会费、信息使用费等。期货交易所的收入在扣除税费、人员薪酬等项目支出后，构成期货交易所的所得收益。

近年来，随着期货市场的发展，期货交易的成交量和持仓量持续扩大，对期货交易所的交易系统提出了更高的要求。特别是程序化交易的发展，对期货交易所的信息技术系统带来新的挑战。保障期货市场的平稳运行是期货交易所最基本的职责。这就要求期货交易所必须投入大量资源用于期货交易场所、设施的改善，特别是信息技术系统的更新和维护。因此本条规定，期货交易所的所得收益应当首先用于保证期货交易的场所、设施的运行和改善。

第八十七条　期货交易场所应当加强对期货交易的风险监测，出现异常情况的，期货交易场所可以依照业务规则，单独或者会同期货结算机构采取下列紧急措施，并立即报告国务院期货监督管理机构：

（一）调整保证金；

（二）调整涨跌停板幅度；

（三）调整会员、交易者的交易限额或持仓限额标准；

（四）限制开仓；

（五）强行平仓；

（六）暂时停止交易；

（七）其他紧急措施。

异常情况消失后，期货交易场所应当及时取消紧急措施。

【释义】 本条是关于期货交易场所出现异常情况采取紧急措施的规定。

本法明确了期货交易场所对期货交易进行实时监控和风险监测的职责，要求期货交易场所应当加强对期货交易的风险监测。对于出现异常情况的，本条规定了期货交易场所可以采取的紧急措施的种类、实施依据和程序，以及终止情形。

本条所称的异常情况，是针对正常情况、以结果导向而言的。引发期货交易异常情况的原因是多种多样的，既可能是在交易中发生市场操纵行为，也可能是因为发生了突发性事件，最终导致正常的交易秩序受到影响，出现异常情况。

一、紧急措施的种类

当异常情况出现时，期货交易场所依照业务规则，单独或者会同期货结算结构可以采取的紧急措施包括：

一是调整保证金。保证金是履约的基础，发生异常情况时，调整保证金有利于增强会员和交易者担保其合约履行的能力，增加期货交易场所化解风险的物质基础。

二是调整涨跌停板幅度。涨跌停板可以限制合约价格在当天的波动幅度，防止价格超幅度波动，出现穿仓进而影响整个市场。适当调整涨跌停板幅度，可以控制价格波动范围，将风险控制在一定范围，同时在达到涨停板或者跌停板时，也给予市场一定的“冷静”机会，防止产生“羊群效应”。

三是调整会员、交易者的交易限额或持仓限额标准。通过调整会员、交易者的交易限额或者持仓限额标准，期货交易场所可以对会员或者交易者的最大交易量和持仓量进行限制，调节市场的流动性，给市场“降温”，防范大户操纵市场风险。

四是限制开仓。期货交易场所可以根据业务规则的规定，限制特定或者不特定交易者或者会员开仓、限制单方向或者双方向开仓、限制特定合约或者全部合约开仓、限制特定时间段内开仓等。限制开仓同样可以调节市场的流动性，限制单个或者多个交易者参与交易的能力，促进市场的平稳运行。

五是强行平仓。强行平仓是最重要的风险控制措施之一，通过强行平仓，可以进一步限制市场流动性，使交易者或者会员更加理性地参与市场交易。

六是暂时停止交易。当市场遇到特别大的风险时，期货交易场所可以采取暂时停止交易的措施，使市场趋向冷静，防止发生系统性风险。暂时停止交易，可以是特定合约暂停交易，也可以是全部合约暂停交易，期货交易场所可以根据市场风险评估自行决定。

七是其他紧急措施。本项是兜底条款，以防列举疏漏。期货交易场所可以根据本市场的具体情况，在业务规则中规定相关措施。

二、采取紧急措施的依据

本条明确了出现异常情况时，期货交易场所采取紧急措施的依据，即业务规则。期货交易场所必须在其业务规则中事先明确，出现异常情况时，采取各类紧急措施的条件、程序、适用情形等具体事项，以使会员、交易者等市场参与者有明确的市场预期。从目前各期货交易场所的实践来看，均在交易规则中对异常情况处理作出规定，同时在风险管理办法、异常交易行为管理办法、违规处理办法等具体的实施细则中作出细化规定。

三、采取紧急措施的程序和要求

由于紧急措施的采取可能会对会员、交易者等市场参与者的切身利益产生较大影响，因此期货交易场所在出现异常情况采取紧急措施时，必须履行一定的程序并符合特定要求。

首先，期货交易场所必须根据其业务规则规定的权限和程序作出决定，不得随意采取紧急措施。其次，当期货交易场所与期货结算机构分立时，部分紧急措施的实施还需要两个机构的配合,因此本条规定期货交易场所可以单独或者会同期货结算机构采取紧急措施。再次,由于紧急措施的实施将影响会员、交易者等市场参与者的权益,本条要求期货交易场所采取紧急措施的,应当立即向国务院期货监督管理机构报告。国务院期货监督管理机构有权对期货交易场所采取的紧急措施的条件、程序等进行监督。最后,紧急措施是修复市场秩序的临时性措施,在异常情况消失后,期货交易场所应当及时取消紧急措施,恢复原有的市场秩序。

第八十八条　期货交易场所应当实时公布期货交易即时行情,并按交易日制作期货市场行情表,予以公布。

期货交易行情的权益由期货交易场所享有。未经期货交易场所许可,任何单位和个人不得发布期货交易行情。

期货交易场所不得发布价格预测信息。

期货交易场所应当依照国务院期货监督管理机构的规定,履行信息报告义务。

【释义】　本条是关于期货交易行情管理和信息报告义务的规定。

一、实时公布期货交易行情

本条第1款明确要求,期货交易场所应当实时公布期货交易即时行情,并按交易日制作期货市场行情表,予以公布。这是保障期货交易活动遵循公开原则、提升市场透明度的重要举措之一。

期货市场最重要的功能是价格发现。通过即时行情的发布,参与期货交易的交易者等市场参与者可以掌握最新市场信息,据此判断市场价格未来走势,从而作出或者优化交易决策,使交易的效益大幅提高。同时行情信息的公布,为现货市场提供一个公开、透明的价格信号,可以指导现货市场交易和资源配置。本条第1款明确要求期货交易场所应当实时公布期货交易的即时行情,同时,要求期货交易场所按照交易日制作并公布期货市场行情表,使交易者等市场参与者了解当日交易走势等信息。

即时行情又称即时信息,是指在交易时间内,与交易活动同步发布的交易行情信息。即时行情主要内容有:品种名称、交割月份、最新价、涨跌、成交量、持仓量、申买价、申卖价、申买量、申卖量、结算价、开盘价、收盘价、最高价、最低价等信息。

根据目前各期货交易所的实践,期货交易所会根据有关规定和市场需要发布不同层次的即时信息、延时信息、每日信息、每周信息、每月信息、每年信息以及各类统计信息、合约历史数据等信息。

二、期货交易行情的权益和发布

本条第 2 款规定期货交易行情的权益由期货交易场所享有。未经期货交易场所许可,任何单位和个人不得发布期货交易行情。这里规定的期货交易场所享有期货交易行情权益不限于即时行情,对历史行情也享有权益。期货交易场所除了对报价、成交价、成交量等由于期货交易活动自然产生的行情数据享有权益外,对经过计算、加工的结算价等行情数据也享有权益。

以结算价数据的生成机制为例,期货交易场所投入了大量的人力和物力经过计算、加工而生成的数据,主要体现在提供交易平台、制定业务规则、投入开发交易结算系统和自律管理等方面。前期,期货交易场所通过大量的市场调研和上市准备工作,设计合理的期货合约和业务规则,进行市场开发和推广,保证合约成交的活跃度;在合约交易过程中,期货交易场所通过自律管理,对市场进行实时监测和风险监控,处理违法违规行为,以保证用以生成结算价的交易数据真实、合规;最后,期货交易场所根据结算细则/办法中结算价计算的方法,对交易数据进行加工,生成当日结算价。正是由于期货交易场所的大量投入,单个交易数据才能生成有市场参考价值的结算价数据,市场参与者才能获得及时、准确、完整的结算信息。因此,对于经过计算、加工的行情数据信息,期货交易场所也应当享有权益。

随着我国期货市场影响力的扩大,结算价授权成为期货市场对外开放"走出去"的方式之一,为了维护境内期货交易场所的合法权益,防止境内市场定价权被境外市场干扰,也需要在法律层面明确境内期货交易场所对经过计算、加工的行情数据信息享有合法权益。

此外,发布期货交易行情必须准确,不能出现差错,否则会给交易者造成不必要的损失。发布虚假的期货交易行情还会造成严重的后果,破坏市场的稳定。必须对发布期货交易行情的主体有严格的要求。因此本条规定,未经期货交易场所许可,任何单位和个人不得发布期货交易行情。

三、期货交易场所不得发布价格预测信息

期货合约是价格要素以外的其他要素都已经确定的合约。期货市场就是要通过期货交易去产生一个市场公允、权威的价格。而期货交易场所作为期货交易的组织者,处于独立于期货交易买卖双方的“中立”地位。如果其发布价格预测信息,将严重损害期货交易场所的中立性,产生利益冲突,并直接影响期货交易价格的形成过程。因此,本条第3款明确禁止期货交易场所发布价格预测信息,这也是期货交易遵循公平、公正原则的体现。

四、期货交易场所的信息报告义务

本法第29条规定了期货交易场所及其从业人员发现禁止的交易行为的报告义务,同时在“监督管理”一章中规定了国务院期货监督管理机构对期货交易场所的期货业务活动进行监督管理的职责,有权要求期货交易场所报送有关财务会计、业务活动、内部控制等资料。期货交易场所作为期货交易的组织者,掌握大量涉及期货交易活动的信息。为履行配合监管机构的义务,本条第4款明确要求,期货交易场所应当依照国务院期货监督管理机构的规定,履行信息报告义务。

第八十九条　因突发性事件影响期货交易正常进行时,为维护期货交易正常秩序和市场公平,期货交易场所可以按照本法和业务规则规定采取必要的处置措施,并应当及时向国务院期货监督管理机构报告。

因前款规定的突发性事件导致期货交易结果出现重大异常,按交易结果进行结算、交割将对期货交易正常秩序和市场公平造成重大影响的,期货交易场所可以按照业务规则采取取消交易等措施,并应当及时向国务院期货监督管理机构报告并公告。

【释义】　本条是关于影响期货交易正常进行的突发性事件处置措施的规定。

突发性事件包括地震、水灾、火灾、恶劣天气、疫情、恐怖袭击、战争、封锁、禁运、交通运输阻断、通信中断、电力故障、网络攻击等不可抗力事件以及技术故障、境内外法规政策出现重大变化、相关现货市场出现异常情况等

事件。与异常情况紧急措施类似,本条规定了突发性事件处置措施的实施依据、程序和取消交易的特殊规定。

一、突发性事件处置措施的实施依据和程序

本条第 1 款明确了期货交易场所因突发性事件采取处置措施的依据是本法和业务规则。由于突发性事件处置措施将直接影响市场参与者的权益,这就要求期货交易场所必须在业务规则中明确采取处置措施的适用情形、种类、程序等事项,以使会员、交易者等市场参与者有明确的市场预期。

由于处置措施可能会对会员、交易者等市场参与者的切身利益产生较大影响,因此期货交易场所因突发性事件采取处置措施时,必须经过一定的程序并符合特定要求。本条第 1 款要求期货交易场所在采取必要的处置措施时,应当及时向国务院期货监督管理机构报告。国务院期货监督管理机构有权对期货交易场所所采取的处置措施的条件、程序等事项进行监督。

二、取消交易等措施

本条第 2 款规定了取消交易的情形、依据和程序。当因本条第 1 款规定的突发性事件导致期货交易结果出现重大异常,按交易结果进行结算、交割将对期货交易正常秩序和市场公平造成重大影响的,期货交易场所可以采取取消交易等措施。采取取消交易措施的依据为期货交易场所的业务规则。

期货交易场所在采取取消交易等措施时,应当及时向国务院期货监督管理机构报告。国务院期货监督管理机构有权对期货交易场所所采取的取消交易等措施的条件、程序等事项进行监督,以维护市场的公平、公正,保护各方合法权益。同时,考虑到取消交易等措施对市场影响较大,本条第 2 款在要求向国务院期货监督管理机构报告的同时,还必须向市场公告。

实践中,国际上各大期货交易场所对取消交易都持非常谨慎的态度,设定较为严格的适用条件和程序,如芝加哥商品交易所规则手册第 588 条、新加坡交易所第 4. 1. 8 号监管通知等规定。我国各大期货交易场所虽在业务规则中规定了取消交易措施,但仅适用于地震、火灾、水灾等不可抗力或者计算机系统故障、意外事件等原因导致交易、结算、交割、行权与履约等业务无法正常进行的情形。

第九十条　期货交易场所对其依照本法第八十七条、第八十九条规定采取措施造成的损失，不承担民事赔偿责任，但存在重大过错的除外。

【释义】　本条是关于期货交易场所民事责任豁免的规定。

本条规定期货交易场所根据本法第 87 条的规定针对异常情况采取紧急措施和根据本法第 89 条的规定针对突发性事件采取处置措施，造成的损失，不承担民事赔偿责任，但存在重大过错的除外。

期货市场是一个专业性极强的市场，期货交易场所作为市场的组织者，在履行实时监控、风险监测职责时，需要作出专业的判断。特别是在出现异常情况和突发性事件时，为保障期货交易的正常秩序、维护市场的平稳运行，需要期货交易场所及时采取相应的紧急措施和处置措施。为避免期货交易场所因采取上述措施而遭受民事诉讼的困扰，本条明确规定期货交易场所依照本法第 87 条、第 89 条规定采取措施造成的损失，不承担民事赔偿责任。同时，为避免期货交易场所滥用权利，保留对期货交易场所在存在重大过错的情况下追究相应民事责任的权利。

第七章　期货结算机构

第九十一条　期货结算机构是指依法设立，为期货交易提供结算、交割服务，实行自律管理的法人。

期货结算机构包括内部设有结算部门的期货交易场所、独立的期货结算机构和经国务院期货监督管理机构批准从事与证券业务相关的期货交易结算、交割业务的证券结算机构。

【释义】 本条是关于期货结算机构的职责、性质和组织形式的规定。

一、期货结算机构独立成章

本法将结算职能从期货交易场所剥离出来，并将期货结算机构独立成章加以规范，主要有以下考量：

一是交易和结算相对独立，功能职责和制度需求存在差异。交易和结算在业务上既相互关联又存在相对独立性。立法在将期货交易、期货结算与交割分章规定的基础上，将期货结算机构独立专章规定，可以更好地体现期货交易的业务流程和各类市场主体的职责定位。

二是有助于确立中央对手方制度。中央对手方是期货市场一项重要的基础制度，在化解期货交易中的对手方风险、防范系统性风险、维护市场稳定方面发挥着重要作用。2008 年国际金融危机之后，期货结算机构的中央对手方地位日益重要。各国和国际组织都将期货结算机构纳入系统性重要金融市场基础设施加以监管。为履行我国在二十国集团会议的相关承诺，强化期货结算机构中央对手方地位，本法单设一章对期货结算机构相关事宜作出专门规定。

三是专设期货结算机构一章并不意味着在现实中要单独新设一家独立的期货结算机构。按照本法规定的期货结算机构的组织形式，目前内部设有结算部门的期货交易场所也属于期货结算机构、承担中央对手方职责。换言之，单设期货结算机构一章也是以另外一种方式对现有制度的肯定和确认，同时也为未来的期货结算机构改革创新预留制度空间。

二、期货结算机构的主要职责

本条第1款明确了期货结算机构的主要职责，即为期货交易提供结算、交割服务。结算，是指根据交易结果和业务规则的规定对结算参与人的保证金、期权权利金、盈亏、手续费、交割货款及其他有关款项进行计算、划拨的业务活动。一般来说，期货结算主要包括两个环节：款项的计算和款项的划拨。交割，是指合约到期时，按照合约和业务规则的规定，通过该合约所载标的物所有权的转移或者按照规定结算价格进行现金差价结算，了结未平仓合约的过程。交割分为实物交割和现金交割。从发展历程来看，期货结算机构往往脱胎于期货交易场所，主要是为期货交易的结算、交割提供服务。

三、期货结算机构自律管理属性

本条第1款明确了期货结算机构自律管理的法律属性。

如同期货交易场所一样，期货结算机构作为自律管理组织，基于结算参与人等市场参与者的一致授权而进行自律管理。结算参与人等市场参与者通过与期货结算机构订立章程或者自律规则的形式向期货结算机构让渡相关权利。

四、期货结算机构的组织形式

本条第2款规定了期货结算机构的3种组织形式：一是内部设有结算部门的期货交易场所，即期货交易场所提供完整的交易、结算和交割服务，在法律性质上该主体既是期货交易场所也是期货结算机构。目前除股票期权市场外，五大期货交易所都是通过内设结算部门的形式履行期货结算机构的职能。二是独立的期货结算机构，即期货结算机构与期货交易场所分离设立，独立于期货交易场所履行结算、交割职责。目前实践中并不存在独立的期货结算机构。三是经国务院期货监督管理机构批准从事与证券业务相关的期货交易结算、交割业务的证券结算机构，主要是指从事与股票期权、国债期货等与证券业务相关的期货交易结算、交割业务的证券结算机构，包括中国证券登记结算有限公司和中央债券登记结算有限公司。

期货结算模式根据交易与结算是否相分离，可以大致分为垂直结算模式和水平结算模式。垂直结算模式即交易和结算一体，期货交易场所通过内设结算部门或者全资子公司等形式，提供交易、结算和交割一体化完整服务。我国期货市场除股票期权外，皆采用垂直结算模式。水平结算模式即交易与结算分离，期货交易场所和期货结算机构是分别独立的机构，分别提供交易和结算服务。我国的股票期权市场是典型的水平结算模式，上海证券交易所、深圳证券交易所为期货交易场所提供股票期权交易服务；中国证券登记结算有限公司和中央债券登记结算有限公司为期货结算机构独立于期货交易场所，提供结算、行权服务等。

第九十二条　独立的期货结算机构的设立、变更和解散，应当经国务院期货监督管理机构批准。

设立独立的期货结算机构，应当具备下列条件：

（一）具备良好的财务状况，注册资本最低限额符合国务院期货监督管理机构的规定；

（二）有具备任职专业知识和业务工作经验的高级管理人员；

（三）具备完善的治理结构、内部控制制度和风险控制制度；

（四）具备符合要求的营业场所、信息技术系统以及与期货交易的结算有关的其他设施；

（五）国务院期货监督管理机构规定的其他条件。

承担期货结算机构职责的期货交易场所，应当具备本条第二款规定的条件。

国务院期货监督管理机构应当根据审慎监管原则进行审查，在六个月内作出批准或者不予批准的决定。

【释义】　本条是关于独立的期货结算机构设立、变更、解散的审批和设立条件的规定。

一、独立期货结算机构设立、变更、解散的审批

期货结算机构作为金融市场基础设施，承担中央对手方的职责，保障期货结算与交割的履行,具有系统重要性,其设立、变更和解散均需要监管机构的批准。

期货结算机构的 3 种组织形式中,内部设有结算部门的期货交易场所按照本法第 80 条的规定,其设立、变更和解散,应当由国务院期货监督管理机构批准。经国务院期货监督管理机构批准从事与证券业务相关的期货交易结算、交割业务的证券结算机构,按照《证券法》等相关法律法规的规定,其设立由国务院证券监督管理机构批准。本条第 1 款专门针对独立的期货结算机构作出规定,其设立、变更和解散,应当经国务院期货监督管理机构批准。

二、独立期货结算机构的设立条件

期货结算机构履行中央对手方职责,需要一定的物质基础、专业技术人员、内部制度等,以保证其履行为期货交易提供集中履约保障的职责,因此本条第 2 款规定了设立独立的期货结算机构应当具备的条件,包括:

(1)具备良好的财务状况,注册资本最低限额符合国务院期货监督管理机构的规定。国务院期货监督管理机构可以根据审慎监管原则和市场风险程度,适时调整注册资本最低限额。

(2)有具备任职专业知识和业务工作经验的高级管理人员。考虑到期货结算机构的系统重要性和期货结算的专业性,必然要求期货结算机构的高级管理人员具备任职专业知识和业务工作经验。此外,根据本法第 97 条的规定,期货结算机构负责人适用本法第 84 条的规定,即由国务院期货监督管理机构提名或任免,且没有不适合任职的情形。

(3)具备完善的治理结构、内部控制制度和风险控制制度。根据《金融市场基础设施原则》的规定,包括期货结算机构在内的金融市场基础设施应具备清晰、透明的治理架构,该治理架构应当促进基础设施自身的安全高效运行,并支持更大范围金融体系的稳定;还应当支持相关公共利益的考虑,以及利益攸关方的目标。金融市场基础设施应当具备全面管理其法律风险、信用风险、流动性风险、运作风险及其他风险的健全的风险管理框架。

(4)具备符合要求的营业场所、信息技术系统以及与期货交易的结算有关的其他设施。这是期货结算机构履行结算和交割职责的物质基础。

(5)国务院期货监督管理机构规定的其他条件。这是兜底条款,以防列举疏漏,同时也赋予了国务院期货监督管理机构根据审慎监管原则设置其他条件的权力。

对于承担期货结算机构职责的期货交易场所,在履行期货结算机构职责时,也应当具备上述条件。

三、行政审批要求

期货结算机构属于系统重要性的金融市场基础设施,因此对于独立的期货结算机构的设立申请,国务院期货监督管理机构应当根据审慎监管原则进行审查。也就是说,即便符合本条第 2 款规定的各项条件,国务院期货监督管理机构也有可能根据市场情况作出不予批准的决定。

由于独立的期货结算机构的设立批准属于行政审批事项,按照行政审批制度改革相关要求,本条规定了 6 个月的审查期限,国务院期货监督管理机构应当在 6 个月内作出批准或者不予批准的决定。

第九十三条　期货结算机构作为中央对手方,是结算参与人共同对手方,进行净额结算,为期货交易提供集中履约保障。

【释义】 本条是关于期货结算机构作为中央对手方的规定。

本条明确了期货结算机构中央对手方(Central Counter party,CCP)的法律地位。作为中央对手方的期货结算机构,通过成为结算参与人的共同对手方,与结算参与人轧差净额结算,为期货交易提供集中履约保障。当一方结算参与人违约时,期货结算机构代为履约,以保障期货结算、交割的顺利进行。

一、中央对手方的概念及法律基础

根据《金融市场基础设施原则》的定义,中央对手方是指将自身介入一个或多个金融市场交易合约的交易对手方中间,成为每一个卖方的买方和每一个买方的卖方,从而确保未平仓合约的履行。《金融市场基础设施原则》是由国际清算银行支付结算体系委员会与国际证监会组织技术委员会于 2012 年 4 月共同发布的,共有 24 项原则,其中 22 项与中央对手方有关,涵盖了中央对手方的总体架构、信用风险和流动性风险管理、结算、违约风险管理、一般业务和运行风险管理、准入、效率和透明度等多个方面。

为了强化金融市场基础设施的约束力，推进全球中央对手结算机制发展完善，国际清算银行下属的巴塞尔银行监管委员会于2012年7月颁布的关于推动中央对手结算的过渡性法案《银行对中央对手方风险暴露的资本金要求》，提出了合格中央对手方（QCCP）的概念。合格中央对手方是指已按照《金融市场基础设施原则》要求建立起规范、完整的中央对手方清算机制并已得到监管当局认定的中央对手方。目前证监会批复上海期货交易所、郑州商品交易所、大连商品交易所、中国金融期货交易所和上海国际能源交易中心为“合格中央对手方”。

二、中央对手方制度的产生及演进

由于期货合约实行保证金交易，具有杠杆属性，结算交割是在未来特定时间进行的，不是及时交付，交易能否最终履约主要依赖对手方的信用，而对其信用状况做全面细致的调查，费时费力、成本高，这使交易者长期暴露在对手方违约风险之下。为了使这种高风险性的交易机制能够正常进行，历史上初具规模的期货市场尝试了很多制度来确保交易的履行，以增强交易者对交易安全的信心，从而吸引更多交易者进入市场。在这一过程中，从单纯依赖会员信用到利用期货交易所自身信用确保合约履行，人们逐渐发现由期货交易所作为所有买方的卖方和所有卖方的买方，以合约当事人身份直接承担合约义务的方式能够给交易安全提供最有力的保障，中央对手方制度因此逐渐为各期货交易所普遍采用。当确保合约履行的任务交由期货结算机构承担时，期货结算机构则承担中央对手方集中履约责任。

在美国，中央对手方制度始于19世纪末，当时明尼阿波利斯商会/谷物交易所决定成立一个清算所，通过确保合约的履行提高小麦品种交易套期保值的机会。该清算所在业务规则中规定，清算所是每一买方的卖方以及每一卖方的买方。这被认为是现代中央对手方制度的开端。之后，该种模式逐渐推广开来，芝加哥商品交易所和芝加哥期货交易所分别于1919年和1925年设立清算所并引入中央对手方清算规则。

欧洲确立中央对手方制度时间较晚，期货市场最初实行的是不用于中央对手方的担保制度。1882年在法国勒阿弗尔，为支持棉花和咖啡期货市场的发展，交易商成立了商品事务清算所，对登记的合约提供担保服务。与中央对手方机制不同，清算所在章程中明确规定“它自身并不替代交易的对手方”，只是作为交易合约之外的第三人提供合约的履行。在极端情况下，如果卖方提供的货物达不到要求，清算所可能不得不自己提供货物；同样，如果货物的买方没有资金来支付交割，清算所可能作为买方介入并将货物收入自己的仓库。之后，这种合约担保制度被欧洲各地成立的清算所普遍采用。到了20世纪80年代，随着金融期货进入欧洲，伦敦农产品清算所最先开始采用中央对手方机制，随后该机制被欧洲各清算所采用，担保机制就此终结。

从期货市场的发展历史来看，中央对手方制度的最终确立是必然且必要的。期货市场作为“以小博大”，实行杠杆交易的高风险市场，需要中央对手方这样能够最大限度利用期货结算机构信用确保合约履行的特殊制度。

三、中央对手方制度法律确定

中央对手方最初仅在交易所规则层面规定。直到1987年股灾、“9·11”事件以及2008年国际金融危机雷曼兄弟破产等风险事件发生后，中央对手方的风险管理作用才得到各国金融管理部门的重视，并纳入立法和监管的范围。2009年，二十国集团匹兹堡峰会达成共识，承诺到2012年年底，所有场外标准化衍生品合约都应当通过中央对手方进行清算。2010年国际证监会组织发布《减轻系统性风险——证券监管机构的作用》，指出中央对手方在场外衍生品市场改革中发挥更加重要的作用，并要求各国监管者确保本国中央对手方严格遵守相关业务规范，从而保证中央对手方的健全性。2010年7月，美国国会通过了《多德-弗兰克华尔街改革与消费者保护法案》（以下简称《多德-弗兰克法案》），修正了美国长期以来场外衍生品市场监管豁免的原则，将利率、货币、商品和信用违约互换等22类场外互换交易纳入美国商品交易委员会监管范围，要求互换交易商和主要参与者必须向美国商品交易委员会注册，其交易必须在已经注册的交易所或者互换执行设施上进行，由具有中央对手方职能的衍生品结算组织进行集中清算，所有互换交易都必须向交易报告库报告。2012年8月，欧洲议会通过了《欧洲市场基础设施法案》，第一次将履行中央对手方职责的清算所等主体纳入欧盟监管之下,其内容大多参考《多德-弗兰克法案》的规定,但更为细致,尤其是建立中央对手方资本金、治理结构和业务行为等方面的规定。

我国期货市场从建立初期便采用了中央对手方模式进行结算,但最初也仅在期货交易所业务规则层面规定。2007 年制定的《期货交易管理条例》规定了期货交易所“保证合约的履行”的职责。2012 年修订该条例时,将期货交易所“保证合约的履行”的职责修改为“为期货交易提供集中履约担保”。在证监会部门规章层面,《期货交易所管理办法》和《境外交易者和境外经纪机构从事境内特定品种期货交易管理暂行办法》等都规定了期货交易所中央对手方职责。本法首次在法律层面明确了期货交易中央对手方制度。

四、中央对手方制度的意义

中央对手方制度之所以逐步得到各国金融管理部门的重视,甚至成为国际金融市场的一个标准概念和通行做法,主要是因为这一制度在很大程度上解决了影响金融市场发展最为核心、最为关键的风险防范问题,保障了交易安全,促进了金融稳定,并在提升市场运行效率和市场流动性方面也起到了积极作用。尤其在经历 2008 年国际金融危机之后,金融行业和监管机构更加深刻地认识到了中央对手方制度对于解决衍生品交易大量存在的结算风险的重要意义。

一是集中管理风险,保障交易安全。中央对手方作为所有市场参与者的合约对手方,在交易对手方违约时,通过收取的担保金和自有资本金吸收损失,以防止违约风险的传导和蔓延。中央对手方并非消除对手方信用风险,而是将风险集中在自己身上,由其集中管理,并通过代为履约的方式保证合约履行,进而实现交易安全。在期货交易过程中,由期货结算机构介入交易的对手方之间,分别成为买方的卖方和卖方的买方可以极大地解决交易双方之间的信用风险。实际上,期货结算机构作为中央对手方集中管理风险,也是通过一些强制执行的风险管理机制,如严格的市场准入、保证金制度、当日无负债结算和会员共同分担损失制度,以减少和转移自身承受的巨大违约风险,同时也使得风险更加易于测算和控制。

二是降低交易成本,提高运行效率。中央对手方按照期货合约品种,与结算参与人进行债权债务的抵销,依据抵销后的净额进行结算,提高了资金使用效率。同时,中央对手方制度有效支持了多边净额结算、有利于提高结算效率。与双边结算模式相比,多边净额结算允许买方与卖方在开仓交易之后通过与第三方进行反向交易来抵销持仓、对冲风险,并在交易者所有合约盈亏抵销的净额基础上进行资金结算。每个结算参与人只在净额的基础上与中央对手方进行结算,这有助于减少期货交易中的资金占有量,降低结算参与人的风险暴露,提高结算效率。

三是提供市场流动性,维护市场稳定。中央对手方为匿名交易提供方便条件,在市场交易者无须了解对方身份和信用的情况下,期货结算机构以自己的信誉担保合约头寸和资金的结算,有利于减少市场内的信息不对称,降低发生流动性风险和风险传染的概率,极大地增加了市场的流动性。

第九十四条　期货结算机构履行下列职责:

(一)组织期货交易的结算、交割;

(二)按照章程和业务规则对交易者、期货经营机构、期货服务机构、非期货经营机构结算参与人等进行自律管理;

(三)办理与期货交易的结算、交割有关的信息查询业务;

(四)国务院期货监督管理机构规定的其他职责。

【释义】　本条是关于期货结算机构履行职责的规定。

根据本条规定,期货结算机构的职责主要包括以下 4 项:

一是组织期货交易的结算、交割。这是期货结算机构最基本的职责。期货结算机构作为中央对手方,组织期货交易的结算和交割,负责期货交易保证金管理、风险准备金管理及结算风险的防范,主要业务包括日常结算、交割结算、资产作为保证金、风险管理等。当一方出现违约时,期货结算机构须代为承担履约责任,以保障期货交易的顺利进行。

二是按照章程和业务规则实施自律管理。本法第 91 条明确了期货结算机构的法律性质,即实行自律管理的法人。期货结算机构实施自律管理的依据为其章程和业务规则,自律管理的实施对象包括交易者、期货经营机构、期货服务机构和非期货经营机构结算参与人等,覆盖参与结算、交割的各方当事人。

三是办理与期货交易的结算、交割有关的信息查询业务。期货交易的结算、交割涉及资金、标的物权利凭证、有价证券等财产的划转,直接涉及当事人的利益。因此,参与期货交易的结算、交割的各方当事人有权在期货结算机构查询自己的资金等信息。这也是保障本法第 54 条规定的交易者重要信息查询权的体现。此外,国务院期货监督管理机构、司法机关在依法履职过程中亦需要查询相关结算、交割信息,期货结算机构应当配合办理相关信息查询业务。

四是国务院期货监督管理机构规定的其他职责。这是一项兜底条款,以防止列举的疏漏。同时也赋予了国务院期货监督管理机构随着市场需要适时规定期货结算机构新的职责的权力。

第九十五条　期货结算机构应当按照国务院期货监督管理机构的规定,在其业务规则中规定结算参与人制度、风险控制制度、信息安全管理制度、违规违约处理制度、应急处理及临时处置措施等事项。期货结算机构制定和修改章程、业务规则,应当经国务院期货监督管理机构批准。参与期货结算,应当遵守期货结算机构制定的业务规则。

期货结算机构制定和执行业务规则,应当与期货交易场所的相关制度衔接、协调。

【释义】　本条是关于期货结算机构业务规则的规定。

本条规定了期货结算机构业务规则应当规定的事项,章程及业务规则审批,业务规则的效力以及与期货交易场所的制度相衔接等内容。

一、业务规则应当规定的事项

为保障期货结算机构中央对手方职责的履行,本条规定了期货结算机构业务规则应当规定的事项,主要包括:

一是结算参与人制度。结算机构作为中央对手方本身并不直接面临市场波动风险,而是聚集了所有结算参与人的对手方信用风险,因此期货结算机构的核心运营目标之一就是降低结算参与人违约概率,以及有效防止违约事件的影响扩散。为此,要求期货结算机构必须建立结算参与人制度,对结算参与人设置一定的条件,要求结算参与人具有较强的资金实力、风控能力和运营效率。

二是风险控制制度。中央对手方降低了买卖双方的对手方信用风险，却将分散的信用风险集中于期货结算机构，这就要求期货结算机构必须具有完备的风险控制制度。在本法第 92 条独立的期货结算机构设立条件中，也要求具备完善的风险控制制度。风险控制制度主要包括保证金、当日无负债结算、结算准备金、强行平仓等期货结算机构可以依法采取的各项风控措施。

三是信息安全管理制度。随着信息技术的蓬勃发展和广泛应用，期货交易的结算、交割已经离不开网络和信息技术系统的支持，防范和化解信息安全风险尤为重要。为确保期货交易的结算、交割的顺利进行，期货结算机构必须建立信息安全管理制度。

四是违规违约处理制度。本法第 42 条和第 47 条分别规定了结算参与人在结算过程中和在交割过程中违约的处理程序。针对某个结算参与人违规违约的情况，期货结算机构应当采取相应的处置措施和程序，以确保期货交易的结算与交割顺利进行。这些规则和程序的设计应能保障金融市场基础设施采取及时措施控制损失、应对流动性压力并持续履行其义务。

五是应急处理及临时处置措施。在紧急情况和突发性事件发生时，期货结算机构可以采取的应急处理及临时处置措施，维护期货交易的结算与交割正常秩序。

此外，国务院期货监督管理机构还可以规定其他应当在业务规则中规定的事项，赋予国务院期货监督管理机构根据审慎监管原则和市场情况要求期货结算机构在其业务规则中规定特定事项的权力。

二、章程及业务规则审批

本条规定期货结算机构制定和修改章程、业务规则须经国务院期货监督管理机构批准。章程和业务规则是期货结算机构实施自律管理的依据，规定了期货交易的结算与交割具体事宜，涉及参与结算与交割的各方当事人的权利与义务。因此，期货结算机构制定、修改章程和业务规则应当经国务院期货监督管理机构批准。对期货结算机构章程和业务规则制定和修改的审批，也是国务院期货监督管理机构对期货结算机构全方位监管的体现。

三、业务规则的效力

本法明确了期货结算机构自律管理的法律属性，而期货结算机构的自律管理主要是通过制定和实施业务规则来实现的。本条明确了期货结算机构业务规则的法律效力，即参与期货结算，应当遵守期货结算机构制定的业务规则。根据前述业务规则应当规定的事项，业务规则规定了期货交易结算、交割的具体制度安排以及参与结算、交割市场各方的权利义务关系，同时对于风险控制、应急处理及临时处置措施进行了规定，是确保期货结算机构履行中央对手方职责的重要依据，也是期货结算机构实行自律管理的制度基础。因此，参与期货结算各方应遵守期货结算机构制定的业务规则。

四、与期货交易场所的制度相衔接

期货交易与结算、交割紧密相连。当期货结算机构的组织形式为内设结算部门的期货交易场所时，期货交易场所可以在其章程、交易规则及业务细则中统一对期货交易、结算、交割等作出系统性安排。

当期货结算机构的组织形式为独立的期货结算机构或从事与证券业务相关的期货交易结算、交割业务的证券结算机构时，与期货交易场所相互独立，在制定和执行业务规则时，有必要与期货交易场所相关制度衔接、协调。特别是在涉及调整保证金、强行平仓、调整涨跌停板幅度等风险控制措施时，需要明确双方的职责分工，以确保市场平稳运行。

第九十六条　期货结算机构应当建立流动性管理制度，保障结算活动的稳健运行。

【释义】 本条是关于期货结算机构建立流动性管理制度的规定。

一、流动性风险的定义

根据《金融市场基础设施原则》的定义，流动性风险是指交易对手方没有足够的资金按预期要求履行其金融义务（尽管其未来可能有能力履行该义务）而导致的风险。流动性风险包括某项资产的卖方没有获得到期支付，并因此可能被迫通过借款或变现资产来完成其他支付而导致的风险；还包括某项资产的买方到期没有获得交付的资产，并因此可能被迫通过借入资产，来履行其的交付义务而导致的风险。因此，金融交易的双方都可能在结算日面临流动性风险。此外，流动性风险的其他来源还包括结算银行、往来账代理商、托管银行、流动性提供者和连接的金融市场基础设施未能或无力按预期履行其义务。

期货结算机构作为中央对手方，是结算参与人的共同对手方，担负着为期货交易提供集中履约保障的职责。作为期货结算体系的中枢，如果期货结算机构面临流动性风险，无法保障期货交易的结算与交割的顺利进行，将直接波及期货结算参与人，可能产生“多米诺骨牌效应”，向市场传导，甚至产生系统性风险。因此，本条规定，期货结算机构应当建立流动性管理制度，保障结算活动的稳健运行。

二、流动性管理

金融市场基础设施应当维持足够的流动性资源，以保证在各种可能出现的困难情形下，仍能在高置信度水平上于到期日终或日间履行其支付交收义务。困难情形包括但不限于在极端但可能的市场条件下，可能造成最大的合计流动性需要的一方参与人及其附属机构发生违约。

第九十七条　本法第八十四条，第八十五条第二款，第八十六条，第八十八条第三款、第四款的规定，适用于独立的期货结算机构和经批准从事期货交易结算、交割业务的证券结算机构。

【释义】　本条是关于独立期货结算机构和从事期货交易结算、交割业务的证券结算机构参照适用本法第 6 章期货交易场所部分条款的规定。

本章对期货结算机构的设立批准、职责、业务规则等事项作出了规定。期货结算机构作为系统重要性金融市场基础设施，还应当对负责人、禁止的行为、所得收益管理和使用、报告义务等事项作出规定。考虑到本法第 6 章“期货交易场所”对上述事项已经作出了规定，为减少重复条文、精简条文数量，本条规定了一揽子参照适用规定。考虑到内设结算部门的期货交易场所已经适用本法第 6 章“期货交易场所”的规定，因此参照适用规定限于独立的期货结算机构和从事期货交易结算、交割业务的证券结算机构。具体参照适用规定如下：

一、负责人提名或任免及任职资格限制

参照适用本法第 84 条的规定，即期货结算机构的负责人应当由国务院

期货监督管理机构提名或任免，且不存在《公司法》规定的不得担任负责人的情形。

二、禁止从事的业务

参照适用第 85 条第 2 款的规定，即期货结算机构不得直接或者间接参与期货交易；未经国务院批准，期货结算机构也不得从事信托投资、股票投资、非自用不动产投资等与其职责无关的业务。

（一）期货结算机构不得直接或间接参与期货交易

期货结算机构为期货交易提供结算、交割服务，并作为中央对手方，为期货交易提供集中履约保障；同时，将按照章程和业务规则对交易者、结算参与人、期货服务机构等进行自律管理。期货结算机构的性质和职责决定了其不能以任何方式参与期货交易。此外，期货结算机构能够了解结算参与人的资金动向，期货结算机构的一些决定也可能对期货交易价格产生影响，作为这些内幕信息的知情人，如果允许期货结算机构参与交易，将有违公开、公平、公正的基本原则，有损市场秩序和社会公共利益。

（二）未经国务院批准，期货结算机构不得从事与其职责无关的业务

从事与其职责无关的业务可能会影响期货结算机构履行其应有职责，甚至可能给其自身安全运营带来额外风险，尤其是信托、股票、非自用不动产等具有风险性的投资活动。但是，随着期货交易场所的发展壮大，期货结算机构在与自身业务相关的领域进行必要的对外投资，也有利于其业务专业化、多元化发展，促进其提升服务期货市场的整体能力和水平。因此，本法实际上也作了例外规定，即经国务院批准可以从事相关业务。

三、收益管理和使用

参照适用本法第 86 条的规定，即期货结算机构的所得收益按照国家有关规定管理和使用，应当首先用于保证期货结算、交割的场所、设施的运行和改善。

作为期货交易的结算、交割的组织者，期货结算机构应当为期货交易的结算、交割提供必要的场所、设施和管理服务。尤其在电子化条件下，期货结算机构还需要建设并维护一个安全、高效、可靠的计算机系统，保障结算、交割业务稳健运行。为此，期货结算机构的收益应当首先用于期货结算机

构的场所、设施的运行和改善，这是由其基本职责决定的。

四、不得发布价格预测信息和信息报告义务

参照适用本法第 88 条第 3 款和第 4 款的规定，即期货结算机构不得发布价格预测信息，且应当按照国务院期货监督管理机构的规定，履行信息报告义务。

由于期货结算机构的性质和地位具有特殊性，如果允许期货结算机构发布价格预测信息，将会严重影响正常交易秩序和市场功能的发挥。因此，根据本条和第 88 条第 3 款的规定，期货结算机构不得发布价格预测信息。此外，由于结算、交割等信息是国务院期货监督管理机构掌握并判断期货结算机构运营情况、期货市场整体运行与风险状况的重要依据，所以期货结算机构应当依照国务院期货监督管理机构的规定，履行信息报告义务。

第八章　期货服务机构

第九十八条　会计师事务所、律师事务所、资产评估机构、期货保证金存管机构、交割库、信息技术服务机构等期货服务机构，应当勤勉尽责、恪尽职守，按照相关业务规则为期货交易及相关活动提供服务，并按照国务院期货监督管理机构的要求提供相关资料。

【释义】　本条是关于期货服务机构为期货交易及相关活动提供服务的基本准则的规定。

期货服务机构借助其专业技能和职业信誉，为期货交易及相关活动提供服务，能够提高期货市场运作的透明度和公信力，降低交易者在获取信息、建立信任、实施监督等方面的交易成本。

一、期货服务机构的种类

根据本条规定，期货服务机构包括会计师事务所、律师事务所、资产评估机构、期货保证金存管机构、交割库和信息技术服务机构等。会计师事务所从事期货服务业务，是指接受委托承办期货中介机构等审计和会计咨询业务，如审计会计报表、验证净资产、审验实收资本等。律师事务所从事期货服务业务，是指接受委托为期货市场参与者的特定事项出具法律意见书，如为期货公司合并或解散事宜出具法律意见书。资产评估机构，是指接受委托评价和估算土地、房屋、动产等各类资产价值的机构。期货保证金存管机构，是指由期货结算机构指定，为结算参与人和交易者提供期货保证金存管和资金划转等服务的机构。交割库，是指由期货交易场所指定的，为期货交易到期未平仓合约进行实物交割提供保管交割商品、出具标准仓单等服务的仓储机构和生产贸易企业。信息技术服务机构，是指为期货市场参与者提供各类信息技术服务的企业。此外，期货服务机构种类用“等”字兜底，为实践创新预留了空间。

二、期货服务机构的基本准则

随着期货市场规范化和专业化发展，期货行业要求服务机构运用会计、法律、信用、仓储和技术等专业优势，为期货市场提供更专业、更精细和更高品质的服务；要求服务机构和从业人员勤勉尽责、恪尽职守，承担好专业把关和核查验证的责任。

（一）勤勉尽责、恪尽职守

勤勉尽责、恪尽职守，是期货服务机构提供相关服务的基本准则。这是期货服务机构履行专业职责、加强内部管理、从事期货服务业务的基本要求，也是在相关民事纠纷中判断期货服务机构是否承担民事赔偿责任的基本标准。

勤勉尽责、恪尽职守在理论上可归纳为信义义务。针对受托人偷懒懈怠和滥用职权两类行为，信义义务相应地分为勤勉义务和忠实义务。勤勉义务要求受托人积极地为委托人提供相关服务，在业务活动中应勤奋与审慎，并且充分运用其专业知识与能力。忠实义务主要是一种消极义务，防范受托人从事自我交易以及其他利用职权牟取不当利益的行为。

期货服务机构应当勤勉尽责、恪尽职守的规定，其优势体现在灵活性，可以填补法律的监管空白。国务院期货监督管理机构可以就勤勉尽责、恪尽职守义务出台相关监管指引，行业协会等自律组织可以制定详细具体的标准要求。值得注意的是，本法未规定勤勉尽责、恪尽职守的标准，但是规定了期货服务机构的基本行为规范。该基本行为规范包括以下 5 个方面：(1)按照相关业务规则为期货交易及相关活动提供服务；(2)对文件资料的真实性、准确性和完整性进行核查和验证；(3)禁止作出虚假陈述或者信息误导；(4)为交易者的信息保密，不得买卖、提供或者公开交易者的信息；(5)禁止泄露商业秘密；等等。

（二）遵守相关业务规则

由于“勤勉尽责、恪尽职守”义务具有较强的原则性，本条还规定期货服务机构需要按照相关业务规则为期货交易及相关活动提供服务。

在证监会查处的案例中，认定服务机构未勤勉尽责均以违反相关业务规则等相关规定为前提。服务机构相关违法行为主要体现在：(1)主动实施造假行为、未编制核查和验证计划;(2)未合理充分地运用核查和验证方法;(3)未履行专业事项的特别注意义务和其他事项的一般注意义务;(4)未履行内部讨论复核程序;(5)出具的文件存在真实性、准确性和完整性等方面的瑕疵;(6)工作底稿存在瑕疵;等等。这些行为均会被监管机构认定为未勤勉尽责,并被采取行政监管措施或者行政处罚。此外,在民事责任方面,若证券服务机构制作、出具的文件含有不实陈述,除非机构能证明其已履行应尽的勤勉尽责义务,且没有故意或过失的过错,否则应当承担民事赔偿责任。

(三)按要求提供相关资料

在立法过程中,草案曾规定从事期货服务业务应当报国务院期货监督管理机构和国务院有关主管部门备案。为贯彻落实"放管服"改革精神,减轻期货服务机构的负担,修改过程中取消了期货服务机构向国务院期货监督管理机构和有关主管部门"双重备案"的一般要求。为掌握期货服务机构的基本信息,及时掌握行业发展状况,为事中事后监管提供信息支持,本条增加了"按照国务院期货监督管理机构的要求提供相关资料"的规定。国务院期货监督管理机构可以要求期货服务机构出具审计、法律意见书等报告和证明文件,必要时可以要求其提供工作底稿。

第九十九条　会计师事务所、律师事务所、资产评估机构等期货服务机构接受期货经营机构、期货交易场所、期货结算机构的委托出具审计报告、法律意见书等文件,应当对所依据的文件资料内容的真实性、准确性、完整性进行核查和验证。

【释义】　本条是关于期货服务机构对文件资料核查和验证义务的规定。

期货服务机构应当按照期货行业公认的业务标准和道德规范,尽职调查,对其出具材料所依据文件资料内容的真实性、准确性、完整性进行核查和验证,防止和避免其出具的材料有虚假记载、误导性陈述或者重大遗漏。

一、核查和验证文件资料的真实性

期货服务机构核查验证出具文件所依据资料的真实性,包括程序审查和内容审查。程序审查,是指期货服务机构在委托人确认的基础上,通过观察、询问、书面审查、实地调查、查询、函证、计算、复核等方式进行核查和验证;内容审查,是指对资料来源、颁发时间、内容和形式、资料之间的内在联系及资料要证明的事实等方面进行审查,保证不同资料之间的相互印证,为真实性提供双重保障。在这个过程中,期货服务机构及专业人员应当始终保持合理的执业怀疑态度,降低委托人及相关机构舞弊或失误的可能性。

二、核查和验证文件资料的准确性

相关文件资料的内容虽然真实,但是采用了容易引人误解的表达方式,故意采用了语义模糊的词语,易使人产生重大误解,也不符合准确性要求。期货服务机构应当保持与委托人的双向沟通,了解出具专业意见需要的文件资料。同时,应当直接要求或委托其他期货服务机构出具专业意见,或者委托或要求委托人委托其他专业机构、专家出具意见,通过专业分工配合与业务沟通合作,对所依据的文件资料进行核查和验证,出具更加准确的审计报告、法律意见书等文件。

三、核查和验证文件资料的完整性

完整性要求相关文件资料不能有重大遗漏,不能对于应当核查的重大事实没有核查或者没有完全核查。一是要求核查手段完整。调查手段的全面性是完整获取资料的前提,期货服务机构应当采用询问、访谈、核对、勘查等方式进行现场调查。同时,应当采用书面调查和计算、与相关方面核对等方法,多方面了解事实。二是要求委托人提供的资料科学完整。从核查内容来看,委托人应当保证提供资料的完整,并对有虚假记载、误导性陈述、重大遗漏的材料进行补充修正。三是要求资料文件整合完整和工作底稿记录完整。服务机构对收集资料进行分析、归纳和整理,使其具有内在逻辑和专业高度并形成结构性表述。由此形成包括事实依据、相关规定和专业分析判断在内的完整、清晰的工作底稿,这是完整性更高层次的要求。

第一百条　交割库包括交割仓库和交割厂库等。交割库为期货交易的交割提供相关服务,应当符合期货交易场所规定的条件。期货交易场所应当与交割库签订协议,明确双方的权利和义务。

交割库不得有下列行为：
（一）出具虚假仓单；
（二）违反期货交易场所的业务规则，限制交割商品的出库、入库；
（三）泄露与期货交易有关的商业秘密；
（四）违反国家有关规定参与期货交易；
（五）违反国务院期货监督管理机构规定的其他行为。

【释义】 本条是关于交割库行为规范的规定。

一、交割库的形态

交割库连接期货交易和现货交易，在实物交割环节居于重要地位。本法基于实践特点，明确交割库的内涵，即交割库包括交割仓库和交割厂库等。交割仓库，是指为商品期货合约进行实物交割提供仓储等服务的机构。交割仓库按照期货合约约定的标准对货物进行出入库验收与保管，并按照标准仓单记载的内容提供交割商品，积极协助安排交割商品的运输。交割仓库多布局在粮油、棉花、原油、贵金属等特殊物质和特殊区域。因为这些区域的仓库有粮食和物资储备主管部门、海关主管部门和商务主管部门等行业主管部门对其进行监管。交割厂库，是指从事生产加工或销售期货品种相应商品的经营业务，并为实物交割提供相关服务的实体企业。交割厂库以厂家取代传统意义上的仓库，一般是资质强、信用好的生产企业或者大型贸易商，以生产能力和信用保证作为出具标准仓单的依据，出库时按照买方要求在约定时间内提供相应质量和数量的实物，以履行交割义务。此外，交割库种类用“等”字兜底，为实践创新预留了空间。比如，在交割库之外增加临时存放点或存货地点；在车船板交割中，车船作为履约地点；在保税交割中，交割商品完成进口报关前，保税监管区域作为实物交割地点；等等。

二、交割库的准入条件

交割库为期货交易提供的相关服务是实物交割环节不可或缺的组成部分，是联通期货市场和现货市场的重要环节，是期货市场服务实体经济的最后一公里。交割库为期货交易提供的服务主要包括：一是为卖方交割会员和交易者办理交割预报，对入库货物进行验收，配合质检机构对货物进行检验,保证入库货物符合期货交易场所的规定;二是办理标准仓单的注册、质押融资、充抵保证金、注销等业务;三是对交割商品进行仓储和保管,使交割商品质量合格的状态持续到货物交付;四是安排交割商品运输、交割税票的处理和购买仓单保险等。

实物交割需要有发达的现货市场基础,依赖于便利高效的交通运输条件。交割库信誉和经营的好坏直接决定了实物交割能否顺利进行。期货交易场所在选择交割库时,需要考虑多种因素,包括交割库的数量、现货市场基础、交割库的地区分布、交割库的软硬件和主客观条件等。我国商品期货交易场所都制定了交割库管理相关业务规则,规定了申请交割库资格需要满足的条件。例如,《郑州商品交易所指定商品交割仓库管理办法》规定,申请成为交割仓库应当具备以下条件:(1)依法持有企业法人营业执照或事业单位法人登记证书,营业范围应当载明“仓储”或“储运”等业务;(2)净资产、注册资本及注册资本实缴金额应当达到交易所要求的数额;(3)财务状况良好,具有较强的抗风险能力;(4)具有良好的商业信誉,完善的仓储管理规章制度,近期未发现严重违法违规行为、严重失信行为、重大安全事故、被取消交割仓库资格的记录;(5)承认并遵守交易所的交易规则、交割和标准仓单管理办法及各品种期货业务细则等规定;(6)仓库主要管理人员应具有相应交割商品的仓储管理经验;(7)有储存相应交割商品的条件,库容有一定规模,仓储、计量设备、设施完好、齐全,符合规定要求;(8)有严格、完善的交割商品出入库、储存、管理、检化验等制度;(9)交通便利,具有较强的中转、进出装卸能力;(10)申请期货保税交割业务的,其开展期货保税交割业务及所涉及的海关特殊监管区域或保税监管场所应当经海关批准;(11)满足交易所规定的视频监控、仓储管理等相关系统及其他设施和设备要求;(12)具备符合交割商品仓储保管要求的消防设备、设施和人员等。

三、期货交易场所和交割库的法律关系

本法要求交割库应当符合期货交易场所规定的条件,实际上是授权期货交易场所按照相关业务规则指定交割库资格和对交割库进行自律管理。鉴于交割库提供期货服务并且直接关系参与期货交易各方的利益,需要其具备特殊信誉、特殊条件和特殊技能等资格、资质。期货交易场所根据申请

人的专业人员构成、技术条件、经营业绩和管理水平等的考核结果作出指定交割库资格的决定。具体来说，期货交易场所基于仓储机构和生产贸易企业的申请，依照交割库管理相关业务规则，审核申请人的相关资质证明，赋予符合条件的申请人指定交割库资格，准许其从事实物交割相关业务。

期货交易场所指定交割库资格后，应当与交割库签订协议，明确双方的权利和义务。期货交易场所和交割库之间的法律关系，包括横向的民事委托关系和纵向的自律管理关系。横向的民事委托关系体现在，期货交易场所委托交割库从事期货相关仓储业务。具体包括交割商品入库、出具标准仓单、交割商品保管和交割商品出库等业务。需要注意的是，期货交易场所不因与交割库的委托关系而成为交割库的所有权人或实际控制人。期货交易场所与交割库之间仅是委托关系而非代理关系，交割库对外仍以自己名义而非以期货交易场所名义从事仓储业务。此外，交割库有权放弃指定交割库资格。其需要向期货交易场所递交放弃交割库资格的申请书，并经期货交易场所批准。纵向的自律管理关系主要体现在，期货交易场所对交割库资质准入和日常运营的监督管理。对交割库进行自律管理，既是期货交易场所的权利，也是期货交易场所的义务。期货交易场所的自律监管包括，对交割库资质准入阶段的申请材料审查、现场调查；交割库日常运营中的定期和不定期审查、等级评定等；对交割库采取暂缓办理交割预报、仓单注册业务或暂停交割业务；等等。

四、交割库的禁止性行为

（一）不得出具虚假仓单

虚假仓单，是指记载虚假内容，没有对应真实货物的提货凭证。交割库和货权人负责对入库商品的品种、数量和质量进行验收并签章确认。在交割库对入库商品真实性负责的条件下，指定质检机构对入库商品进行核查，待确认（仓）单货（物）相符后，入库商品才可以注册成标准仓单用于期货交割。标准仓单主要记载交割会员号、交割客户编码、交割库名称、交割品种、数量、冻结数量等内容，仓单记载的内容应当真实、准确、有效。期货交易场所在注册核查时，发现标准仓单对应的商品不符合期货交易场所规定的，如标准仓单没有对应的真实货物，将拒绝注册标准仓单；期货交易场所核查后，发现标准仓单对应商品的品种、数量和质量不符合期货交易场所规定的交割标准的，由交割库或申请标准仓单注册方进行货物更换或承担赔偿责任。

值得注意的是，除虚假标准仓单外，虚假仓单还包括交割库出具的现货仓单或提单。交割库在现货仓储业务中出具虚假仓单的，也会被期货交易场所采取自律监管措施。2004 年，大连商品交易所黄大豆 1 号期货指定交割仓库黑龙江省粮油物资公司大连仓库曾出具虚假仓单，被大连商品交易所采取取消期货交割库资格等自律监管措施。该交割库负责人赵某向杜某出具 2.7 万吨大豆虚假仓单，并以虚假仓单出质交通银行贷款 5000 万元，实际上仓库内的大豆不足 2.7 万吨。由于赵某买通了相关工作人员，交通银行仍然批准了贷款并多次展期。2005 年，交通银行内部审核时发现该笔贷款存在问题，并发现了赵某提供的虚假仓单和垛位图。由于赵某是贷款担保人，银行便要求赵某协助尽快还款。在多次催要无果的情况下，交通银行向法院起诉，查封了仓库内存放的 2.3 万吨现货大豆，另有 6150 吨标准仓单期货交割大豆被大连商品交易所转移到其他交割库。这起事件是一起情节恶劣的违法诈骗案件，大连商品交易所事后采取了暂停该库期货交割业务和取消其交割库资格的自律监管措施。

（二）不得违反期货交易场所的业务规则，限制交割商品的出库、入库

交割商品入库和出库两大环节容易引发货物重量、质量、发货速度等交割纠纷，交割商品的及时顺利入库和出库是实物交割平稳运行的前提条件。因此，我国各期货交易场所在业务规则中都规定交割库不得限制交割商品的入库和出库。如果交割库限制交割商品入库，则会影响交割会员和产业客户申请注册标准仓单，进而影响期货交易环节；如果交割库限制交割商品出库，则同样会影响交割活动的顺利进行，同时影响产业客户进行正常的现货交易或生产使用，甚至会对现货供需结构产生影响。交割库违规限制交割商品入库、出库，影响实物交割顺利进行的，期货交易场所可以采取限制其交割库容、暂停交割库资质、扣罚期货仓储费或交割担保金等自律监管措施。

2011 年，美国可口可乐公司向伦敦金属交易所递交诉状，诉称高盛集团等机构通过控制期货交割库的出货量，操纵金属铝的价格。大都会国际贸易服务公司（Metro International Trade Services）是高盛集团控制的伦敦金属交易所金属铝期货指定交割库，拥有底特律地区 19 个金属仓库，占伦敦金属交易所金属铝期货约 1/4 的交割量。高盛集团等机构和交易商通过大

肆收购仓储公司,并限制交割商品的出库,致使交割仓库库存积压,出库排队时间延长。高盛集团要求期货交割库按照最低出库要求,每天只出库1500吨铝锭。这让买家至少等待6个月才能提取到交割商品。2014年4月,高盛集团控制仓库的出库排队时间已长达两年,导致金属铝期货价格远高于现货价格。交易者可以通过买入现货、卖出期货获得稳定的价差。高盛集团等一方面通过其控制的仓储公司坐收交割商品仓储费;另一方面通过为机构客户提供融资服务,在获得金属融资套利的同时也能得到不菲的佣金收入。2015年11月,伦敦金属交易所推出金属铝升水合约持仓限额的新规则,以避免市场逼仓的情况发生。这一事件促使伦敦金属交易所推出仓储新规,通过调整每日最低出库量、出库时间等措施解决交割商品出库排队问题。

(三)不得泄露与期货交易有关的商业秘密

商业秘密,是指不为公众所知悉、具有商业价值并经权利人采取相应保密措施的技术信息、经营信息等商业信息。交割库利用其期货交割业务的便利条件,会了解和知悉某些与期货交易有关的商业秘密,如交割会员和客户的交割预报数量、在库现货数量可以反映卖方的交割意向;剩余交割库库容可以反映最大交割量等。泄露商业秘密会造成市场信息不对称,给获悉商业秘密的交易者带来现实的或者潜在的经济利益或者竞争优势,使交易者在期货交易中具有竞争力。交易者可能利用获悉的商业秘密等信息优势进行逼仓,甚至操纵期货市场。因此,期货交易场所和交割库之间签署的协议应包含保密条款。即要求交割库为交易者信息保密,不得买卖、提供公开交易者的信息;禁止泄露商业秘密;强化交割库的资料保存义务;要求建立保密制度以及采取其他合理措施,确保在发生侵权行为后可以寻求法律保护;等等。

江苏奔牛港务集团有限公司(以下简称奔牛库)是大连商品交易所纤维板期货指定交割库,是5家纤维板期货交割库中交割量最大的一家,占纤维板期货总交割量的90%以上。2019年9月至10月,时任奔牛库期货专员的黄某与蒋某、徐某利用信息优势和持仓优势,控制使用包括常州雷硕贸易有限公司、常信装饰有限公司、徐某和汤某红在内的4个期货账户联合交易纤维板1910合约,导致合约结算价从62.5元/手上涨至111.85元/手,涨幅达78.96%。涉案期间,黄某时任奔牛库期货专员,负责大商所电子仓单系统期货交割业务。黄某在 2019 年 9 月 25 日前后提前获悉奔牛库纤维板 1910 合约可交割仓单的关键信息,多次打听天津全程物流配送有限公司纤维板交割预报数量,这些信息均属于商业秘密,较普通期货交易者具有信息优势。此外,实控账户组操纵纤维板 1910 期货合约合计盈利 2,312,281.87 元。2021 年 11 月 16 日,证监会作出行政处罚决定书,当事人行为构成了《期货交易管理条例》第 70 条第 1 款规定的市场操纵行为,决定没收涉事人黄某、蒋某、徐某三人违法所得并处以罚款共 693.68 万元。

(四)不得违反国家有关规定参与期货交易

仓储机构或实体企业成为期货交易场所指定交割库之后,既要遵守仓库管理和仓单行为的相关法律法规,也要遵守期货交易和衍生品交易等金融法律法规。前者既包括《民法典》有关仓储合同和仓单质押等民商事法律规定,还包括危化物品存放、动植物检验检疫等特殊行业的行政管理规范。后者主要体现在,一是本法规定的关于禁止交割库在参与期货交易期间,操纵期货市场、内幕交易和编造、传播虚假信息或者误导性信息。二是在结算和交割完成之前,任何人包括交割库不得动用用于担保履约和交割的保证金、进入交割环节的交割财产。我国现行的法律法规没有禁止交割库参与期货交易。实践中,交割库在提供交割服务之外,也可以利用期货市场进行套期保值等风险管理活动。为防范利益冲突,防止交割库凭借自己知悉期货交易相关内幕信息的便利条件和地位,进行内幕交易或者操纵期货市场,本条授权国务院期货监管机构等部门出台对交割库的管理规范,以明确交割库参与期货交易的条件,细化行为规范,明确违法行为及法律责任。

(五)不得违反国务院期货监督管理机构规定的其他行为

为避免列举上的不周全和适应将来情况的变化,本条第 2 款第 5 项授权国务院期货监督管理机构可以根据实际情况另行规定交割库禁止性行为。

第一百零一条　为期货交易及相关活动提供信息技术系统服务的机构,应当符合国家及期货行业信息安全相关的技术管理规定和标准,并向国务院期货监督管理机构备案。

国务院期货监督管理机构可以依法要求信息技术服务机构提供前款规定的信息技术系统的相关材料。

【释义】 本条是关于信息技术服务机构备案和监管的规定。

一、国家及行业有关规定和标准

近年来,国家及期货行业信息安全相关的技术管理规定和标准立法不断完善,形成了期货行业信息技术和网络安全法律体系。主要包括:一是法律层面。《网络安全法》要求对网络关键设备和网络安全专用产品,由具备资格的机构安全认证合格或者安全检测符合要求后,方可销售或者提供;关键基础设施采购需要经过国家安全审查。该法还规定了网络安全等级保护制度、网络身份管理制度、网络运营者的信息安全义务等。《数据安全法》要求对数据进行分级保护,重要数据处理者按照规定对数据处理活动定期开展风险评估,并应向有关主管部门报送风险评估报告;重要数据出境还要经过主管部门安全审查。《个人信息保护法》确定了目的明确、最小化和公开透明的个人信息处理基本原则;明确了告知同意的个人信息处理规则;对影响或者可能影响国家安全的数据处理活动进行国家安全审查。二是部门规章和规范性文件层面。证监会制定发布的《证券期货业信息安全保障管理办法》对期货交易场所和经营机构的信息技术基础设施、网络隔离、信息系统、安全防护能力和管理制度等方面作出规定,并对系统的升级变更、设施和系统的运行维护、数据备份和集中保存、风险控制和应急处置、信息保密、内部审计等方面对核心机构和经营机构的信息安全保障工作作出规定。《关于进一步加强期货公司信息技术管理工作的指导意见》针对期货公司不同的信息技术基础,要求取得期货经纪业务资格的期货公司应满足中国期货业协会发布实施的《期货公司信息技术管理指引》的不同分类要求。三是监管机构内部监管指引方面。证监会期货监管部门发布的《期货交易所、期货经营机构信息技术管理规范(试行)》对期货公司与客户之间的交易、结算信息交换的安全性和可靠性,以及确保相关数据库数据的真实、完整和修改留痕问题等作出规定。四是期货行业信息技术标准方面。期货业交易结算软件已经形成较为统一的行业技术规范标准。例如,证监会发布的《证券期货业网络安全等级保护基本要求》(JR/T 0060—2021)规定了证券期货业网络安全等级保护的总体要求,以及第一级到第四级等级保护对象的安全通用要求和安全扩展要求,其适用于证券期货业分等级的非涉密对象的安全建设和监督管理。

二、信息技术服务机构的备案要求

随着科技进步，特别是网络技术的发展普及和期货网上交易、手机交易、程序化交易的快速推广，从事期货服务的信息技术公司越来越多，其在期货交易中的作用日益重要，有必要予以规范，纳入法律监管范畴。本条明确了信息技术服务机构从事期货业务的监管模式采用备案制。一是通过备案掌握信息技术服务机构的基本信息，为事中事后监管提供信息支持；二是及时掌握行业发展状况，更好地发挥政府作用，为创造良好的信息技术服务机构市场奠定良好基础；三是信息技术服务机构未备案而从事期货服务时，其所签订的服务协议、从事的期货业务、签署的相关文件依然具有法律效力。对于未依法进行备案的行为，监管机构有权依照本法第 142 条责令改正，处以 20 万元以下的罚款。

为了方便从事信息技术系统服务业务的机构做好备案工作，证监会制定了《监管规则适用指引——科技监管类第 1 号》，科技监管部门开发建设了信息技术系统服务机构备案信息采集系统，信息技术服务机构只需要通过备案信息采集系统报送备案材料，无须再向证监会、工业和信息化部报送其他形式的备案材料。《监管规则适用指引——科技监管类第 1 号》规定了首次备案、重大事项备案和年度备案三种类型。信息技术服务机构首次备案应当报送的材料包括：(1)信息技术服务机构营业执照、在行业主管部门处取得的执业许可或者备案文件；(2)信息技术服务机构及其备案的从业人员因执业行为涉嫌违法违规被立案调查，或者被司法机关立案侦查，以及近三年因执业行为受到刑事处罚、行政处罚、监督管理措施、自律监管措施和纪律处分的情况；(3)控股股东、实际控制人和从业人员情况；(4)商业计划书；(5)有关期货业务的质量控制制度、风险控制制度等合规管理制度；(6)产品和服务情况；(7)产品类客户情况和服务类客户情况；(8)上一年度财务报表审计报告等。

三、按要求提供相关资料

信息技术服务机构提供期货服务的内容是信息技术系统。这些产品和服务应当按照要求报送给国务院期货监督管理机构，供其在审核有关行政许可申请和进行非现场检查时参考。此外，国务院期货监督管理机构可以根据需要,要求出具产品和服务的相关资料,必要时可以要求提供工作底稿。如果信息技术服务机构的产品和服务不符合要求,期货监管部门可以要求使用该产品和服务的期货交易场所或期货经营机构予以改进或者更换。

第九章　期货业协会

第一百零二条　期货业协会是期货行业的自律性组织，是社会团体法人。

期货经营机构应当加入期货业协会。期货服务机构可以加入期货业协会。

【释义】　本条是关于期货业协会法律属性和入会要求的规定。

本条源于《期货交易管理条例》第43条，即“期货业协会是期货业的自律性组织，是社会团体法人。期货公司以及其他专门从事期货经营的机构应当加入期货业协会，并缴纳会员费”。与《期货交易管理条例》相比，本条第1款将“期货业的自律性组织”修改为“期货行业的自律性组织”。对于第2款，在立法过程中，草案曾规定，“期货经营机构、期货服务机构等从事期货相关业务的机构应当加入期货业协会”，将期货服务机构强制纳入会员范畴。修改过程中，有意见提出，实践中，会计师事务所、律师事务所等期货服务机构有各自的行业协会进行管理，《证券法》也未要求证券服务机构加入证券业协会。据此，本条将“期货服务机构应当加入期货业协会”，修改为“期货服务机构可以加入期货业协会”，即期货服务机构可以自愿加入期货业协会。

一、期货业协会的法律属性

第一，期货业协会是期货行业的自律性组织，应当依法实行自律管理。自律，即自我管理。自律性组织，是由特定范围的组织成员设立的，凭借法律或者组织成员赋予的适当权利，对组织成员进行管理、提供服务的组织。行业自律管理作为一种行业自我约束，相比行政管理成本更低、执行更灵活，尤其在规则制定方面更具有前瞻性，有利于激发市场和机构创新发展的活力。期货行业是一个特殊行业,其交易、结算、交割等环节都有极强的特殊性。期货行业的健康稳定发展不能仅依赖政府行政监管,还必须在依法治市的前提下,加强行业自律管理。

期货业协会作为期货行业的自律性组织,其自律管理权是接受国家的授权或根据会员的集体同意,合法、独立行使的具有内部约束力和支配力的一种权力。期货业协会的自律管理权主要源于以下两个方面:一是法律规定,即本法的授予;二是会员授权,即协会会员通过章程等协议性文件的自愿让渡。期货业协会行使自律管理权,是行政机关行政监管权的有益补充,有利于弥补行政监管因监管成本过高和行政监管失灵所造成的监管效率不足,可以不断提高期货市场监管效能。

第二,期货业协会是社会团体法人。社会团体法人是由自然人、法人或其他组织自愿组成,为实现其会员的共同意愿,依法成立的非营利性社会组织。社会团体法人应当依照《社会团体登记管理条例》的规定登记成立。即成立社会团体,应当经其业务主管单位审查同意,并依照《社会团体登记管理条例》的规定进行登记。国务院民政部门和县级以上地方各级人民政府民政部门是本级人民政府的社会团体登记管理机关。国务院有关部门和县级以上地方各级人民政府有关部门、国务院或者县级以上地方各级人民政府授权的组织,是有关行业、学科或者业务范围内社会团体的业务主管单位。因此,社会团体法人实行"双重管理"制度。对于期货业协会,应当接受国务院期货监督管理机构和国务院民政部门的业务指导和监督管理①。

在我国,期货业协会一般是指中国期货业协会。中国期货业协会成立于 2000 年 12 月 29 日,是依据《社会团体登记管理条例》成立的全国期货和衍生品行业自律性组织,为非营利性的社会团体法人,接受证监会和民政部的业务指导和监督管理。

二、期货业协会的入会要求

期货业协会的会员采取自愿入会与强制入会相结合的方式,即期货经

---

① 根据《社会团体登记管理条例》的规定,登记管理机关履行下列监督管理职责:(1)负责社会团体的成立、变更、注销的登记;(2)对社会团体实施年度检查;(3)对社会团体违反本条例的问题进行监督检查,对社会团体违反本条例的行为给予行政处罚。业务主管单位履行下列监督管理职责:(1)负责社会团体成立登记、变更登记、注销登记前的审查;(2)监督、指导社会团体遵守宪法、法律、法规和国家政策,依据其章程开展活动;(3)负责社会团体年度检查的初审;(4)协助登记管理机关和其他有关部门查处社会团体的违法行为;(5)会同有关机关指导社会团体的清算事宜。

营机构为强制入会;期货服务机构为自愿入会,可以选择加入期货业协会。

根据《中国期货业协会章程》的规定,目前协会会员由普通会员、特别会员、联系会员组成。普通会员,是指经证监会核准或其他依法设立的从事期货及衍生品业务的期货经营机构[①]。特别会员,是指经证监会批准组织开展期货交易活动的期货交易场所、期货保证金安全存管监控机构以及组织开展其他衍生品交易的机构[②]。联系会员,是指经各地方民政部门批准设立的省、自治区、直辖市、计划单列市的期货业社会团体法人,以及期货服务机构和其他与期货及衍生品业务相关的机构[③]。普通会员应当加入协会,特别会员及联系会员经批准可以加入协会。

第一百零三条　期货业协会的权力机构为会员大会。

期货业协会的章程由会员大会制定,并报国务院期货监督管理机构备案。

期货业协会设理事会。理事会成员依照章程的规定选举产生。

【释义】 本条是关于期货业协会治理架构的规定。

本条源于《期货交易管理条例》第44条,即"期货业协会的权力机构为全体会员组成的会员大会。期货业协会的章程由会员大会制定,并报国务院期货监督管理机构备案。期货业协会设理事会。理事会成员按照章程的规定选举产生。"

本条可以从以下三个方面理解。

一、明确了期货业协会的权力机构

会员大会是期货业协会的权力机构。会员大会是社会团体法人所特有的机构,也是社会团体法人的必备机构。通常情况下,会员大会由会员通过设立或加入共同构成。会员大会通过汇集会员个体意思形成法人团体意

---

① 普通会员包括期货公司、证券公司、资产管理公司、风险管理公司以及私募期货基金管理人。对于证券公司,《关于证券公司证券自营业务投资范围及有关事项的规定》(证监会公告〔2020〕20号)第5条规定,具备证券自营业务资格的证券公司可以从事金融衍生产品交易。不具备证券自营业务资格的证券公司只能以对冲风险为目的,从事金融衍生产品交易。

② 特别会员包括期货交易所、保证金监控中心以及商品指数公司。

③ 联系会员包括地方行业协会、期货服务机构、保证金存管银行以及期货信息技术服务商。

思，一般依照会员平等原则运行，在一人一票、共同决策基础上通过投票多数决制度形成决议。会员大会形成的决议代表法人意志，对社会团体法人会员、管理人员、工作人员均有约束力。

二、规定了期货业协会章程的制定和备案程序

期货业协会的章程，是指由期货业协会的会员大会制定的、对所有会员有约束力的会员之间的协议。章程是期货业协会的行为准则，是规范期货业协会的活动范围、组织机构以及内部成员之间权利义务等内容的制度载体。制定章程是实现期货业协会规范自治的内部需要。根据本法第 105 条第 2 款第 10 项的规定，国务院期货监督管理机构对期货业协会的自律管理活动进行指导和监督。因此，期货业协会的章程应当报国务院期货监督管理机构备案。

三、确立了期货业协会的理事会制度

理事会，是期货业协会的执行机构。理事会由期货业协会最高权力机构选举产生，主要依照期货业协会章程的规定，行使组织执行会员大会决议以及期货业协会内部管理等职责。期货业协会作为社会团体法人，在组织机构上存在一个汇集会员意思并形成社会团体法人意志的机构和最高权力机构，即会员大会。相应地，通过会员大会选举产生的理事会成为社会团体法人中落实会员大会形成决议的执行机构。期货业协会理事会对会员大会负责，在会员大会闭会期间领导协会开展日常工作。

第一百零四条　期货业协会履行下列职责：

（一）制定和实施行业自律规则，监督、检查会员的业务活动及从业人员的执业行为，对违反法律、行政法规、国家有关规定、协会章程和自律规则的，按照规定给予纪律处分或者实施其他自律管理措施；

（二）对会员之间、会员与交易者之间发生的纠纷进行调解；

（三）依法维护会员的合法权益，向国务院期货监督管理机构反映会员的建议和要求；

（四）组织期货从业人员的业务培训，开展会员间的业务交流；

（五）教育会员和期货从业人员遵守期货法律法规和政策，组织开展行业诚信建设，建立行业诚信激励约束机制；

（六）开展交易者教育和保护工作，督促会员落实交易者适当性管理制度，开展期货市场宣传；

（七）对会员的信息安全工作实行自律管理，督促会员执行国家和行业信息安全相关规定和技术标准；

（八）组织会员就期货行业的发展、运作及有关内容进行研究，收集整理、发布期货相关信息，提供会员服务，组织行业交流，引导行业创新发展；

（九）期货业协会章程规定的其他职责。

【释义】 本条是关于期货业协会职责的规定。

本条延续了《期货交易管理条例》第45条有关期货业协会职责的基本规定，并结合期货市场的新发展，增加了诚信建设、交易者保护、信息安全维护以及引领行业创新发展等职责。以充分发挥期货业协会的专业优势，使自律管理与行政管理形成有机互补、良性互动的关系。

一、依法实行自律管理

进行自律管理是期货业协会最基本、最重要的职责。期货业协会应当根据期货法律法规，及时制定行业自律规则；认真、定期监督检查会员的业务活动；对协会会员、期货业从业人员和其他应当接受协会自律管理的机构和个人进行自律管理，规制和约束其行为。同时，对违反法律、行政法规、国家有关规定、协会章程和自律规则的主体采取纪律处分或其他自律管理措施。实践中，中国期货业协会已经制定《中国期货业协会纪律惩戒程序》，对会员和从业人员违反协会自律规则的行为给予纪律惩戒。本法的规定使期货业协会在制定、完善行业自律规则和强化实施自律管理措施上，有更加充分的法律依据，有利于进一步发挥期货业协会的自律管理作用。

二、进行纠纷调解

由期货业协会对会员之间、会员与交易者之间发生的纠纷进行调解，有利于发挥期货业协会的行业自律与专业优势，及时、高效地化解矛盾。同时可以大大降低诉讼成本，保护当事人利益，减少当事人诉讼负担。需要注意的是,期货业协会在调解一方是作为会员的期货经营机构,另一方是非会员的交易者之间的纠纷时,要加强对交易者合法权益的保护,以维护调解的公信力。

三、维护会员合法权益

期货业协会作为会员公共利益的代表,当会员的合法权益受到侵害时,应当依法维护会员的合法权益。期货业协会作为期货行业的自律性组织,其了解行业、贴近市场,应当利用有效的信息沟通机制,广泛收集会员意见和建议,及时将会员提出的合法合理的有关期货业发展的建议和要求向国务院期货监督管理机构反映,在进行自律管理的同时应依法维护会员的合法权益。

四、组织业务培训及交流

期货行业是知识密集型行业,也是高风险行业,从业人员的知识和素质直接关系市场的运作效率和安全。加强期货从业人员的业务培训,开展会员间的业务交流,提高从业人员的法律意识和职业素养,是保护交易者合法权益,维护期货行业信誉,促进期货市场稳健发展的保障。

五、进行守法教育及诚信建设

期货法律法规和政策是维护期货市场秩序,保障当事人合法权益,促进期货市场稳步健康发展的制度基础和基本保障。期货业协会作为期货行业的自律性组织,有义务、有责任组织会员学习、知悉期货法律法规和政策,并教育、督促会员贯彻、遵守期货法律法规和政策。同时,资本市场是资源配置、政策传导、风险防范化解、预期引导的枢纽,具有牵一发而动全身的作用,而诚信在资本市场中具有核心作用,必须加强信用体系建设,维护资本市场的发展基石。本法第 7 条也将诚实信用原则作为期货交易的基本原则。为推进期货行业诚信建设,优化行业诚信环境,2018 年 10 月,中国期货业协会发布《期货行业诚信准则》,对期货经营机构、期货从业人员的诚信准则作出了规定。本法将期货业协会组织开展行业诚信建设,建立行业诚信激励约束机制这一期货业协会章程规定的自律管理职责上升为法定职责,进一步强化了期货业协会开展诚信建设的重要性。

六、开展交易者保护工作

期货交易者,是指依照本法从事期货交易、承担交易结果的自然人、法人和非法人组织。与股票、债券相比,期货交易具有专业性强、杠杆高、风险大的特点。客观上,要求期货交易者具备较高的专业水平、较强的经济实力和风险承受能力,不适合广泛参与。期货业协会在开展交易者教育和保护工作、充分对交易者进行期货风险教育的同时,应督促会员落实交易者适当性管理制度,能够有效避免交易者盲目入市,真正做到保护交易者的合法权益。

七、维护信息安全

期货行业高度依赖信息技术,期货信息技术系统,是资本市场关键的基础设施。期货业信息安全保障关系期货市场的稳定运行和健康发展,关系国家金融安全和社会稳定,对保护交易者交易安全和财产安全具有十分重要的意义。期货业务的特殊性要求期货经营机构等期货业务参与者应当持续保障信息系统的安全稳定运行,保障业务活动的连续进行和数据的安全。作为期货行业自律性组织,为维护期货行业的健康稳定发展,期货业协会有义务督促会员执行国家和行业信息安全相关规定和技术标准。

八、引领行业发展

期货业协会应当收集整理期货行业各类信息,及时向会员提供行业信息及其分析研究成果,为会员提供服务。同时,其应鼓励期货经营机构根据市场需要和自身实际进行业务创新、经营方式创新和组织创新,推进期货行业的整体发展。

九、期货业协会章程规定的其他职责

除本条列举的8项职责外,期货业协会会员还可以根据期货业协会的任务和宗旨、会员的要求和决定以及期货市场发展的实际情况和需要,通过章程赋予协会其他自律管理、自我服务的职责。

第十章 监督管理

第一百零五条 国务院期货监督管理机构依法对期货市场实行监督管理，维护期货市场公开、公平、公正，防范系统性风险，维护交易者合法权益，促进期货市场健康发展。

国务院期货监督管理机构在对期货市场实施监督管理中，依法履行下列职责：

（一）制定有关期货市场监督管理的规章、规则，并依法进行审批、核准、注册，办理备案；

（二）对品种的上市、交易、结算、交割等期货交易及相关活动，进行监督管理；

（三）对期货经营机构、期货交易场所、期货结算机构、期货服务机构和非期货经营机构结算参与人等市场相关参与者的期货业务活动，进行监督管理；

（四）制定期货从业人员的行为准则，并监督实施；

（五）监督检查期货交易的信息公开情况；

（六）维护交易者合法权益、开展交易者教育；

（七）对期货违法行为进行查处；

（八）监测监控并防范、处置期货市场风险；

（九）对期货行业金融科技和信息安全进行监管；

（十）对期货业协会的自律管理活动进行指导和监督；

（十一）法律、行政法规规定的其他职责。

国务院期货监督管理机构根据需要可以设立派出机构，依照授权履行监督管理职责。

【释义】 本条是关于国务院期货监督管理机构基本职能、主要任务和监管职责的规定。

本条在《期货交易管理条例》第 46 条和第 5 条第 2 款等相关规定的基础上，主要在以下方面进行了补充完善：一是增加了国务院期货监督管理机构的基本职能和主要任务；二是丰富了国务院期货监督管理机构的监督管理方式；三是将“制定期货从业人员的资格标准和管理办法”修改为“制定期货从业人员的行为准则”；四是增加了“维护交易者合法权益、开展交易者教育”“监测监控并防范、处置期货市场风险”“对期货行业金融科技和信息安全进行监管”的规定；五是删除“开展与期货市场监督管理有关的国际交流、合作活动”。

为了使期货市场能够公开、公平、公正运转，更好地发挥期货市场功能、维护交易者合法权益，本法在总则第 8 条中对国务院期货监督管理机构依法对全国期货市场实行集中统一监督管理作了原则规定。本条又进一步规定了国务院期货监督管理机构的基本职能、主要任务以及监管职责。本条可以从以下几个方面理解。

一、国务院期货监督管理机构的基本职能和主要任务

（一）国务院期货监督管理机构的基本职能

从成熟市场的发展经验看，有效的监督管理是期货市场健康发展的重要保障。我国通过法律形式，赋予期货市场监管部门法定职权，以实现对期货市场的有效监管。本法遵循我国立法规范关于主管部门称谓的惯例，规定国务院期货监督管理机构依法对全国期货市场实行集中统一监督管理。同时规定，国务院对利率、汇率期货的监督管理另有规定的，适用其规定。证监会是本法规定的国务院期货监督管理机构，依照法律赋予的权力范围，履行法律规定的监督管理职责，对期货品种的上市、期货交易、期货结算与交割等各个环节进行监督和管理。

（二）期货市场监管的主要任务

根据本条规定，国务院期货监督管理机构对期货市场进行监管的主要任务，是维护期货市场公开、公平、公正，防范系统性风险，维护交易者合法权益，促进期货市场健康发展。

1. 维护期货市场公开、公平、公正

公开，是指信息公开，其核心要求是市场信息的公开化，如期货交易应

当公开、透明（本法第 11 条、第 79 条）；期货交易场所应当按照要求公布期货交易行情（本法第 88 条）；国务院期货监督管理机构制定的规章、规则和监督管理工作制度应当依法公开（本法第 111 条）；等等。

公平，一是指期货交易的所有参与者享有平等的法律地位，各自的合法权益应得到平等的保护；二是指期货交易的所有参与者机会均等、平等竞争，按照公平统一的市场规则进行交易；三是指期货交易的组织者和监管者应致力于营造一个所有市场参与者能够进行公平竞争的市场环境。

公正，主要是针对期货市场监管者而言，即国务院期货监督管理机构应当对被监管对象给予公正的待遇，依法对所有期货违法行为进行公正的处罚，对期货纠纷和争议进行公正的处理。

2. 防范系统性风险

期货市场是高风险的市场，其杠杆交易机制、与现货市场的传导、实体企业的广泛参与等特点，使风险很容易外溢，极易造成系统性风险。期货市场的稳定，关系国家金融安全、能源安全、经济发展和社会稳定。《国务院关于进一步促进资本市场健康发展的若干意见》提出，“强化风险防范，始终把风险监测、预警和处置贯穿于市场创新发展全过程，牢牢守住不发生系统性、区域性金融风险的底线”“完善系统性风险监测预警和评估处置机制”。因此，本条将防范系统性风险作为我国期货监督管理机构的重要职能和监管目标，从法律层面上予以明确。

3. 维护交易者合法权益

保护各方合法权益是本法的立法目的之一。交易者是期货市场的基础和支柱，没有交易者的积极参与，无法有效形成对合约标的物的价格预判，就不会有期货市场。因此，只有真正维护交易者合法权益的市场，才能给交易者以安全感和信心，期货市场也才能长久健康发展。

4. 促进期货市场健康发展

国家支持期货市场健康发展，发挥发现价格、管理风险、配置资源的功能。我国期货市场经历了早期的盲目发展，吸取经验教训后，健康稳定发展显得尤为重要。2004 年 1 月 31 日发布的《国务院关于推进资本市场改革开放和稳定发展的若干意见》即提出，要“稳步发展期货市场”；2014 年 5 月 8 日发布的《国务院关于进一步促进资本市场健康发展的若干意见》进一步提出关于推进期货市场建设的具体要求，需要国务院期货监督管理机构认真贯彻落实。

（三）国务院期货监督管理机构的具体监管职责

1. 制定有关期货市场监督管理的规章、规则，并依法进行审批、核准、注册，办理备案

法律制度体系由具有不同法律效力的规范组成，包括宪法、法律、行政法规、规章、规范性文件等。期货市场具有专业性强、影响面广、传导速度快的特点。客观上，期货市场的制度规范应能够快速做出反应，以便监管机构能够依法对期货市场的各种行为实施有效的监督管理，实现监管目标与职能。但宪法、法律、行政法规都具有相对稳定的特点，难以频繁、大量地修改以适应不断发展变化的市场实践。这就意味着，国务院期货监督管理机构有必要及时地响应期货市场的发展变化，依照宪法、法律及行政法规的规定，积极、主动地制定、修改和完善有关期货市场监督管理的规章、规则。国务院期货监督管理机构应抓紧做好规章和规范性文件的“立、改、废、释”工作，并督促期货交易场所、期货结算机构和行业协会同步修订自律规则等，尽快完善期货市场的法治体系。

本条第2款第1项还规定了国务院期货监督管理机构依法进行审批、核准、注册、办理备案的职责。针对不同事项采取不同的监管方式，其中，“审批”主要涉及期货交易所、期货结算机构的设立、变更和解散，以及期货交易所、期货结算机构章程和交易规则的制定和修改等事项；“核准”主要涉及期货公司的设立、期货业务的许可、期货公司重大事项变更等事项；“注册”主要涉及品种的上市，以及境外期货交易场所、境外期货经营机构的相关业务许可等事项；“备案”则主要涉及品种的中止上市、恢复上市和终止上市，信息技术服务机构的管理，以及境外期货交易场所在境内设立代表机构等事项。

2. 对品种的上市、交易、结算、交割等期货交易及相关活动，进行监督管理

本条第2款第2项是关于国务院期货监督管理机构依法对期货交易品种的上市、交易、结算、交割等期货交易及相关活动进行全环节、全流程监督管理的规定。期货合约品种和标准化期权合约品种应当由期货交易场所报经国务院期货监督管理机构注册。期货合约品种和标准化期权合约品种的中止上市、恢复上市、终止上市应当由期货交易场所决定并向国务院期货监

督管理机构备案。期货交易应当在国务院期货监督管理机构批准的期货交易场所内进行。期货的结算与交割由经国务院期货监督管理机构批准的期货结算机构组织进行。

3. 对期货经营机构、期货交易场所、期货结算机构、期货服务机构和非期货经营机构结算参与人等市场相关参与者的期货业务活动，进行监督管理

为有效维护期货市场秩序，国务院期货监督管理机构有权对期货市场的相关参与者的期货业务活动进行监督管理。包括期货公司、经国务院期货监督管理机构核准从事期货业务的其他机构、期货交易所、经国务院期货监督管理机构依法批准组织开展期货交易的其他期货交易场所、独立的期货结算机构、经国务院期货监督管理机构批准从事与证券业务相关的期货交易结算或交割业务的证券结算机构、会计师事务所、律师事务所、资产评估机构、期货保证金存管机构、交割库、信息技术服务机构等期货服务机构，非期货经营机构结算参与人等。本条第 2 款第 3 项强调了市场参与主体的期货业务活动，是指国务院期货监督管理机构的监管仅限于与期货业务相关的活动，而这些主体从事的与期货市场无直接关系的一般民事活动则不应该适用。

4. 制定期货从业人员的行为准则，并监督实施

按照简政放权、加强事中事后监管的改革思路，进一步减少事前行政许可审批类事项，落实国务院取消期货从业资格考试的决策，本法不再对期货从业人员进行资格管理。但是，期货从业人员守法合规、勤勉尽责是期货行业发展的基石，按照加强事中事后监管的要求，期货从业人员应当遵守一定的行为准则，违反行为准则将依法承担相应的法律责任。需要注意的是，此处的期货从业人员不仅指在期货经营机构从事期货业务的人员，还包括在期货交易场所、期货结算机构、期货服务机构等从事期货业务的人员。

5. 监督检查期货交易的信息公开情况

期货市场的公开、公平、公正原则是期货市场赖以生存和发展的基础要求，也是保护交易者合法权益不受侵犯的基本原则。保护交易者利益是期货市场监督管理的核心任务。其关键是要建立起公平合理的市场环境，为交易者提供平等的交易机会和获取信息的机会，使交易者在公平的基础上，自主地决定其交易行为。而公开原则的核心要求是实现市场信息的公开化，即要求市场具有充分的透明度。信息公开，既要求在交易时公开有关的

信息,又要求在交易后持续披露相关的信息。如根据本法第 25 条的规定,期货交易的收费应当合理,收费项目、收费标准和管理办法应当公开。为保证期货交易的信息公开做到及时、真实、准确、完整,国务院期货监督管理机构应依法履行监督检查期货交易的信息公开情况的职责。

6. 维护交易者合法权益、开展交易者教育

保护各方合法权益是本法的立法目的之一。交易者是期货市场的重要主体,维护交易者合法权益是对期货市场进行监督管理的基本目标,国务院期货监督管理机构有责任通过强化落实期货市场公开、公平、公正原则,打击欺诈、操纵市场和内幕交易等违法行为,进一步实现这一目标。本法多维度保护交易者合法权益,如将期货经营机构的交易者适当性义务上升为法定义务,区分普通交易者与专业交易者,设立交易者保障基金等。保护期货市场交易者的合法权益,有助于吸引更多交易者参与期货交易,有利于实现期货交易的公开、公平、公正,对期货市场和衍生品市场的发展具有重要意义。交易者教育,有利于提高交易者的专业知识水平和风险防范意识,引导交易者正确开展期货交易。开展交易者教育,是期货市场一项长期性、基础性的工作。国务院期货监督管理机构应切实加强交易者教育,提升交易者的知识水平和素养,维护交易者合法权益,做好防范化解金融风险、维护金融稳定的基础性工作。

7. 对期货违法行为进行查处

任何人违反期货市场监督管理的法律、行政法规,都应当承担相应的法律责任,包括民事责任、行政责任和刑事责任。在实践中,对于当事人是否违反期货市场监督管理的法律、行政法规,是否应当承担相应的法律责任等,需要由法定机构去调查处理。国务院期货监督管理机构作为依法对全国期货市场进行集中统一监督管理的机构,可以依法对违反期货市场监督管理法律、行政法规的行为进行查处。本条即规定了国务院期货监督管理机构对期货违法行为的查处职责。当期货市场中发生了涉嫌违反有关法律、行政法规的行为时,国务院期货监督管理机构应当依照法定的权限和程序,及时进行调查,在查明事实真相的基础上,及时地作出处理,以维护期货交易的正常秩序。国务院期货监督管理机构发现期货违法行为涉嫌犯罪的,应当依法将案件移送司法机关处理。

8. 监测监控并防范、处置期货市场风险

防范化解金融风险,维护国家经济安全是本法的立法目的之一。期货

市场应当建立和完善风险的监测监控与化解处置制度机制，依法限制过度投机行为，防范市场系统性风险。根据本法第 115 条的规定，国务院期货监督管理机构应当建立健全期货市场监测监控制度，通过专门机构加强保证金安全存管监控。为了与将“防范系统性风险”明确为国务院期货监督管理机构的职能和监管目标相适应，本条第 2 款第 8 项明确了“监测监控并防范、处置期货市场风险”是国务院期货监督管理机构的具体职责。近年来，我国期货市场已经建立起由证监会、证监会各地派出机构、期货交易所、中国期货市场监控中心和中国期货业协会共同组成的“五位一体”协作监管体系，全方位监测监控期货市场风险。同时，建立了一系列风险防范和处置的制度，积累了一定经验。

9. 对期货行业金融科技和信息安全进行监管

金融科技和信息安全是国家金融安全的重要内容之一。本条第 2 款第 9 项紧密结合金融科技的风潮，尤其是程序化交易的快速发展，强调加强对金融科技的监管。信息安全则主要体现在交易数据的安全、个人信息、个人隐私和商业秘密的保护，以及信息数据跨境传输的相关要求，本法都作出了相应的规定。根据本法第 101 条的规定，为期货交易及相关活动提供信息技术系统服务的机构，应当符合国家及期货行业信息安全相关的技术管理规定和标准，并向国务院期货监督管理机构备案。国务院期货监督管理机构可以依法要求信息技术服务机构提供本法第 101 条第 1 款规定的信息技术系统的相关材料。《期货公司监督管理办法》也专章规定了“信息系统管理”，要求期货公司应当具有符合行业标准和自身发展需要的信息系统，制定相关信息技术管理制度，保障信息系统安全等。

10. 对期货业协会的自律管理活动进行指导和监督

期货业协会是期货业的自律性组织，依法履行教育和组织会员和从业人员遵规守法、组织开展行业诚信建设、开展交易者教育和保护工作、制定和实施期货行业自律规则以及行业规范、实施自律管理、依法维护会员合法权益等各种法定职责，是促进期货市场和期货行业规范健康发展的重要力量。为了更好地发挥期货业协会的自律管理作用，促使其合法、有效地履行职责，本项规定国务院期货监督管理机构依法对期货业协会的自律管理活动进行指导和监督。美国《商品交易法》也规定了监管机构对行业协会的监督管理，即专章规定“注册期货协会”，明确商品期货交易委员会对期货协会的注册程序、收费要求、会员接收标准、纪律处分措施的审查、规则的制定和修改、协会管理人员或董事的免职等内容进行监督管理。

11. 法律、行政法规规定的其他职责

期货市场的多变性和复杂性，在一定程度上对社会的经济、秩序产生影响。为了维护期货交易的正常秩序，促进期货市场积极稳妥地发展，保障交易者合法权益和社会公共利益，本条第 2 款第 11 项规定，除本条第 2 款第 1—10 项规定的职责以外，国务院期货监督管理机构还应当履行法律、行政法规规定的其他职责。

二、授权派出机构履行监管职责

本法第 8 条对国务院期货监督管理机构依法对全国期货市场实行集中统一监督管理作了原则性规定。考虑到我国幅员辽阔，为有效加强期货市场的日常监管，及时查处各地的期货违法行为，本条第 3 款规定，国务院期货监督管理机构可以根据其需要设立派出机构，并依法授权其履行监督管理职责。本条规定为证监会授权派出机构履行监管职责提供了法律依据。

第一百零六条　国务院期货监督管理机构依法履行职责，有权采取下列措施：

（一）对期货经营机构、期货交易场所、期货结算机构进行现场检查，并要求其报送有关的财务会计、业务活动、内部控制等资料；

（二）进入涉嫌违法行为发生场所调查取证；

（三）询问当事人和与被调查事件有关的单位和个人，要求其对与被调查事件有关的事项作出说明，或者要求其按照指定的方式报送与被调查事件有关的文件和资料；

（四）查阅、复制与被调查事件有关的财产权登记、通讯记录等文件和资料；

（五）查阅、复制当事人和与被调查事件有关的单位和个人的期货交易记录、财务会计资料及其他相关文件和资料；对可能被转移、隐匿或者毁损的文件资料，可以予以封存、扣押；

（六）查询当事人和与被调查事件有关的单位和个人的保证金账户和银行账户以及其他具有支付、托管、结算等功能的账户信息，可以对有关文

件和资料进行复制；对有证据证明已经或者可能转移或者隐匿违法资金等涉案财产或者隐匿、伪造、毁损重要证据的，经国务院期货监督管理机构主要负责人或者其授权的其他负责人批准，可以冻结、查封，期限为六个月；因特殊原因需要延长的，每次延长期限不得超过三个月，最长期限不得超过二年；

（七）在调查操纵期货市场、内幕交易等重大违法行为时，经国务院期货监督管理机构主要负责人或者其授权的其他负责人批准，可以限制被调查事件当事人的交易，但限制的时间不得超过三个月；案情复杂的，可以延长三个月；

（八）决定并通知出境入境管理机关依法阻止涉嫌违法人员、涉嫌违法单位的主管人员和其他直接责任人员出境。

为防范期货市场风险，维护市场秩序，国务院期货监督管理机构可以采取责令改正、监管谈话、出具警示函等措施。

【释义】 本条是关于国务院期货监督管理机构有权采取有关措施的规定。

本条在《期货交易管理条例》第47条的基础上主要作了以下完善：一是增加相关执法措施，包括增加查询复制通讯记录、增加扣押冻结查封措施、延长限制交易的时间、增加限制相关人员出境等；二是补充规定现场调查时可以要求市场参与者提供资料；三是将“限制期货交易”修改为“限制交易”。

本条规定的措施可以分为3类：一是在日常监管中采取的措施，如现场检查；二是针对涉嫌违法案件进行调查时采取的手段，如封存扣押相关文件资料、冻结查封有关资金；三是为防范期货市场风险、维护市场秩序，可以就特定问题采取责令改正、监管谈话、出示警示函等监管措施。

一、在日常监管中为履行职责所采取的措施

“对期货经营机构、期货交易场所、期货结算机构进行现场检查，并要求其报送有关的财务会计、业务活动、内部控制等资料。”现场检查，是指国务院期货监督管理机构可以派检查人员进入期货经营机构、期货交易场所、期货结算机构所在的场地，通过听取汇报、查验有关资料等方式进行实地检

查。同时，证券监督管理机构也可以要求检查对象报送有关的财务会计、业务活动、内部控制等资料。检查内容上，包括相关主体贯彻执行期货法律、法规、制度以及各项规定的情况，经营的正常性和安全性等。对被监管对象实施现场检查，有利于及时发现问题、消除风险隐患，督促改正，具有一定的监管效果。

二、在调查涉嫌违法案件时所采取的措施

（一）进入涉嫌违法行为发生场所调查取证

调查取证，是指有调查取证权的组织或个人为了查明案件事实的需要，向有关单位、个人进行调查、收集证据。发现行为涉嫌违法后，国务院期货监督管理机构需要就其是否构成违法行为进行事实查明，确定该行为是否构成违法行为。查明案情、收集证据和查获违法行为人的重要途径之一就是到涉嫌违法行为发生的场所进行调查取证。因此，本条规定，国务院期货监督管理机构有权进入涉嫌违法行为发生的场所，对违法行为发生的情况、所造成的后果等进行调查，收集证据，查明案情。需要注意的是，仅能进入涉嫌违法行为发生场所调查取证，对于与违法行为无关的场所，不得进入调查取证。

（二）询问有关的单位和个人或要求其报送文件和资料

国务院期货监督管理机构要了解被调查事件的事实真相，就应当从各个角度进行调查。除了本条第 1 款第 2 项规定的现场调查取证外，还包括询问当事人和与被调查事件有关的单位和个人，要求他们对与被调查事件有关的事项作出说明。然后，国务院期货监督管理机构要去伪存真，真正做到处理决定以事实为依据。此外，根据需要，还可以要求相关人员按照指定的方式报送与被调查事件有关的文件和资料，有助于监管机构提高调查效率，尽快查明事实真相。

（三）查阅、复制与被调查事件有关的文件和资料

在期货市场，期货违法行为具有隐秘性高、调查难度大、社会危害性大等特点。如果国务院期货监督管理机构没有必要的强制查处手段，就不利于有效、及时地打击期货违法行为。本条第 1 款第 4 项之所以明确列举查阅、复制内容为财产权登记、通讯记录，是因为财产权能够真实反映有关单位和个人的财产状况及变动情况；通讯记录能够反映有关当事人与他人的

联系情况,全面掌握涉案关系网。此外,“等”字的表述为国务院期货监督管理机构根据个案情况查阅、复制其他文件和资料预留了制度空间。

需要注意以下两点:一是我国《宪法》第 40 条规定:“中华人民共和国公民的通信自由和通信秘密受法律的保护。除因国家安全或者追查刑事犯罪的需要,由公安机关或者检察机关依照法律规定的程序对通信进行检查外,任何组织或者个人不得以任何理由侵犯公民的通信自由和通信秘密。”因此,本条第 1 款第 4 项规定的国务院期货监督管理机构查阅、复制的通讯记录,应当仅限于通讯公司提供的通话时间、通讯对象,而不包括有关的通讯内容。二是国务院期货监督管理机构有权查阅、复制仅限于与被调查事件有关的财产权登记、通讯记录等文件和资料,不得扩大查阅、复制文件和资料的范围。

(四)查阅、复制、封存、扣押有关文件和资料

为了查明事实、保存证据,防止有关单位和个人转移、隐匿、损毁相关文件和资料,国务院期货监督管理机构有权查阅、复制当事人和与被调查事件有关的单位和个人的期货交易记录、财务会计资料和其他相关文件和资料。通过查阅、复制这些文件和资料,可以掌握有关人员是否实施了期货违法行为,以及其行为的性质、情节严重程度、危害后果等,从而为国务院期货监督管理机构作出处罚决定提供依据。此外,对于有可能被转移、隐匿或者毁损,给今后查找造成困难的文件资料,国务院期货监督管理机构有权将其封存、扣押。封存,是指采取张贴封条或者其他必要措施,将相关文件资料就地予以保存。扣押,是指解除当事人对其财物的占有,并限制其处分的强制措施。扣押主要是针对可移动的财产,如文件资料。扣押的财产由国务院期货监督管理机构保管。

需要注意以下两点:一是国务院期货监督管理机构有权查阅、复制的文件和资料仅限于当事人和与被调查案件有关的单位和个人的文件和资料,不得随意扩大主体范围。二是查封、扣押限于涉案的场所、设施或者财物,不得查封、扣押与违法行为无关的场所、设施或者财物。国务院期货监督管理机构可以封存、扣押的文件资料仅限于前述主体的文件资料中可能被转移、隐匿或者毁损的部分。封存、扣押措施对当事人和与被调查案件有关的单位和个人的影响很大,国务院期货监督管理机构在作出采取该措施的决定时需要尤为慎重,判断依据应当真实、充分。采取查封、扣押措施后,应当

及时查清事实,在法定期限内作出处理决定。如果发现采取封存、扣押措施不当的,应当立即解除封存、扣押措施。封存、扣押的程序应当依照《行政强制法》的有关规定执行。如果决定实施查封、扣押的,应当按照法定程序,制作并当场交付查封、扣押决定书和清单。

(五)查询、复制并冻结、查封有关账户

交易者进行期货交易,必然通过其保证金账户、银行账户等。因此,查询相关账户信息,可以较为清晰地掌握当事人的期货交易情况,从而发现违法行为。为此,本条第 1 款第 6 项赋予国务院期货监督管理机构相应权力,查询当事人和与被调查事件有关的单位和个人的保证金账户和银行账户以及其他具有支付、托管、结算等功能的账户信息,并可以对有关文件和资料进行复制。此外,对于有证据证明已经或者可能转移或者隐匿涉案财产或者隐匿、伪造、毁损重要证据的,国务院期货监督管理机构可以依法采取冻结、查封措施。冻结,是指限制金融资产的流动的强制措施,包括冻结银行存款、汇款和邮政企业汇款,以及股票等有价证券;查封,是指行政机关限制当事人对其财产的使用和处分的强制措施,主要是对不动产或者其他不便移动的财产,由行政机关以加贴封条的方式限制当事人对财产的移动或者使用。

需要注意以下两点:一是国务院期货监督管理机构有权查阅、复制的文件和资料仅限于当事人和与被调查案件有关的单位和个人的具有支付、托管、结算等功能的账户信息,不得随意扩大主体范围和对象范围。二是冻结存款、汇款既关系金融机构的信用,又关系公民、法人和其他组织的财产安全,而查封也构成了对当事人财产权的限制,若运用不当,会对当事人的财产造成不必要的损害。对二者的适用应当符合严格的限制条件,即(1)对有证据证明已经或者可能转移或者隐匿违法资金等涉案财产或者隐匿、伪造、毁损重要证据的;(2)经国务院期货监督管理机构主要负责人或者其授权的其他负责人批准。国务院期货监督管理机构在作出相应决定时需要慎之又慎,在执行冻结、查封措施时也要严格遵守本条规定的程序和时限要求。冻结、查封的程序应当依照《行政强制法》的有关规定执行,如冻结存款、汇款的数额应当与违法行为涉及的金额相当等。

(六)依法限制被调查当事人的交易

当事人在操纵期货市场、进行内幕交易时,可能会引起期货合约、标准化期权合约价格的巨大波动，如果任其继续交易，将会严重破坏期货交易的正常秩序。为此，本条第 1 款第 7 项授权国务院期货监督管理机构在调查操纵期货市场、内幕交易等重大违法行为时，可以依法限制被调查事件当事人的交易。同时，限制交易是以行政权力干涉当事人的民事权利，会使当事人的利益受到较大影响，因此，本条第 1 款第 7 项对国务院期货监督管理机构作出了程序和时限上的要求：首先，应当经国务院期货监督管理机构主要负责人或者其授权的其他负责人批准。其次，限制的时间不得超过 3 个月，案情复杂的，可以延长 3 个月，即限制的期限最长可以达 6 个月。

（七）限制相关人员出境

根据《出境入境管理法》的规定，出境，是指由中国内地前往其他国家或者地区，由中国内地前往香港特别行政区、澳门特别行政区，由中国大陆前往台湾地区。本条第 1 款第 8 项总结实践经验，规定国务院期货监督管理机构有权决定并通知出境入境管理机关依法阻止涉嫌违法人员、涉嫌违法单位的主管人员和其他直接责任人员出境，防止涉嫌违法人员、涉嫌违法单位的主管人员和其他直接责任人员逃脱调查处罚。

三、为防范期货市场风险、维护市场秩序采取的监管措施

监管措施，是国务院期货监督管理机构基于审慎监管的需要，为了履行保护公共利益、防范风险蔓延的法定职责，及时纠正违法违规行为所采取的必要措施。相比于行政处罚，行政监管措施能对不法行为快速反应，有利于及时纠正不法行为，防范风险蔓延与危害后果扩散，在及时惩戒违法违规行为、防范和化解风险、维护市场稳定等方面发挥了越来越重要的作用。本条第 2 款在总结实践经验的基础上，对国务院期货监督管理机构有权采取的责令改正、监管谈话、出具警示函等监管措施作出明确规定。需要注意的是，国务院期货监督管理机构采取上述措施，应当以防范期货市场风险，维护市场秩序为目的和出发点。其中，责令改正，是指国务院期货监督管理机构可以责令期货违法违规行为人停止和纠正期货违法违规行为，以恢复原状，维持正常的秩序或状态的一种行政监管措施；监管谈话，是指国务院期货监督管理机构可以对期货违法违规行为人或者涉嫌期货违法违规行为人进行谈话规劝或者批评的一种行政监管措施；出具警示函，是指国务院期货监督管理机构对出现期货违法违规事项的单位或者个人发出警示函以示警

示,要求其进行整改或者停止不当行为的一种行政监管措施。

第一百零七条　国务院期货监督管理机构依法履行职责,进行监督检查或者调查,其监督检查、调查的人员不得少于二人,并应当出示执法证件和检查、调查、查询等相关执法文书。监督检查、调查的人员少于二人或者未出示执法证件和有关执法文书的,被检查、调查的单位或者个人有权拒绝。

【释义】　本条是关于国务院期货监督管理机构进行监督检查、调查时应当遵守的程序的规定。

为了提高监管效能,本法赋予了国务院期货监督管理机构较大的权力,包括冻结、查封、扣押等行政强制措施。但是,权力如果不加以约束,就可能导致滥用。因此,本条规定了国务院期货监督管理机构依法履行职责,进行监督检查或者调查的程序要求。具体可以从以下几个方面理解。

一、监督检查、调查的人员不得少于 2 人

监督检查、调查的人员不得少于 2 人,是指国务院期货监督管理机构在进行监督检查或调查时,实际到场执行的工作人员为 2 人,或 2 人以上。要求监督检查、调查的人员不得少于 2 人,目的是使工作人员之间相互监督制约,保证其依法履行职责,避免单人执法滥用权力甚至作出违法犯罪的行为。

二、监督检查、调查的人员应当出示执法证件和相关执法文书

执法证件,是指能够证明国务院期货监督管理机构工作人员身份的证件,如工作证、执法证等。出示执法证件便于当事人明晰监督检查、调查人员的身份,避免有人假冒身份侵害当事人合法权益。检查、调查、查询等相关执法文书,是指国务院期货监督管理机构出具的、告知当事人国务院期货监督管理机构对其进行检查、调查、查询的书面文件。

本条要求监督检查的人员应当同时出示执法证件,以及检查、调查、查询等相关执法文书。这不仅是规范执法、文明执法的基本要求,也有助于防止他人假冒国务院期货监督管理机构工作人员以监督检查、调查的方式非

法获取有关信息,以及避免国务院期货监督管理机构个别工作人员非因履行职责而擅自监督检查、调查,侵害有关单位和个人的合法权益。

三、未依法定程序进行监督检查、调查的,被检查、调查的单位或个人有权拒绝

为保护被检查、调查的单位和个人的合法权益,避免其被不明身份人员或国务院期货监督管理机构工作人员无端检查、调查,如果监督检查、调查的人员少于 2 人或者未出示执法证件和有关执法文书,本条明确规定被调查、检查的单位或个人有权拒绝检查、调查。

第一百零八条　国务院期货监督管理机构的工作人员,应当依法办事,忠于职守,公正廉洁,保守国家秘密和有关当事人的商业秘密,不得利用职务便利牟取不正当利益。

【释义】　本条是关于国务院期货监督管理机构的工作人员行为准则的规定。

证监会作为法律授权的具有公共事务管理职能的国务院直属事业单位,其工作人员参照《公务员法》管理。根据《公务员法》第 14 条的规定,公务员应当履行模范遵守、自觉维护宪法和法律,忠于职守、清正廉洁、公道正派,恪守职业道德等义务。国务院期货监督管理机构的工作人员是否公正、公平、高效执法,直接关系期货市场的运行秩序和质量,也关系期货市场各方主体的合法权益。

具体而言,依法办事,是指严格依照国家法律、行政法规、规章及其他规范性文件规定的内容和程序行使权力、履行职责。忠于职守,是指在工作岗位上尽职尽责,不得不履行、不正确履行或者放弃履行其职责,也不得滥用职权。公正廉洁,是指公平正直、毫不偏私地履行职责,对所有期货市场参与者给予公正的待遇,同时不接受市场参与者各种形式的报酬、贿赂。保密义务,主要是考虑到国务院期货监督管理机构的工作人员在依法履职过程中,有可能了解到国家秘密,知悉被调查单位和个人的商业秘密等,这些秘密一旦泄露,往往会给国家、相关单位和个人的生产经营活动带来不利影响,造成经济损失。因此,要严格要求工作人员保守相关秘密。职务便利,是指利用本人职务范围内的权力,即自己职务上主管、负责或者承办某种公共事务的职权所造成的便利条件。不正当的利益,是指根据法律及有关政策不应得到的利益。

第一百零九条　国务院期货监督管理机构依法履行职责,被检查、调查的单位和个人应当配合,如实作出说明或者提供有关文件和资料,不得拒绝、阻碍和隐瞒。

国务院期货监督管理机构与其他相关部门,应当建立信息共享等监督管理协调配合机制。国务院期货监督管理机构依法履行职责,进行监督检查或者调查时,有关部门应当予以配合。

【释义】 本条是关于被检查、调查的单位和个人负有配合检查、调查的义务,以及国务院期货监督管理机构与其他相关部门协调配合,必要时有关部门配合监督检查或者调查的规定。

一、被检查、调查的单位和个人的配合义务

国务院期货监督管理机构在依法履行职责的过程中有权对当事人及有关单位和个人采取检查、调查的措施。为了保证国务院期货监督管理机构检查和调查的顺利进行,本条规定被检查、调查的单位和个人负有配合检查、调查的义务。被检查、调查的单位和个人不得以任何借口拒绝提供,也不得采用暴力、威胁或者其他方法阻碍国务院期货监督管理机构获得真实、可靠的文件和资料,更不得对有关的文件和资料进行隐瞒,掩盖事实和真相。被检查、调查的单位和个人不配合国务院期货监督管理机构履行职责的,应当依法承担相应的法律责任。根据本法第 149 条的规定,拒绝、阻碍国务院期货监督管理机构或者国务院授权的部门及其工作人员依法行使监督检查、调查职权的,责令改正,处以 10 万元以上 100 万元以下的罚款,并由公安机关依法给予治安管理处罚。

二、监管信息共享机制以及有关部门对期货监督、检查的配合义务

本法赋予国务院期货监督管理机构监督检查、调查等权力,既需要被检查、调查的当事人的配合,也有赖于有关部门的协助、配合和支持。为此,本条第 2 款规定,国务院期货监督管理机构依法履行职责,进行监督检查或者

调查时，有关部门应当予以配合。

期货市场是金融市场的重要组成部分。在金融市场中，各种金融活动之间紧密联系，往往牵一发而动全身，产生联动效应。因此，各金融监管机构间需要互通信息，相互配合开展监管执法，并共同防范和化解系统性金融风险。为了使各项金融监管政策和监管行为相协调，避免出现监管真空、重复监管和监管套利的情况，同时降低监管成本，提高监管效率，本条要求国务院期货监督管理机构与其他有关部门，建立信息共享等监督管理协调配合机制。关于“有关部门”的理解，是基于期货市场期现货的特殊联动机制，除了国务院其他金融监督管理机构，国务院期货监督管理机构与现货监管部门的有效互动也是必不可少的。此外，期货市场违法行为还会涉及司法机关职责，也需要和公检法等部门建立良好的协调配合机制。因此，本条所述“有关部门”不仅包括中国人民银行、银保监会、财政部等部门，还包括发展和改革委、农业农村部、商务部等现货监管部门，以及司法行政、公安、检察院、法院等部门。

第一百一十条　对涉嫌期货违法、违规行为，任何单位和个人有权向国务院期货监督管理机构举报。

对涉嫌重大违法、违规行为的实名举报线索经查证属实的，国务院期货监督管理机构按照规定给予举报人奖励。

国务院期货监督管理机构应当对举报人的身份信息保密。

【释义】　本条是关于涉嫌期货违法违规行为的举报奖励制度的规定。

如何及时发现期货市场中的各种违法行为，是各国家、地区期货监督管理机构普遍面临的一个难题。对此，一般通过立法建立起相关奖励制度，鼓励掌握涉嫌违法、违规线索的单位和个人积极向期货监督管理机构举报，以此达到更加及时、全面地发现、打击和震慑期货违法、违规行为的目的。如美国商品期货交易委员会根据 2010 年《多德-弗兰克法案》设立了举报人计划。自 2014 年发布首个裁决以来，美国商品期货交易委员会已向多位举报人提供了超过 3 亿美元的奖金。美国《商品交易法》也针对商品违法违规行为的举报人激励保护作出了具体规定。

一、单位和个人的举报权

社会监督是保障期货市场健康稳定运行的重要途径。通过知悉真相的单位和个人的举报,国务院期货监督管理机构可以及时发现期货违法、违规行为线索,并及时作出调查、处理,可以有效防范市场风险。《国务院办公厅关于进一步加强资本市场中小投资者合法权益保护工作的意见》提出,要加大监管和打击力度、建立证券期货违法案件举报奖励制度。为规范证券期货违法线索举报工作,加大对证券期货违法违规行为的打击力度,2014年6月27日,证监会发布了《证券期货违法违规行为举报工作暂行规定》,建立健全证券期货违法案件举报制度。为方便社会公众举报,证监会设立了证券期货违法违规行为举报中心,专门负责处理可以作为稽查案件调查线索的举报。

本条将期货违法、违规行为的举报奖励制度上升到法律层面,明确赋予任何单位和个人对期货市场涉嫌违法、违规行为的举报权利,为举报涉嫌期货违法、违规行为提供了法律依据。本法对举报的形式、途径未作限定,举报人既可采用信函方式,也可采用电话、传真、电子邮件、网络举报系统等多种方式进行举报。国务院期货监督管理机构对举报应当受理,不得拒绝。国务院期货监督管理机构应当创造方便单位和个人举报的条件和途径,充分发挥举报等社会监督机制的重要作用。

二、举报奖励制度

为了进一步加强对期货交易活动的社会监督,鼓励举报重大期货违法、违规行为,及时发现并排除期货市场的风险隐患,制止和惩处期货违法、违规行为,本条第2款规定了举报奖励制度。需要注意的是,一是举报奖励制度适用于对涉嫌重大违法、违规行为的举报,即举报的违法违规行为具有重大性。根据《证券期货违法违规行为举报工作暂行规定》第12条的规定,举报奖励适用于举报下列违法行为的实名举报:(1)欺诈发行证券;(2)信息披露违法;(3)操纵证券,期货市场;(4)内幕交易或利用未公开信息交易;(5)其他重大证券期货违法行为。二是举报人应是实名举报,以确保举报信息的可靠性和严肃性,也便于国务院期货监督管理机构进行事实调查。三是举报事实清楚、线索明确,经调查属实,即被举报的重大违法、违规行为确实存在。

三、对举报人的保密义务

为了避免举报人因举报而遭受各种打击报复,给举报人营造放心、安全的环境,使其无后顾之忧,本条第3款规定了国务院期货监督管理机构的保密义务。即对举报人的姓名、身份证号、联系方式、工作单位、家庭住址、家庭成员情况等可以表明举报人身份的信息予以严格保密,切实保护举报人的人身安全和合法权益。除身份信息外,根据《证券期货违法违规行为举报工作暂行规定》第11条的规定,负责处理举报的工作人员及其他相关人员还要对举报内容进行保密,也不得私自摘抄、复制、扣压和销毁举报材料。该规定第19条相应地明确了违反该规定第11条规定造成举报信息泄露及其他后果的法律责任。

需要注意的是,本条与本法第29条规定的期货经营机构、期货交易场所、期货结算机构、期货服务机构等机构及其从业人员发现禁止交易行为的报告义务应作区分。本法第29条的报告义务应当限定于职务行为、经营行为,如期货经营机构及其从业人员基于其职务行为、经营行为,发现的违法违规行为,负有法定报告义务,不适用举报制度。如果期货经营机构及其从业人员不是因其职务行为、经营行为发现的违法、违规行为,向国务院期货监督管理机构报告,则适用举报奖励制度。

第一百一十一条　国务院期货监督管理机构制定的规章、规则和监督管理工作制度应当依法公开。

国务院期货监督管理机构依据调查结果,对期货违法行为作出的处罚决定,应当依法公开。

【释义】　本条是关于国务院期货监督机构规则和处罚决定应当依法公开的规定。

一、规章、规则和监督管理工作制度应当依法公开

公开、公平、公正原则是期货市场的基本原则,也是国务院期货监督管理机构的基本目标之一,而公开原则是公平、公正原则的前提。公开原则既

要求期货交易透明、期货交易场所按照要求公布期货交易行情等，也要求和期货市场有关的行为规则公开。国务院期货监督管理机构制定的规章、规则和监督管理工作制度等作为期货市场的运行规范，应当依法公开。这样不仅能使所有市场参与者充分知晓期货监督管理的各项规章、规则和工作制度并遵守执行，又能提升国务院期货监督管理机构运行的透明度，防止可能存在的暗箱操作和违法、违规行为的发生。

多年来，证监会除了在其官方网站和“公报”中公布有关规章、规则和监督管理工作制度外，还通过出版《证券期货法规汇编》、《现行证券期货法规汇编》以及《中国资本市场法制发展报告》等方式，持续地向社会公开相关规章、规则和监督管理工作制度。2019 年 7 月 15 日，证监会专门开发建设的证券期货法规数据库，正式上线运行并对社会公众开放使用，数据库录入涉及资本市场的法律、行政法规、司法解释、部门规章、规范性文件及自律规则等各类法律文件。

二、处罚决定应当依法公开

国务院期货监督管理机构在对期货市场实施监督管理的过程中，有权依法对违反期货市场监督管理法律的行为进行查处。国务院期货监督管理机构在履行职责时，依据其调查结果，应对期货违法行为依法作出处罚决定。由于其处罚决定不仅会影响被处罚的当事人，也可能影响其他市场参与者的行为甚至影响整个期货市场，故本条规定国务院期货监督管理机构依据调查结果，对期货违法行为作出的处罚决定，应当依法公开。当前，证监会的行政处罚决定书通过其网站对外公开，并可以通过证监会的证券期货市场诚信档案数据库进行查询。需要注意的是，国务院期货监督管理机构及其工作人员对实施行政处罚过程中知悉的国家秘密、商业秘密或者个人隐私，应当依法予以保密。

第一百一十二条　国务院期货监督管理机构对涉嫌期货违法的单位或者个人进行调查期间，被调查的当事人书面申请，承诺在国务院期货监督管理机构认可的期限内纠正涉嫌违法行为，赔偿有关交易者损失，消除损害或者不良影响的，国务院期货监督管理机构可以决定中止调查。被调

查的当事人履行承诺的,国务院期货监督管理机构可以决定终止调查;被调查的当事人未履行承诺或者有国务院规定的其他情形的,应当恢复调查。具体办法由国务院规定。

国务院期货监督管理机构中止或者终止调查的,应当按照规定公开相关信息。

【释义】 本条是关于期货领域行政执法当事人承诺制度的规定。

期货行政执法当事人承诺制度("行政和解"),是指在涉嫌期货违法的单位或者个人被调查期间,被调查的当事人书面申请,承诺改正涉嫌违法行为,赔偿有关交易者损失,消除损害或者不良影响,国务院期货监督管理机构可以决定中止调查的一项制度。期货市场违法行为往往具有专业性、涉众性、跨区域等特点。特别是随着市场的纵深发展和信息技术的变革,期货违法行为的隐蔽性、复杂性日益突出,导致实践中查处取证难度大、干扰因素多,案件查处周期较长等现象频出。而监管机构的执法手段、资源有限,客观上制约着期货监管执法的效率和效果。

为了鼓励、促使有涉嫌期货违法行为的单位或者个人,主动承认期货违法行为,从而降低调查成本,最大限度地消除期货违法行为的后果,一些国家和地区(如美国、德国、我国台湾地区)建立了监管和解制度,即监管机构通过与被监管者协商,就特定的被调查行为达成和解,从而终结案件调查的一种执法制度。行政和解可以降低执法成本,提高执法效率,让有限的监管资源实现最大化的监管目标。同时,对于交易者而言,行政和解可以更快速、更有效地赔偿损失;对于期货市场而言,可以及时恢复市场秩序、稳定社会预期。

经国务院批准,2015 年证监会在证券期货领域试点行政和解。试点期间,证监会在多个案件中达成行政和解协议,有效化解了一些疑难复杂案件,也积累了一定的行政和解工作经验,市场总体认可。需要注意的是,本条规定,具体办法由国务院规定。虽然本法设立了涉嫌期货违法行为人承诺制度,但对于其具体的适用规则未作详细规定,而是授权国务院规定具体办法。《证券法》第 171 条规定了证券领域行政执法当事人承诺的相关规定,并授权国务院规定具体办法。为贯彻《证券法》的规定,国务院公布了《证券期货行政执法当事人承诺制度实施办法》,自 2022 年 1 月 1 日起施行。2022 年 1 月 1 日，证监会配套发布实施《证券期货行政执法当事人承诺制度实施规定》和《证券期货行政执法当事人承诺金管理办法》。至此，围绕证券期货行政执法当事人承诺的制度建设已经完成，形成了行政法规、部门规章和规范性文件在内的制度体系。

一、申请适用的适格主体

根据本条规定，申请适用当事人承诺的主体可以是单位也可以是个人，只是要求提交的申请材料有所不同，如果当事人是单位，需要另外提交营业执照复印件、内部决议等材料。需要注意的是，当事人承诺的适用是依申请的，且当事人是自愿提出申请，即被调查的当事人不能是在受到胁迫或者违背其真实意愿的情况下提出申请。

二、关于中止调查

本条规定，国务院期货监督管理机构对涉嫌期货违法的单位或者个人进行调查期间，被调查的当事人书面申请，承诺在国务院期货监督管理机构认可的期限内纠正涉嫌违法行为，赔偿有关交易者损失，消除损害或者不良影响的，国务院期货监督管理机构可以决定中止调查。对中止调查的具体理解：一是提出承诺有时间限制，即必须处于被国务院期货监督管理机构调查的期间。按照《证券期货行政执法当事人承诺制度实施办法》的规定，当事人自收到国务院期货监督管理机构案件调查法律文书之日至国务院期货监督管理机构作出行政处罚决定前可以申请适用当事人承诺。如果当事人并未收到国务院期货监督管理机构出具的案件调查法律文书，或已经收到国务院期货监督管理机构出具的行政处罚决定书，都不能申请适用当事人承诺。二是当事人承诺在一定期限内纠正涉嫌违法行为，赔偿有关交易者损失，消除损害或者不良影响，都应获得国务院期货监督管理机构的认可。国务院期货监督管理机构接受承诺的一个重要考虑，是尽可能在短时间内将涉嫌期货违法行为的不良影响降到最低。实践中具体体现为签署承诺认可协议，国务院期货监督管理机构可以中止调查。三是国务院期货监督管理机构有是否接受承诺的自由裁量权，即对于被调查当事人提出的承诺申请，国务院期货监督管理机构没有必须接受的义务。尤其是针对一些情节严重、影响恶劣的重大涉嫌期货违法行为，国务院期货监督管理机构可以拒绝接受该当事人承诺，避免出现逃避处罚、造成“花钱买平安”的不良影响。

三、关于终止调查

被调查的当事人履行承诺的，国务院期货监督管理机构可以决定终止调查。在中止调查，即签署承诺认可协议后，国务院期货监督管理机构应当对被调查的当事人履行承诺的情形进行监督。如果被调查的当事人切实履行了承诺，即在国务院期货监督管理机构认可的期限内纠正了涉嫌违法行为，赔偿了有关交易者损失，消除了损害或者不良影响，国务院期货监督管理机构可以决定终止调查，向当事人出具终止调查决定书，并应当按照规定公开相关信息。需要注意的是，本条表述为“可以”，意味着决定终止调查属于国务院期货监督管理机构的自由裁量权，由其根据承诺的履行情况和实际效果作出决定。

四、关于恢复调查

被调查的当事人未履行承诺或者有国务院规定的其他情形的，应当恢复调查。在中止调查，即签署承诺认可协议后，国务院期货监督管理机构如果发现被调查的当事人未履行承诺或者有国务院规定的其他情形的，应当恢复调查。需要注意的是，“未履行承诺”包括根本没有履行和未完全履行两种情况，后者的判断标准不仅包括承诺认可协议规定的内容，还需要考虑履行承诺的实际效果。

五、信息公开的要求

为了保证国务院期货监督管理机构期货执法活动的透明度，本条第2款规定，国务院期货监督管理机构决定中止或者终止调查的，应当按照规定公布相关信息，即公开中止调查决定和终止调查决定的相关内容。

第一百一十三条　国务院期货监督管理机构依法将有关期货市场主体遵守本法的情况纳入期货市场诚信档案。

【释义】 本条是关于期货市场诚信档案的规定。

诚信是现代经济的基石,违法违规行为会使市场经济的健康发展受到威胁。因此,将实施违法违规行为的市场主体纳入信用信息系统,能够有效规范市场各类主体的行为,维护经济秩序的良性运转。2022 年 3 月 29 日,中共中央办公厅、国务院办公厅印发的《关于推进社会信用体系建设高质量发展促进形成新发展格局的意见》再次强调“加强资本市场诚信建设。进一步夯实资本市场法治和诚信基础,健全资本市场诚信档案,增强信用意识和契约精神”,对包括期货市场在内的资本市场的诚信档案制度建设提出了新要求。本条明确规定将有关期货市场主体遵守本法的情况纳入期货市场诚信档案,目的是倡导期货市场的所有主体,本着诚实信用的基本原则参与期货交易,严格遵守法律、行政法规、规章等规定,营造期货市场诚信环境,保护交易者合法权益。

需要注意的是,纳入诚信档案并非简单的道义谴责。实际上,自 2016 年 5 月 30 日国务院印发《关于建立完善守信联合激励和失信联合惩戒制度加快推进社会诚信建设的指导意见》,要求构建政府、社会共同参与的跨地区、跨部门、跨领域的守信联合激励和失信联合惩戒机制以来,发展改革委、中国人民银行、证监会等已联合发布多领域的失信联合惩戒机制,这让实施违法违规行为的市场主体除了要承担本法规定的法律责任外,还将面临社会信用评价的降低、遭受失信联合惩戒的严厉惩罚,即在生产经营甚至日常生活等方面都面临阻碍。此举可切实促进市场主体依法诚信经营,维护市场正常秩序,营造诚实守信的社会环境。证券期货市场对诚信的要求格外突出,为推进证券期货市场的诚信建设,提高证券期货市场的诚信水平,证监会于 2018 年专门发布实施《证券期货市场诚信监督管理办法》,并建立了全国统一的“证券期货市场诚信档案数据库”,以加强对证券期货市场的诚信监管,提高证券期货市场的诚信水平。

第一百一十四条　国务院期货监督管理机构依法履行职责,发现期货违法行为涉嫌犯罪的,应当依法将案件移送司法机关处理;发现公职人员涉嫌职务违法或者职务犯罪的,应当依法移送监察机关处理。

【释义】 本条是关于涉嫌期货犯罪、职务违法或犯罪的移送处理的规定。

一、涉嫌期货犯罪依法移送司法机关处理

《行政处罚法》第8条第2款规定，违法行为构成犯罪，应当依法追究刑事责任的，不得以行政处罚代替刑事处罚。第27条规定，违法行为涉嫌犯罪的，行政机关应当及时将案件移送司法机关，依法追究刑事责任；行政处罚实施机关与司法机关之间应当加强协调配合，建立健全案件移送制度，加强证据材料移交、接收衔接，完善案件处理信息通报机制。据此，本条作出相应规定，目的在于要求国务院期货监督管理机构在查处期货违法案件时，严格依法办案。对于涉嫌犯罪的案件，应当依法由有关的司法机关处理，构成犯罪的，由人民法院依法判处刑罚，而不能由国务院期货监督管理机构以罚代刑，以维护国家法律的尊严。

国务院期货监督管理机构依法对全国期货市场实行集中统一监督管理。根据本法第105条的规定，对期货违法行为进行查处，是国务院期货监督管理机构在对期货市场实施监督管理中依法履行的职责之一。在对期货违法行为查处过程中，发现期货违法行为涉嫌犯罪的，应当及时移送到有关的司法机关进行处理。本条中的"涉嫌犯罪"，是指根据已有证据，能够初步认定期货违法行为可能构成《刑法》规定的犯罪构成要件。涉嫌期货犯罪的案件，应当移送公安机关，由公安机关立案侦查，如《刑法》第174条规定的"擅自设立金融机构罪"、第180条规定的"内幕交易、泄露内幕信息罪"、第181条规定的"编造并传播证券、期货交易虚假信息罪"，等等。

二、发现公职人员涉嫌职务违法或者职务犯罪，依法移送监察机关处理

《监察法》第3条规定，各级监察委员会是行使国家监察职能的专责机关，依照本法对所有行使公权力的公职人员进行监察，调查职务违法和职务犯罪，开展廉政建设和反腐败工作，维护宪法和法律的尊严。第11条规定，监察委员会对涉嫌贪污贿赂、滥用职权、玩忽职守、权力寻租、利益输送、徇私舞弊以及浪费国家资财等职务违法和职务犯罪进行调查；对违法的公职人员依法作出政务处分决定；对履行职责不力、失职失责的领导人员进行问责；对涉嫌职务犯罪的，将调查结果移送人民检察院依法审查、提起公诉。

本法第108条规定，国务院期货监督管理机构的工作人员，应当依法办事，忠于职守，公正廉洁，保守国家秘密和有关当事人的商业秘密，不得利用

职务便利牟取不正当利益。本条的公职人员既包括国务院期货监督管理机构的公职人员，也包括其他机关的公职人员。本条正是与《监察法》上述规定相衔接，国务院期货监督管理机构依法履行职责，发现公职人员涉嫌职务违法或者职务犯罪的，应当依照《监察法》等法律规定移送监察机关处理，如《刑法》第382条规定的"贪污罪"、第385条规定的"受贿罪"、第397条规定的"滥用职权罪、玩忽职守罪"，等等。

第一百一十五条　国务院期货监督管理机构应当建立健全期货市场监测监控制度，通过专门机构加强保证金安全存管监控。

【释义】　本条是关于建立健全期货市场监测监控制度的规定。

一、关于期货市场监测监控制度

期货市场是管理风险的市场，期货交易本身也具有杠杆高、价格波动大的特点，强化监管机构防范系统性风险职责，要求其建立健全期货市场监控监测制度。本法第105条规定，监测监控并防范、处置期货市场风险是国务院期货监督管理机构依法对期货市场实行监督管理的重要职责之一。期货市场的监管重点是打击市场操纵、防止价格扭曲、杜绝内幕交易和市场欺诈等。根据本法的相关规定，国务院期货监督管理机构（本法第105条）、期货交易场所（本法第85条）、期货结算机构（本法第95条）等都负有监测监控期货市场的职责，但各有侧重。期货业协会也通过对会员的自律管理等途径及时发现风险、监测风险（本法第104条）。我国台湾地区期货交易相关规定也指出，主管机关为保障公益及维护市场秩序，应制定市场监视准则，同时分别规定期货交易所、期货结算机构应于其业务规则中规定对"期货交易市场之监视"，并明确在发现期货交易异常后应当采取的措施。

经过30多年的实践，我国期货市场已经全面构筑起由证监会、证监会各地派出机构、期货交易所、中国期货市场监控中心和中国期货业协会共同组成的"五位一体"协作监管体系，对期货市场进行监测监控。

二、关于专门机构加强保证金安全存管监控

期货保证金的安全存管是期货市场健康发展的前提，是期货经营机构规范运营的基石。本条规定,通过专门机构负责保证金的安全存管监控。这一规定,肯定了我国多年来期货市场监管探索的创新成果,将我国期货市场借鉴国际经验、立足国情的实践内容进行了制度化安排,将保证金安全存管监控上升至法律层面。

2006年,齐鲁期货经纪有限公司挪用资金一案,暴露了当时期货市场保证金安全管理问题存在的巨大漏洞。该案直接促使期货保证金安全存管监控机构——中国期货保证金监控中心成立(2006年,经国务院同意,证监会批准成立,2015年4月更名为中国期货市场监控中心),具体负责期货市场监控监测工作,将期货市场的客户资金全部纳入监控范围,以防范此类事件的再次发生。期货保证金安全监控是期货市场监控中心的监控措施之一,监控中心通过比对期货公司、交易场所、资金存管银行三方的资金划付、交易阶段等信息,对客户保证金实行每日稽核。这一制度的建立,有效根治了我国期货公司长期以来挪用客户保证金"屡禁不止"的顽症。2008年,证监会又扩大授权范围,要求该机构除监测监控保证金外,还需要对整个市场交易运行进行监测监控。

多年来,期货市场监控中心利用信息技术,通过交易的各个环节,收集了全市场资金、交易结算,中介机构财务、业务,交易商场外交易等数据,构建起了跨市场、跨机构、跨场内外衍生品交易的"大数据"平台。它在保护交易者资金安全、及时发现市场风险隐患、提前捕捉市场操纵苗头、发出风险预警报告等方面,为监管机构采取有针对性措施,及时化解市场风险起到了不可替代的作用。《期货公司保证金封闭管理办法》中规定,中国期货市场监控中心依照该办法对期货公司保证金封闭管理实施监控。国际证监会组织多次在国际会议上向成员国推荐中国这套做法。经过多年实践证明,中国期货市场监控中心在保证金安全存管监控、补足期货市场监测监控体系方面作了突出贡献,能够及时发现各种占用、挪用交易者保证金的异常情况,较好地保护了交易者保证金的安全。

第一百一十六条　为防范交易及结算的风险,期货经营机构、期货交易场所、期货结算机构和非期货经营机构结算参与人应当从业务收入中按照国务院期货监督管理机构、国务院财政部门的规定提取、管理和使用风险准备金。

【释义】 本条是关于风险准备金的规定。

期货市场是一个高风险的市场,而风险准备金制度则是期货市场风险管理制度的重要内容之一。期货交易场所、期货结算机构负有保证所有期货交易及结算正常进行的职责;期货经营机构和非期货经营机构结算参与人则对交易者负有保证其期货交易及结算正常进行的责任。为了防止由于期货经营机构或非期货经营机构结算参与人以及交易者违约而影响结算的正常进行,期货经营机构、期货交易场所、期货结算机构和非期货经营机构结算参与人都必须拥有一定数量的稳定的资金作为财务担保,用于前述主体出现违约情形时及时弥补损失,保证期货结算得以继续正常进行。我国台湾地区期货交易相关规定也规定了具有类似功能的交割结算基金。如期货结算机构应于其业务规则中,规定交割结算基金之缴存、保管及运用。期货结算机构在其会员不履行结算交割义务时,按照规定使用违约期货结算会员的交割结算基金,以及其他期货结算会员的交割结算基金。

需要注意的是,本条规定的风险准备金具有以下特征:一是风险准备金是法定风险准备金,而非任意准备金,期货经营机构、期货交易场所、期货结算机构和非期货经营机构结算参与人必须依法提取,这是其法定义务。二是风险准备金必须从期货经营机构、期货交易场所、期货结算机构和非期货经营机构结算参与人的业务收入中提取。三是风险准备金必须依法使用。如根据本法第 42 条第 1 款的规定,结算参与人在结算过程中违约的,期货结算机构可以按照业务规则动用风险准备金完成结算,但不得将风险准备金违法挪作他用。四是风险准备金的提取、管理和使用关系到期货市场整体的风险承受和化解能力,也关系到资金的合理负担和使用,应按照国务院期货监督管理机构、国务院财政部门的规定提取、管理和使用。如未按照规定提取、管理和使用风险准备金,还应按照本法第 143 条的规定承担相应法律责任。

第一百一十七条　期货经营机构、期货交易场所、期货结算机构、期货服务机构和非期货经营机构结算参与人等应当按照规定妥善保存与业务经营相关的资料和信息,任何人不得泄露、隐匿、伪造、篡改或者毁损。期货经营机构、期货交易场所、期货结算机构和非期货经营机构结算参与人的信息和资料的保存期限不得少于二十年;期货服务机构的信息和资料的保存期限不得少于十年。

【释义】 本条是关于期货经营机构、期货交易场所、期货结算机构、期货服务机构和非期货经营机构结算参与人等主体信息资料保存义务的规定。

一、与业务经营相关的资料和信息

本条规定的期货经营机构、期货交易场所等主体都有各自的,与其业务经营相关的资料和信息。如期货经营机构主要是交易者或客户的开户资料、委托记录、交易记录、内控制度等信息资料;期货结算机构主要是登记、存管和结算相关信息资料;期货服务机构主要是客户委托文件、核查和验证资料、工作底稿以及与质量控制、内部管理、业务经营有关的信息资料。需要注意的是,本条规定的"按照规定"中的"规定"不仅包括本法相关要求,还包括其他相关法律、行政法规、规章、规范性文件等规则的要求。期货经营机构、期货交易场所、期货结算机构、期货服务机构和非期货经营机构结算参与人等应按照规定妥善保存与业务经营相关的资料和信息。

二、任何人不得泄露、隐匿、伪造、篡改或者毁损

对于相关主体保存的与业务经营相关的资料和信息,任何人不得泄露、隐匿、伪造、篡改或者毁损。泄露,是指除依法规定需要告知监管机构或司法机关的外,让第三人知道相关资料和信息;隐匿,是指将资料和信息隐藏起来;伪造,是指有意制作虚假资料和信息的行为;篡改,是指将原始的真实资料和信息用各种方式予以改动;毁损,是指将资料和信息等予以毁灭或损坏。

三、有关信息的保存期限

根据期货市场的实际情况和相关信息资料的重要程度,本法对不同主体的信息和资料保存的时间予以明确,避免"一刀切",而给市场主体增加不必要的负担。具体而言,期货经营机构、期货交易场所、期货结算机构和非期货经营机构结算参与人的信息和资料保存时限为不得少于 20 年,期货服务机构的信息和资料保存时限为不得少于 10 年。对于前述主体之外的主体,属于"期货经营机构、期货交易场所、期货结算机构、期货服务机构和非期货经营机构结算参与人等应当按照规定妥善保存与业务经营相关的资料和信息”中的“等”字的表述范围,应当符合有关规定要求的保存期限。

妥善保存与业务经营相关的资料和信息,是有关主体的法定义务,未按照本条规定履行保管义务的,应当承担相应的法律责任。根据第 144 条规定,期货经营机构、期货交易场所、期货结算机构、期货服务机构和非期货经营机构结算参与人等未按照规定妥善保存与业务经营相关的资料和信息的,责令改正,给予警告,并处以 10 万元以上 100 万元以下的罚款;泄露、隐匿、伪造、篡改或者毁损有关文件资料的,责令改正,给予警告,并处以 20 万元以上 200 万元以下的罚款;情节严重的,处以 50 万元以上 500 万元以下的罚款,并暂停、吊销相关业务许可或者禁止从事相关业务。对直接负责的主管人员和其他直接责任人员给予警告,并处以 10 万元以上 100 万元以下的罚款。

第十一章　跨境交易与监管协作

第一百一十八条　境外期货交易场所向境内单位或者个人提供直接接入该交易场所交易系统进行交易服务的，应当向国务院期货监督管理机构申请注册，接受国务院期货监督管理机构的监督管理，国务院期货监督管理机构另有规定的除外。

【释义】　本条是关于境外期货交易场所注册并接受监管的规定。

随着我国期货市场不断对外开放，期货交易者走出去，参与境外期货交易的需求日益增加，但期货交易者走出去后，能否得到期货交易场所和期货经营机构的公平对待，合法权益能否得到境外期货监管机构的一体保护，其权益受到侵犯后能否得到充分救济，成为期货市场高水平对外开放必须要解决的重要问题。为了确保期货交易者参与境外期货交易也能得到相当于国内监管水平的同等保护，本法明确了跨境交易行为规范。

针对境外期货交易场所，本条总结了期货市场对外开放的实践安排，参考了境外期货市场的监管经验，要求"境外期货交易场所向境内单位或者个人提供直接接入该交易场所交易系统进行交易服务的，应当向国务院期货监督管理机构申请注册，接受国务院期货监督管理机构的监督管理"。

一是境外的期货交易场所是指已经境外期货监督管理机构依据其国内法律设立，组织开展期货交易，并受到境外期货监督管理机构有效监管的场所。非法设立或者违法经营的期货交易场所不符合这一规定。

二是境内的单位或者个人是触发注册的重要条件。"境内单位或者个人"的具体范围，可由监管机构根据监管实际需要进一步予以明确。如美国期监会规定的美国人包括：(1)居住在美国的自然人；(2)依据美国法律组织、注册为公司的或者设立的合伙、公司、信托、投资实体或者其他法人，或者其主要商业场所在美国的合伙、公司、信托、投资实体或者其他法人；

(3)美国人的账户(无论该人是否拥有决策权);(4)已故自然人的财产,只要该自然人在死亡时仍然是美国居民。

三是"直接接入"。美国《商品交易法》规定,"直接接入系指外国交易场所明确授权其位于美国境内的具体会员或其他参与者直接进入该外国交易场所的交易匹配系统进行交易"。直接接入至少可以分为以下情形:(1)境外交易场所吸收境内的期货经营机构作为其交易会员;(2)境外交易场所虽未吸收境内的期货经营机构作为其会员,但授予其直接入场自营交易和/或代客交易的权限;(3)境外期货交易场所授权境内主体直接入场自营交易的权限。

四是国务院期货监督管理机构可以另作规定。例如,境外期货交易场所受到全面的监管,与境内的监管具有可比性,也就是说,境外期货交易场所可以实现替代合规,国务院期货监督管理机构可以自由裁量,豁免该境外期货交易场所申请注册的义务。

第一百一十九条　境外期货交易场所上市的期货合约、期权合约和衍生品合约,以境内期货交易场所上市的合约价格进行挂钩结算的,应当符合国务院期货监督管理机构的规定。

【释义】　本条是关于期货交易结算价授权的规定。

期货交易的结算价授权是境内期货市场扩大对外开放的新的重要渠道,也是境内外期货市场合作交流的重要方式。2020年9月18日,上海期货交易所和挪威浆纸交易所签约发布纸浆期货交割结算价授权协议,挪威浆纸交易所于9月21日挂牌上市基于上海期货交易所纸浆期货交割结算价的交易合约。挪威浆纸交易所上市的合约以美元计价,使用上海期货交易所形成的纸浆合约价格,进行现金价差交割结算。同时,境外也有一些期货交易场所非法使用境内期货交易的合约价格进行交割结算的情形。为此,本法要求,"境外期货交易场所上市的期货合约、期权合约和衍生品合约,以境内期货交易场所上市的合约价格进行挂钩结算的,应当符合国务院期货监督管理机构的规定"。

一是境外的期货交易场所是指已经境外期货监督管理机构依据其国内法律批准设立,组织开展期货交易,并受到境外期货监督管理机构有效监管的场所。非法设立或者违法经营的期货交易场所不符合这一规定。考虑到衍生品合约可能不一定是在期货交易场所上市挂牌交易,如果是境外组织开展衍生品交易的场所挂牌上市衍生品合约,以“境内期货交易场所上市的合约价格进行挂钩结算的”,也应当符合国务院期货监督管理机构的规定。

二是“以境内期货交易场所上市的合约价格进行挂钩结算的”情形目前包括两种:(1)以境内期货交易场所上市的合约价格进行每日结算;(2)以境内期货交易场所上市的合约价格进行最终交割结算。两种情形都应当遵守国务院期货监督管理机构的规定。

三是相关具体规则由国务院期货监督管理机构规定。

第一百二十条　境内单位或者个人从事境外期货交易,应当委托具有境外期货经纪业务资格的境内期货经营机构进行,国务院另有规定的除外。

境内期货经营机构转委托境外期货经营机构从事境外期货交易的,该境外期货经营机构应当向国务院期货监督管理机构申请注册,接受国务院期货监督管理机构的监督管理,国务院期货监督管理机构另有规定的除外。

【释义】　本条是关于境内主体直接从事境外期货交易的规定。

目前,我国境内普通单位或者个人可以通过合格境内机构投资者参与境外期货交易,一些获得从事境外期货交易资格的国有企业可以在遵守规定的前提下参与境外期货市场进行套期保值。本法在原有开放渠道的基础上,明确了境内单位或者个人直接参与境外期货交易的方式。

一、境内单位或者个人应当委托具有境外期货经纪业务资格的境内期货经营机构

为了充分保护境内单位或者个人的利益,避免境内单位或者个人参与境外期货交易受到境外不当损害,本条第 1 款要求境内单位或者个人应当委托具有境外期货经纪业务资格的境内期货经营机构。由于境内期货经营机构系中国法人,由国务院期货监督管理机构进行监督管理,通过有效规范境内期货经营机构的行为,可以有效实现保护境内单位或者个人合法权益的目的。境外期货经纪业务资格是本法第 63 条规定的经纪业务资格的子类。境内期货经营机构应当根据本法第63条等条款的规定,申请境外期货经纪业务资格,国务院期货监督管理机构可以对境外期货经纪业务资格实施差别化的准入条件和监管。

1998年国务院发布了《关于进一步整顿和规范期货市场的通知》,明确“对确需利用境外期货市场进行套期保值的少数进出口企业,由证监会会同国家经贸委、外经贸部等部门进行严格审核,报国务院批准后,颁发境外期货业务许可证”。据此,证监会联合相关部门发布了《关于申请境外期货业务有关问题的通知》。根据国务院的部署,30家左右的国有企业获得了境外期货业务许可证,并已经参与了境外期货交易。为此,本法授权国务院出台规定,豁免部分境内单位和个人进行期货交易“委托具有境外期货经纪业务资格的境内期货经营机构”的义务。

二、接受转委托的境外期货经营机构应当接受监管

考虑到境内期货经营机构可能难以获得境外期货交易场所的会员资格,需要转委托境外具有会员资格的期货经营机构,方可将期货交易指令下达至境外期货交易场所,该境外期货交易场所实际上接受和处理了境内单位或者个人的交易指令,系经营了经纪业务。为了有效保护境内单位或者个人的利益,本条第2款要求接受委托的境外期货经营机构应当向国务院期货监督管理机构申请获得业务资格,并接受国务院期货监督管理机构的监管。

同时,国务院期货监督管理机构可以另作规定。例如,境外期货经营机构受到的全面监管,与境内的监管具有可比性,也就是说,境外期货经营机构可以实现替代合规,国务院期货监督管理机构可以自由裁量,豁免该境外期货经营机构申请注册的义务。

第一百二十一条　境外期货交易场所在境内设立代表机构的,应当向国务院期货监督管理机构备案。

境外期货交易场所代表机构及其工作人员,不得从事或者变相从事任何经营活动。

【释义】 本条是关于境外期货交易场所在境内设立代表处的规定。

允许境外期货交易场所在境内设立代表机构是期货市场双向对外开放的重要举措,有利于深化境内单位或者个人对境外期货交易的了解和认识,有助于加强境内期货市场之间的合作和联系。本法对境外期货交易场所在华设立代表机构作出规范,允许境外期货交易场所在境内设立代表机构,并向国务院期货监督管理机构备案,接受监管。

结合现有监管实践,境外期货交易场所,包括境外期货交易场所、期货自动报价或者电子交易系统或者市场,以及国务院期货监督管理机构认定的其他境外交易所。而代表机构是指境外期货交易场所在中国境内依法设立并专门从事联络、调研等非营利性活动的常驻代表机构,以及国务院期货监督管理机构认定的其他代表机构。

目前,代表机构及其工作人员可面向机构或者企业进行市场介绍。市场介绍是指代表处及其工作人员对机构或者企业举办的培训、会议、座谈等非营利性活动。代表处举办面向机构或者企业的市场介绍,应当在活动结束后 5 个工作日内向国务院期货监督管理机构报送相关信息。

考虑到境外期货交易场所驻华代表机构没有取得经营期货业务的资格,也没有获得批准期货交易场所和期货结算机构等业务牌照,本条第 2 款禁止其从事任何经营活动。经营活动包括向境内单位或者个人提供交易直接接入服务;通过境外交易所会员等机构以任何形式向境内单位或者个人提供交易服务以及其他法律、法规规定的禁止性活动;涉及具体产品的活动;介绍开户、交易方式、交易费用等具有交易导向的内容;提出或者接受买卖任何证券、期货合约和其他金融产品的要约。

第一百二十二条　境外机构在境内从事期货市场营销、推介及招揽活动,应当经国务院期货监督管理机构批准,适用本法的相关规定。

境内机构为境外机构在境内从事期货市场营销、推介及招揽活动,应当经国务院期货监督管理机构批准。

任何单位或者个人不得从事违反前两款规定的期货市场营销、推介及招揽活动。

【释义】 本条是关于境外机构在境内开展期货营销、推介及招揽活动的规定。

一、营销、推介及招揽活动

营销是指发现或发掘潜在的期货交易需求，让期货交易者或者客户了解该产品进而购买该产品的过程。招揽是指招引期货交易者，使其接受服务或者购买金融产品。推介是指向潜在的期货交易者推荐介绍服务或者金融产品。营销、招揽、推介是期货业务及相关活动的必备环节。

二、境外机构

境外机构既包括已经境外监管机构依法批准设立并开展期货业务活动的期货经营机构，又包括境外监管机构依法批准设立并组织开展期货交易、结算交割的期货交易场所、期货结算机构，还包括经营商品基金的基金管理人、经营衍生品交易业务的金融机构、组织开展衍生品交易的交易场所等，但不包括非法设立的期货交易场所、期货结算机构、期货经营机构等。

三、适用本法的相关规定

本法对各类业务的展业进行了规定，明确了准入门槛和行为规范，并授权国务院期货监督管理机构出台具体的监管规定。为了保护境内单位或者个人的合法权益，境外机构在境内从事期货市场营销、推介及招揽活动，应当经国务院期货监督管理机构批准，并一体遵守这些规定，确保境内外机构得到公平对待。例如，境外机构招揽境内单位或者个人，推介商品基金产品，应当适用期货资产管理的相关规定。境外机构向境内单位或者个人，提供期货交易建议，应当遵守期货交易咨询业务的规定。

四、境内机构、单位或者个人为境外机构在境内从事期货市场营销、推介及招揽活动

实践中，境外机构可能不直接从事期货市场营销、推介及招揽活动，而是通过委托、雇佣或者聘任等方式，由境内的机构、单位或者个人为其从事期货市场营销、推介及招揽活动，也可能在直接从事期货市场营销、推介及招揽活动的同时，并由境内的机构、单位或者个人为其从事期货市场营销、推介及招揽活动。从法律逻辑上说，不论任何人从事营销、推介及招揽活动都涉及期货业务及相关活动的经营，均应当获得批准。为此，本条要求境内机构为境外机构在境内从事期货市场营销、推介及招揽活动，应当经国务院

期货监督管理机构批准,并禁止从事违反本条前两款规定的期货市场营销、推介及招揽活动。

第一百二十三条　国务院期货监督管理机构可以和境外期货监督管理机构建立监督管理合作机制,或者加入国际组织,实施跨境监督管理。

国务院期货监督管理机构应境外期货监督管理机构请求提供协助的,应当遵循国家法律、法规的规定和对等互惠的原则,不得泄露国家秘密,不得损害国家利益和社会公共利益。

【释义】　本条是关于跨境监管合作原则的规定。

随着资本市场不断全球化,跨境资金流动和期货交易越来越频繁,规模越来越大,势必要求各个国家和地区加强监管合作,加强信息交换,规范跨境交易和跨境展业行为,打击跨境违法违规行为,处置跨境风险,保护交易者的合法权益。同时,按照党中央决策部署,期货市场持续进行扩大对外开放,也需要加强与境外期货监管机构的合作。为此,本条对跨境监管合作原则作了规定。

本条第1款原则授权国务院期货监督管理机构可以实施跨境监督管理,授权国务院期货监督管理机构可以和境外期货监督管理机构建立监督管理合作机制,或者加入国际组织。一般来说,跨境监管合作的内容包括信息交换、技术合作和协助调查等事项。目前,证监会已经与全球主要期货市场和衍生品市场的监督管理机构建立了监管合作机制,并已经加入国际证监会组织,签署了《磋商、合作及信息交换多边谅解备忘录》。

本条第2款规定了国务院期货监督管理机构应境外期货监督管理机构请求提供协助的一般原则:(1)应当遵循国家法律、法规的规定;(2)对等互惠的原则;(3)不得泄露国家秘密;(4)不得损害国家利益和社会公共利益。其中,遵循国家法律、法规的规定,不得泄露国家秘密,不得损害国家利益和社会公共利益是国际证监会组织《磋商、合作及信息交换多边谅解备忘录》中明确指明的监管机构可以拒绝协助的理由。

对等原则是指境外监管机构对国务院期货监督管理机构的请求协助采取限制或者歧视性措施时,国务院期货监督管理机构可以采取对等限制的措施。而互惠原则是指境外期货监督管理机构与国务院期货监督管理机构在请求协助事宜方面互相给予某种权利或利益。

第一百二十四条　国务院期货监督管理机构可以按照与境外期货监督管理机构达成的监管合作安排，接受境外期货监督管理机构的请求，依照本法规定的职责和程序为其进行调查取证。境外期货监督管理机构应当提供有关案件材料，并说明其正在就被调查当事人涉嫌违反请求方当地期货法律法规的行为进行调查。境外期货监督管理机构不得在中华人民共和国境内直接进行调查取证等活动。

未经国务院期货监督管理机构和国务院有关主管部门同意，任何单位和个人不得擅自向境外监督管理机构提供与期货业务活动有关的文件和资料。

国务院期货监督管理机构可以依照与境外期货监督管理机构达成的监管合作安排，请求境外期货监督管理机构进行调查取证。

【释义】　本条是关于跨境调查取证的规定。

一、境外机构请求国务院期货监督管理机构调查取证

本条第1款明确了境外监管机构请求国务院期货监督管理机构调查取证的具体程序和条件。考虑到调查取证执法活动涉及国家主权完整和国家尊严，因此，本法禁止境外期货监督管理机构在中华人民共和国境内直接进行调查取证等活动。也就是说，境外监管机构跨境调查举证仅能通过监管合作的方式实现。

一是境外监管机构应当与国务院期货监督管理机构达成监管合作安排，监管合作安排可能是双边的，也可能是多边的。

二是境外监管机构应当提供案件资料，说明其正在就被调查当事人涉嫌违反当地期货法律法规的行为进行调查，且通常应当以书面的形式提出。根据国际证监会组织《磋商、合作及信息交换多边谅解备忘录》的规定，协助请求应当包括以下信息：(1)描述该请求涉及的调查事宜以及寻求协助的目的；(2)描述请求方所寻求的协助以及所寻求的信息有用的原因；(3)请求方所知道或掌握的任何信息，该信息可能有助于被请求方查明掌握所需信息或文件的人或者可能获取这些信息的地点；(4)出于调查的考虑，在收集信息时需要采取的特别预防措施，包括信息的敏感性；(5)可能已经违反的法律法规，以及与该请求相关的法律法规。

三是国务院期货监督管理机构依照本法规定的职责和程序为其进行调查取证。

四是保密。在协助调查过程中，通常会约定保密条款。根据国际证监会组织《磋商、合作及信息交换多边谅解备忘录》的规定，请求方和被请求方都应当遵守保密条款。被请求方提供的资料和信息，请求方除征得被请求方事先同意外，仅能将非公开信息用于协助请求中列明的目的，包括确保与该请求有关的法律法规的遵守，不得向第三方或者公众披露；被请求方也应当为请求方的请求事项保密，但若执行请求过程中需要披露，被请求方在与请求方磋商后，可以公开披露请求方提出请求的情况。

五是费用。通常来说，被请求方可以要求请求方提供必要的补偿或者支付一定的费用，弥补行政开支。

二、国务院期货监督管理机构请求境外监管机构调查取证

本法第 2 条规定了法律境外适用效力，明确打击扰乱境内市场秩序、损害境内交易者合法权益的境外违法行为。本条第 3 款授权国务院期货监督管理机构可以作为请求方，依照与境外期货监督管理机构达成的监管合作安排，请求境外期货监督管理机构进行调查取证。2017 年，证监会请求我国香港证券及期货事务监察委员会提供协助，成功查处了唐某博跨境操纵“小商品城”案，以及唐某博、唐某子操纵市场案。

除跨境调查取证外，监管合作还包括其他内容。例如，国务院期货监督管理机构还可以依据签署的双边或者多边监管合作安排，请求境外监管机构提供日常监管过程中的信息。

三、禁止单位和个人擅自向境外监督管理机构提供与期货业务活动有关的文件和资料

由于跨境调查取证和期货市场监督管理涉及国家主权，如允许单位和个人直接向境外监管机构提供与期货业务活动有关的文件和资料，势必损害国家利益和社会公共利益，违反境内的法律法规。并且，本法第 123 条和本条第 1 款已经明确了境外监管机构获取境内相关信息的渠道，同时，《数据安全法》第 36 条中规定，“非经中华人民共和国主管机关批准，境内的组

织、个人不得向外国司法或者执法机构提供存储于中华人民共和国境内的数据”。因此,本条第2款原则上禁止擅自向境外监督管理机构提供与期货业务活动有关的文件和资料。

其中,任何单位和个人不仅包括参与境内交易的交易者,还包括在境内开展业务的期货经营机构及其关联人。有关的文件和资料不仅包括用于调查执法的相关信息和材料,还包括用于日常监管的相关信息和材料。值得注意的是,如果境内主体依法参与境外期货交易,或者境内的交易场所已经国务院期货监督管理机构同意在境外注册,则可以按照监管安排依法提供相关信息和资料。

第十二章 法律责任

第一百二十五条 违反本法第十二条的规定，操纵期货市场或者衍生品市场的，责令改正，没收违法所得，并处以违法所得一倍以上十倍以下的罚款；没有违法所得或者违法所得不足一百万元的，处以一百万元以上一千万元以下的罚款。单位操纵市场的，还应当对直接负责的主管人员和其他直接责任人员给予警告，并处以五十万元以上五百万元以下的罚款。

操纵市场行为给交易者造成损失的，应当依法承担赔偿责任。

【释义】 本条是关于操纵期货市场或者衍生品市场的法律责任的规定。

一、禁止操纵期货市场或者衍生品市场

操纵市场，是指个人或者机构背离市场自由竞争和供求关系原则，人为地操纵期货交易或者衍生品交易价格，或者制造期货交易或者衍生品交易的虚假价格或者交易量，以引诱他人参与期货交易或者衍生品交易，为自己牟取不正当利益或者转嫁交易风险的行为。在期货市场或衍生品市场上，由供求关系自然形成的价格是正常的，而操纵交易价格的行为却人为地扭曲了市场的正常价格。操纵期货市场或者衍生品市场的行为对市场秩序造成极大危害，必须严格禁止。

本法第 12 条第 1 款明确规定，任何单位和个人不得操纵期货市场或者衍生品市场。同时，该条第 2 款在总结实践经验的基础上，对操纵期货市场的具体行为进行了列举，具体包括以下几种行为：(1) 单独或者合谋，集中资金优势、持仓优势或者利用信息优势联合或者连续买卖合约；(2) 与他人串通，以事先约定的时间、价格和方式相互进行期货交易；(3) 在自己实际控制的账户之间进行期货交易；(4) 利用虚假或者不确定的重大信息，诱导

交易者进行期货交易；(5)不以成交为目的，频繁或者大量申报并撤销申报；(6)对相关期货交易或者合约标的物的交易作出公开评价、预测或者投资建议，并进行反向操作或者相关操作；(7)为影响期货市场行情囤积现货；(8)在交割月或者临近交割月，利用不正当手段规避持仓限额，形成持仓优势；(9)利用在相关市场的活动操纵期货市场；(10)操纵期货市场的其他手段。这些行为都是法律明令禁止的。

二、操纵期货市场或者衍生品市场行为的法律责任

禁止操纵期货市场或者衍生品市场是我国期货市场和衍生品市场规范化建设的一个重要内容，也是我国期货市场和衍生品市场健康发展的客观需要。依法从严惩处操纵期货市场或者衍生品市场行为，对于防止期货市场和衍生品市场出现过度投机现象，保证广大交易者的合法利益，都具有十分重要的意义。操纵期货市场或者衍生品市场是一种严重的违法行为，依法应当承担相应的法律责任。依据本条规定，违反本法第12条的规定，操纵期货市场或者衍生品市场的，责令改正，没收违法所得，并处以违法所得1倍以上10倍以下的罚款；没有违法所得或者违法所得不足100万元的，处以100万元以上1000万元以下的罚款。单位操纵市场的，还应当对直接负责的主管人员和其他直接责任人员给予警告，并处以50万元以上500万元以下的罚款。操纵市场行为给交易者造成损失的，应当依法承担赔偿责任。

对这一规定可以作如下理解：责令改正并不是《行政处罚法》中规定的行政处罚种类，而是行政机关实施行政处罚时采取的一种行政措施，即《行政处罚法》第28条中规定的“行政机关实施行政处罚时，应当责令当事人改正或者限期改正违法行为”。根据这一规定，对操纵期货市场或者衍生品市场的违法行为，执法机关首先必须责令行为人改正违法行为。同时，违法行为人还要承担以下法律责任：

(1)没收违法所得。没收违法所得，是指行政机关根据法律、法规的规定，将当事人的非法所得强制无偿收归国有的一种行政处罚。本法所称违法所得，是指违法行为人通过实施本法规定的违法行为而获得的金钱收入或其他财物。根据本条规定，通过操纵期货市场或者衍生品市场获得的违法所得应当予以没收。

（2）罚款。罚款是指行政机关依法强制违反行政管理秩序的公民、法人或者其他组织缴纳一定数量的货币的一种行政处罚，是一种财产罚。本条规定的罚款，是一种“并处”的处罚，即只要行为人有本条规定的违法行为，就要对其处以罚款的行政处罚。具体数额是违法所得1倍以上10倍以下；如果没有违法所得或者违法所得不足100万元，则直接处以100万元以上1000万元以下的罚款。

单位操纵市场的，除了追究单位的责任外，对直接负责的主管人员和其他直接责任人员也要追究个人责任，具体包括：（1）给予警告。警告是《行政处罚法》第9条规定的行政处罚的一种。这里是指由期货监督管理机构对具有操纵期货市场或者衍生品市场违法行为的单位的直接负责的主管人员和其他直接责任人员提出告诫，使其认识自己违法所在和如何改正的一种行政处罚，属于申诫罚。（2）罚款。具体数额是50万元以上500万元以下。这里的“直接负责的主管人员”，是指在单位违法行为中负有直接领导责任的人员，包括违法行为的决策人，事后对单位违法行为予以认可和支持的领导人员，以及由于疏于管理或者放任因而对单位违法行为负有不可推卸责任的领导人员；“其他直接责任人员”是指直接实施单位违法行为的人员。之所以规定对直接负责的主管人员和其他责任人员予以处罚，是因为单位违法行为是通过自然人来具体实现的，为有效防止单位违法，除了必须追究单位责任外，负有重大责任的直接负责的主管人员和其他责任人员也应当承担相应的责任。

此外，本条第2款规定了相应的民事责任，即操纵市场行为给交易者造成损失的，应当依法承担赔偿责任，对受害交易者的损失予以弥补。

第一百二十六条　违反本法第十三条的规定从事内幕交易的，责令改正，没收违法所得，并处以违法所得一倍以上十倍以下的罚款；没有违法所得或者违法所得不足五十万元的，处以五十万元以上五百万元以下的罚款。单位从事内幕交易的，还应当对直接负责的主管人员和其他直接责任人员给予警告，并处以二十万元以上二百万元以下的罚款。

国务院期货监督管理机构、国务院授权的部门、期货交易场所、期货结算机构的工作人员从事内幕交易的，从重处罚。

内幕交易行为给交易者造成损失的，应当依法承担赔偿责任。

【释义】 本条是关于内幕交易行为的法律责任的规定。

期货市场和衍生品市场是对信息高度依赖的市场，利用内幕信息进行交易，可能损害在资金、信息等方面处于劣势地位的交易者的利益，扰乱市场秩序，属于典型的违法行为，应当依法予以严惩。

一、法律禁止内幕交易行为

本法第13条明确规定，期货交易和衍生品交易的内幕信息的知情人和非法获取内幕信息的人，在内幕信息公开前不得从事相关期货交易或者衍生品交易，明示、暗示他人从事与内幕信息有关的期货交易或者衍生品交易，或者泄露内幕信息。

根据本法第14条的规定，本法所称内幕信息，是指可能对期货交易或者衍生品交易的交易价格产生重大影响的尚未公开的信息。期货交易的内幕信息包括：(1)国务院期货监督管理机构以及其他相关部门正在制定或者尚未发布的对期货交易价格可能产生重大影响的政策、信息或者数据；(2)期货交易场所、期货结算机构作出的可能对期货交易价格产生重大影响的决定；(3)期货交易场所会员、交易者的资金和交易动向；(4)相关市场中的重大异常交易信息；(5)国务院期货监督管理机构规定的对期货交易价格有重大影响的其他信息。

根据本法第15条的规定，"内幕信息的知情人"是指由于经营地位、管理地位、监督地位或者职务便利等，能够接触或者获得内幕信息的单位和个人。期货交易的内幕信息的知情人包括：(1)期货经营机构、期货交易场所、期货结算机构、期货服务机构的有关人员；(2)国务院期货监督管理机构和其他有关部门的工作人员；(3)国务院期货监督管理机构规定的可以获取内幕信息的其他单位和个人。"非法获取内幕信息的人"，主要是指利用骗取、套取、偷听、监听或者私下交易等手段获取期货交易或者衍生品交易内幕信息的人员。

二、内幕交易行为的法律责任

按照本条第1款的规定，期货交易和衍生品交易的内幕信息的知情人和非法获取内幕信息的人，在内幕信息公开前从事相关期货交易或者衍生品交易，明示、暗示他人从事与内幕信息有关的期货交易或者衍生品交易，或者泄露内幕信息的,责令改正,没收违法所得,并处以违法所得 1 倍以上 10 倍以下的罚款;没有违法所得或者违法所得不足 50 万元的,处以 50 万元以上 500 万元以下的罚款。如果单位从事内幕交易的,还应当对直接负责的主管人员和其他直接责任人员给予警告,并处以 20 万元以上 200 万元以下的罚款。

本条第 2 款规定,国务院期货监督管理机构、国务院授权的部门、期货交易场所、期货结算机构的工作人员从事内幕交易的,从重处罚。这样规定,主要是考虑到上述机构、场所的工作人员通常是以期货交易或者衍生品交易的监督者、组织者身份出现的,地位特殊,也容易掌握内幕信息,且负有保密义务。如果这些工作人员利用自己的职务便利从事内幕交易牟取非法利益,知法犯法,将会给期货市场或者衍生品市场带来更为严重的危害,性质恶劣、影响极坏,甚至可能动摇社会大众对期货市场或者衍生品市场的信心。因此,本法对国务院期货监督管理机构、国务院授权的部门、期货交易场所、期货结算机构的工作人员从事内幕交易,规定了更为严厉的处罚,即在本条第 1 款规定处罚的法定幅度内,对其适用相对较重的处罚。

此外,本条第 3 款规定了相应的民事责任,即内幕交易行为给交易者造成损失的,应当依法承担赔偿责任,对受害交易者的损失予以弥补。

第一百二十七条　违反本法第十六条第一款、第三款的规定,编造、传播虚假信息或者误导性信息,扰乱期货市场、衍生品市场的,没收违法所得,并处以违法所得一倍以上十倍以下的罚款;没有违法所得或者违法所得不足二十万元的,处以二十万元以上二百万元以下的罚款。对直接负责的主管人员和其他直接责任人员给予警告,并处以十万元以上一百万元以下的罚款。

违反本法第十六条第二款的规定,在期货交易、衍生品交易活动中作出虚假陈述或者信息误导的,责令改正,处以二十万元以上二百万元以下的罚款;属于国家工作人员的,还应当依法给予处分。

传播媒介及其从事期货市场、衍生品市场信息报道的工作人员违反本法第十六条第三款的规定,从事与其工作职责发生利益冲突的期货交易、衍生品交易的,没收违法所得,并处以违法所得一倍以下的罚款,没有违法所得或者违法所得不足十万元的,处以十万元以下的罚款。

编造、传播有关期货交易、衍生品交易的虚假信息，或者在期货交易、衍生品交易中作出信息误导，给交易者造成损失的，应当依法承担赔偿责任。

【释义】 本条是关于编造、传播扰乱市场的虚假信息或者误导性信息，在交易活动中作出虚假陈述或者信息误导行为，以及传播媒介及其从事期货市场、衍生品市场信息报道的工作人员从事与其工作职责发生利益冲突的期货交易、衍生品交易行为的法律责任的规定。

一、编造、传播扰乱期货市场、衍生品市场的虚假信息或者误导性信息

根据本法第16条第1款、第3款的规定，禁止任何单位和个人编造、传播虚假信息或者误导性信息，扰乱期货市场和衍生品市场。各种传播媒介传播期货市场和衍生品市场信息应当真实、客观，禁止误导。这是对编造、传播虚假信息或者误导性信息，扰乱期货市场和衍生品市场的禁止性规定。

虚假信息主要可以分为3类：一是正式文告中的虚假信息，此类不实信息隐蔽深、危害大；二是传播媒介、咨询机构及其从业人员在期货或衍生品评论方面的虚假信息，虚假的评论信息很容易误导交易者，危害不容忽视；三是一些机构和人员为操纵期货市场或者衍生品市场而蓄意散布的谣言。误导性信息，不但容易影响市场信心，也会对交易者的财富和利益产生影响，而且一旦形成一定范围的影响力，也容易引发市场的大幅波动，对国家宏观经济和金融资本市场的风险控制造成不良影响。

所谓"扰乱期货市场、衍生品市场"，通常是指虚假信息引起了期货交易和衍生品交易价格重大波动，或在交易者中引起了心理恐慌，大量卖出或者买进某个期货合约或衍生品工具，给交易者造成重大经济损失，或者造成恶劣社会影响等。至于如何认定编造、传播虚假信息或者误导性信息，扰乱期货市场和衍生品市场的行为，主要看行为人主观上是否有故意，即有无编造、传播虚假信息或者误导性信息扰乱期货市场、衍生品市场的目的，客观上是否实施了编造、传播扰乱期货市场、衍生品市场的虚假信息或者误导性信息的行为，至于行为人是否从中牟利，并不影响这一行为的成立。

根据本条第1款规定，任何单位和个人，违反本法第16条第1款、第3款的规定，编造、传播虚假信息或者误导性信息，扰乱期货市场、衍生品市场的,没收违法所得,并处以违法所得1倍以上10倍以下的罚款;没有违法所得或者违法所得不足20万元的,处以20万元以上200万元以下的罚款。对直接负责的主管人员和其他直接责任人员给予警告,并处以10万元以上100万元以下的罚款。

二、特定主体在期货交易、衍生品交易活动中作出虚假陈述或者信息误导

期货市场、衍生品市场的相关机构、场所及其从业人员,期货市场、衍生品市场监管机构、协会及其工作人员由于其工作职责和身份的特殊性,其作出虚假陈述或者信息误导,容易被市场和交易者信以为真,从而影响交易者的交易行为。一旦交易量达到一定规模或者产生某些有影响力的错误市场信号等,就会严重影响期货市场、衍生品市场的正常秩序,造成金融风险。因此,必须对特定主体的行为作出限制。本法第16条第2款即规定,禁止期货经营机构、期货交易场所、期货结算机构、期货服务机构及其从业人员,组织、开展衍生品交易的场所、机构及其从业人员,期货和衍生品行业协会、国务院期货监督管理机构、国务院授权的部门及其工作人员,在期货交易和衍生品交易及相关活动中作出虚假陈述或者信息误导。

对违反上述禁止性规定的单位和个人,本条第2款规定了相应的法律责任,即在期货交易、衍生品交易活动中作出虚假陈述或者信息误导的,责令改正,处以20万元以上200万元以下的罚款;属于国家工作人员的,还应当依法给予处分。也就是说,国家工作人员在期货交易、衍生品交易活动中作出虚假陈述或者信息误导的,除了依据本条规定,责令其改正,并处以20万元以上200万元以下的罚款外,还应当依据《公职人员政务处分法》、《监察法》和《公务员法》的有关规定给予处分。

三、传播媒介及其从事期货市场、衍生品市场信息报道的工作人员从事与其工作职责发生利益冲突的期货交易、衍生品交易

根据本法第16条第3款的规定,传播媒介及其从事期货市场和衍生品市场信息报道的工作人员不得从事与其工作职责发生利益冲突的期货交易和衍生品交易及相关活动。由于传播媒介及其从事期货市场、衍生品市场信息报道的工作人员,因为工作职责的关系,能够接触到大量信息和数据,也了解期货市场、衍生品市场运行的规律和交易者心理,一旦利用自己所掌握的信息,从事与工作职责发生利益冲突的期货交易、衍生品交易,将严重

影响期货市场、衍生品市场公平稳定，必须给予严厉的处罚。因此，本条第3款规定，传播媒介及其从事期货市场、衍生品市场信息报道的工作人员违反本法第16条第3款的规定，从事与其工作职责发生利益冲突的期货交易、衍生品交易的，没收违法所得，并处以违法所得1倍以下的罚款，没有违法所得或者违法所得不足10万元的，处以10万元以下的罚款。

此外，本条第4款还规定了民事赔偿责任，即编造、传播有关期货交易、衍生品交易的虚假信息，或者在期货交易、衍生品交易中作出信息误导，给交易者造成损失的，应当依法承担赔偿责任，对受害交易者的损失予以弥补。

第一百二十八条　违反本法第十八条第二款的规定，出借自己的期货账户或者借用他人的期货账户从事期货交易的，责令改正，给予警告，可以处五十万元以下的罚款。

【释义】 本条是关于违法出借自己的期货账户或者借用他人的期货账户从事期货交易的法律责任的规定。

期货账户专门记载交易者所持有的期货种类和数量，是交易者开展期货交易活动、期货监督管理机构以及政府有关部门对期货交易进行监督管理的基础，因此，本法对期货账户实名制作出了严格规定。本法第18条第1款明确规定，期货交易实行账户实名制；第2款明确规定，任何单位和个人不得违反规定，出借自己的期货账户或者借用他人的期货账户从事期货交易。这是对出借自己的期货账户或者借用他人的期货账户买卖期货的禁止性规定。需要注意的是，这里作了一个特殊限定，即“违反规定”出借自己的期货账户或者借用他人的期货账户从事期货交易，在原则禁止的同时，增加了“违反规定”的限定，交由国务院或者有关主管部门对如何区分合法和违法情形作进一步的细化规定。

对违反本法第18条第2款的规定，出借自己的期货账户或者借用他人的期货账户从事期货交易的单位和个人，根据本条规定，责令改正，给予警告，同时可以处50万元以下的罚款。这里的财产罚使用了“可以处”的表述，是否处50万元以下的罚款，应根据违法情节轻重、社会危害程度等作出具体判断。

第一百二十九条　违反本法第二十一条的规定，采取程序化交易影响期货交易场所系统安全或者正常交易秩序的，责令改正，并处以五十万元以上五百万元以下的罚款。对直接负责的主管人员和其他直接责任人员给予警告，并处以十万元以上一百万元以下的罚款。

【释义】　本条是关于违反规定采取程序化交易的法律责任的规定。

随着信息技术的飞速发展以及计算机技术在期货交易中的运用，期货的交易方式发生了重大变化，通过计算机程序自动生成或者下达交易指令进行程序化交易，已经成为非常普遍的现象。所谓程序化交易，目前在学术界和产业界并没有一个统一权威的定义，通常意义下的程序化交易是指通过既定程序或者特定软件，自动生成或执行交易指令的交易行为。一般是应用计算机和现代化网络系统，按照预先设置好的交易模型和规则，模型条件被触发的时候，由计算机瞬间完成组合交易指令，实现自动交易。目前境内外市场监管重点是程序化交易中的高频交易。高频交易具有频繁申报等特征，其在增加流动性的同时，在一定程度上产生助涨助跌的作用，特别是在期货市场大幅波动期间，对市场的影响更为明显，如果被人不当利用，依据编码交易规则（“算法”）发出交易指令，抢占先机，在各交易场所之间套利，故意影响期货交易场所的系统安全或者正常交易秩序，那么这种行为，不但对交易所的管理和正常运行造成严重威胁，也会侵害其他合法交易者的利益，法律对此应当有所规制。

因此，鉴于上述现象和原因，本法第 21 条规定，通过计算机程序自动生成或者下达交易指令进行程序化交易的，应当符合国务院期货监督管理机构的规定，并向期货交易场所报告，不得影响期货交易场所系统安全或者正常交易秩序。

本条是违反本法第 21 条规定的法律责任，即任何单位和个人如果有采取程序化交易影响期货交易场所系统安全或者正常交易秩序的行为，责令改正，并处以 50 万元以上 500 万元以下的罚款。对直接负责的主管人员和其他直接责任人员给予警告，并处以 10 万元以上 100 万元以下的罚款。

第一百三十条　违反本法第二十七条规定，未报告有关重大事项的，责令改正，给予警告，可以处一百万元以下的罚款。

【释义】 本条是关于期货交易场所会员和交易者未报告交易、持仓、保证金等重大事项的法律责任的规定。

本法第 27 条规定,期货交易场所会员和交易者应当按照国务院期货监督管理机构的规定,报告有关交易、持仓、保证金等重大事项。按照本条规定,未报告有关重大事项的,责令改正,给予警告,可以处 100 万元以下的罚款。这里的“责令改正”,是指责令未报告重大事项的期货交易场所会员或者交易者改正违法行为,即必须报告相关重大事项。这里的“警告”,是指对未报告重大事项的期货交易场所会员或者交易者提出告诫,使其认识到自己行为违法所在以及如何改正、将来不再重犯的一种行政处罚。这里的财产罚使用了“可以处”的表述,是否处 100 万元以下的罚款,应根据违法情节轻重、社会危害程度等作出具体判断。

第一百三十一条　法律、行政法规和国务院期货监督管理机构规定禁止参与期货交易的人员,违反本法第五十三条的规定,直接或者以化名、借他人名义参与期货交易的,责令改正,给予警告,没收违法所得,并处以五万元以上五十万元以下的罚款;属于国家工作人员的,还应当依法给予处分。

【释义】 本条是关于禁止参与期货交易的人员直接或者以化名、借他人名义参与期货交易行为的法律责任的规定。

期货市场上的各种信息,是交易者进行交易决策的依据,少数人利用其特殊地位或者机会获取内部信息,先行一步对市场作出反应,就有更多的获利机会,从而增加了其他交易者蒙受损失的可能,影响了期货市场的公平秩序。参与期货交易的期货经营机构、期货交易场所、期货结算机构的从业人员,国务院期货监督管理机构、期货业协会的工作人员,以及其他基于法定职责对期货交易进行管理的人员,由于其地位、职务等便利条件,有先于其他交易者获得相关信息的机会和可能。不允许上述人员直接或者以化名、借他人名义参与期货交易,目的是保护其他交易者的合法权益,维护期货市场的公开、公平、公正,同时,这也是防止内幕交易的重要措施之一。因此,本法第 53 条明确规定,期货经营机构、期货交易场所、期货结算机构的从业人员,国务院期货监督管理机构、期货业协会的工作人员,以及法律、行政法规和国务院期货监督管理机构规定禁止参与期货交易的其他人员,不得进行期货交易。

本条是对违反本法第53条规定的法律责任,即法律、行政法规和国务院期货监督管理机构规定禁止参与期货交易的人员,违反本法第53条的规定,直接或者以化名、借他人名义参与期货交易的,责令改正,给予警告,没收违法所得,并处以5万元以上50万元以下的罚款。

如果违法行为人属于国家工作人员,除了对其责令改正,给予警告,没收违法所得,并处以5万元以上50万元以下的罚款外,还应当依据《公职人员政务处分法》、《监察法》和《公务员法》的有关规定给予处分。

第一百三十二条　非法设立期货公司,或者未经核准从事相关期货业务的,予以取缔,没收违法所得,并处以违法所得一倍以上十倍以下的罚款;没有违法所得或者违法所得不足一百万元的,处以一百万元以上一千万元以下的罚款。对直接负责的主管人员和其他直接责任人员给予警告,并处以二十万元以上二百万元以下的罚款。

【释义】 本条是关于非法设立期货公司及擅自从事期货业务的法律责任的规定。

一、期货公司的设立和经营应当符合法律规定

期货公司作为期货业务的经营机构,是我国期货市场的重要参与者,对期货公司的设立,本法规定了严格的核准制度。根据本法第60条的规定,设立期货公司,应当具备下列条件,并经国务院期货监督管理机构核准:(1)有符合法律、行政法规规定的公司章程;(2)主要股东及实际控制人具有良好的财务状况和诚信记录,净资产不低于国务院期货监督管理机构规定的标准,最近3年无重大违法违规记录;(3)注册资本不低于人民币1亿元,且应当为实缴货币资本;(4)从事期货业务的人员符合本法规定的条件,董事、监事和高级管理人员具备相应的任职条件;(5)有良好的公司治理结构、健全的风险管理制度和完善的内部控制制度;(6)有合格的经营场所、业务设施和信息技术系统;(7)法律、行政法规和国务院期货监督管理机构规定的其他条件。国务院期货监督管理机构根据审慎监管原则和各项业务的风险程度,可以提高注册资本最低限额。

为了规范从事期货业务的经营机构,将期货公司的经营活动纳入法治轨道,本法对期货公司从事相关期货业务须经核准作出了具体规定。根据本法第 63 条第 1 款的规定,期货公司经国务院期货监督管理机构核准可以从事下列期货业务:(1)期货经纪;(2)期货交易咨询;(3)期货做市交易;(4)其他期货业务。

同时,本法第 63 条第 3 款规定,未经国务院期货监督管理机构核准,任何单位和个人不得设立或者变相设立期货公司,经营或者变相经营期货经纪业务、期货交易咨询业务,也不得以经营为目的使用“期货”、“期权”或者其他可能产生混淆或者误导的名称。

二、非法设立期货公司、未经核准从事期货业务的法律责任

未经国务院期货监督管理机构核准,擅自设立期货公司、非法从事相关期货业务是严重的违法行为,依法应当承担相应的法律责任。

本条规定了有关违法行为所应承担的法律责任。(1)单位应承担的法律责任:如果非法设立期货公司,或者未经核准从事相关期货业务,首先予以取缔,严加禁止;还要没收因非法设立期货公司或者未经核准从事相关期货业务所获得的一切违法所得,依法收归国有;同时处以违法所得金额 1 倍以上 10 倍以下的罚款;如果没有违法所得或者违法所得不足 100 万元,处以 100 万元以上 1000 万元以下的罚款。(2)有关责任人员应承担的法律责任:对直接负责的主管人员和其他直接责任人员给予警告,同时处以 20 万元以上 200 万元以下的罚款。

第一百三十三条　提交虚假申请文件或者采取其他欺诈手段骗取期货公司设立许可、重大事项变更核准或者期货经营机构期货业务许可的,撤销相关许可,没收违法所得,并处以违法所得一倍以上十倍以下的罚款;没有违法所得或者违法所得不足二十万元的,处以二十万元以上二百万元以下的罚款。对直接负责的主管人员和其他直接责任人员给予警告,并处以二十万元以上二百万元以下的罚款。

【释义】　本条是关于骗取期货公司设立许可、重大事项变更核准以及期货业务许可的法律责任的规定。

一、期货公司应当依法获得相关许可

根据本法第60条的规定，设立期货公司，应当具备一定的条件，并经国务院期货监督管理机构核准。同时，根据本法第63条第1款的规定，期货公司经国务院期货监督管理机构核准可以从事下列期货业务：(1)期货经纪；(2)期货交易咨询；(3)期货做市交易；(4)其他期货业务。只有具备了上述各项条件的要求，才可以凭各种证明文件向国务院期货监督管理机构提出设立期货公司并从事相关期货业务的申请，之后再由国务院期货监督管理机构通过审查所提交的证明文件来批准期货公司的设立，并颁发经营相关期货业务的许可证。此外，根据本法第62条第1款的规定，期货公司办理下列事项，应当经国务院期货监督管理机构核准：(1)合并、分立、停业、解散或者申请破产；(2)变更主要股东或者公司的实际控制人；(3)变更注册资本且调整股权结构；(4)变更业务范围；(5)国务院期货监督管理机构规定的其他重大事项。

要获得相应的期货业务资格，期货公司需要满足一定的条件，提供各种相关材料以证明自己具备从事相应期货业务的条件。否则，国务院期货监管机构将不会授予其相应的期货业务资格。期货公司及其他期货经营机构向国务院期货监督管理机构申请从事特定期货业务时，必须如实提供申请文件和其他相关资料，不得提供虚假、编造、伪造的申请材料，以及采取其他欺诈手段隐瞒重要事实骗取期货业务许可。根据有关规定，在申请设立期货公司、相关期货业务许可以及变更重大事项时，应当提交相关证明文件，如经会计师事务所审计的财物报告或者个人金融资产证明，律师事务所出具的法律意见书，拟订的期货业务制度、内部控制制度和风险管理制度文本，场地、设备、资金来源证明文件等。

二、骗取相关许可的法律责任

如果所提交的证明文件是虚假的，或者采取其他欺诈手段隐瞒重要事实骗取了期货公司的设立许可、业务许可或者重大事项变更核准，那么就破坏了国家对期货公司的管理制度，不仅存在巨大的经营风险，而且也极易损害交易者的权益，因此是一种严重的违法行为，应当依法承担相应的法律责任。核准设立期货公司并允许其从事相关期货业务，属于一种行政许可行为，根据《行政许可法》第69条第2款的规定，被许可人以欺骗、贿赂等不正当手段取得行政许可的，应当予以撤销。

本条规定了相关违法行为所应承担的法律责任，包括以下两种情形。(1)单位应承担的法律责任：提交虚假申请文件或者采取其他欺诈手段骗取期货公司设立许可、重大事项变更核准或者期货经营机构期货业务许可的，撤销相关许可，没收违法所得，同时处以违法所得1倍以上10倍以下的罚款；没有违法所得或者违法所得不足20万元的，处以20万元以上200万元以下的罚款。此处所称撤销相关许可，是指行政机关依法剥夺违法者原有的特许权利或者资格的一种行政处罚。既然期货公司设立许可、重大事项变更核准或者期货经营机构期货业务许可是骗取得到的，当然应当予以撤销。这一处罚对期货公司影响较大，对本条规定的违法行为具有较强的威慑力。(2)有关责任人员应承担的法律责任：对直接负责的主管人员和其他直接责任人员给予警告，并处以20万元以上200万元以下的罚款。

第一百三十四条　期货经营机构违反本法第四十条、第六十二条、第六十五条、第六十八条、第七十一条、第七十二条的，责令改正，给予警告，没收违法所得，并处以违法所得一倍以上十倍以下的罚款；没有违法所得或者违法所得不足二十万元的，处以二十万元以上二百万元以下的罚款；情节严重的，责令停业整顿或者吊销期货业务许可证。对直接负责的主管人员和其他直接责任人员给予警告，并处以五万元以上五十万元以下的罚款。

期货经营机构有前款所列违法情形，给交易者造成损失的，应当依法承担赔偿责任。

期货经营机构的主要股东、实际控制人或者其他关联人违反本法第七十一条规定的，依照本条第一款的规定处罚。

【释义】　本条是关于期货经营机构及其相关人员在日常业务中违反规定的法律责任的规定。

一、期货经营机构不得违规存放和挪用保证金

在日常经营活动中，为了确保收取的保证金和权利金能够专款专用，期

货结算机构、结算参与人应当将自有资金与保证金、权利金等严格分离,并在期货保证金存管机构单独开立专门账户存放。这样可以有效避免期货经营机构将客户的保证金、权利金与自有资金混合使用、不分你我、乘机挪用的弊病,也可以避免一旦期货结算机构和结算参与人破产,客户的保证金、权利金与破产财产混同的弊病;而且,期货监测监控机构也可以通过期货保证金存管机构核对结算参与人和交易者的保证金账户余额是否正确,有利于国务院期货监督管理机构对保证金的使用情况进行监督。因此,本法第40条明确规定,期货结算机构、结算参与人收取的保证金、权利金等,应当与其自有资金分开,按照国务院期货监督管理机构的规定,在期货保证金存管机构专户存放,分别管理,禁止违规挪用。作为结算参与人的期货经营机构违反本法第40条规定的,应当依据本条第1款的规定处罚。

二、期货公司变更重大事项须经核准

本法第62条第1款规定:“期货公司办理下列事项,应当经国务院期货监督管理机构核准:(一)合并、分立、停业、解散或者申请破产;(二)变更主要股东或者公司的实际控制人;(三)变更注册资本且调整股权结构;(四)变更业务范围;(五)国务院期货监督管理机构规定的其他重大事项。”期货公司上述重大事项的变更,对公司股东、债权人及客户的利益具有重要影响。因此,本法第62条要求期货公司在从事上述行为时,必须经国务院期货监督管理机构核准。期货公司违反本法第62条规定的,应当依据本条第1款的规定处罚。

三、期货经营机构应当建立健全相关制度、不得混合操作

本法第65条规定,期货经营机构应当依法经营,勤勉尽责,诚实守信。期货经营机构应当建立健全内部控制制度,采取有效隔离措施,防范经营机构与客户之间、不同客户之间的利益冲突。期货经营机构应当将其期货经纪业务、期货做市交易业务、资产管理业务和其他相关业务分开办理,不得混合操作。期货经营机构应当依法建立并执行反洗钱制度。该条对期货经营机构内部控制制度和业务隔离作了规定,结合期货市场诚信建设的要求规定了勤勉尽责和诚实守信的义务。实践中,有的期货经营机构虽然采取了一定的隔离措施,但没有形成效果,还是在客观上出现了经营机构与客

户、不同部门之间的利益冲突后果。期货经营机构违反本法第 65 条规定的，应当依据本条第 1 款的规定处罚。

四、期货经营机构不得违规为其股东、实际控制人或者其关联人提供融资或担保

本法第 68 条规定，期货经营机构不得违反规定为其股东、实际控制人或者股东、实际控制人的关联人提供融资或者担保，不得违反规定对外担保。期货经营机构违反该条规定，为其股东、实际控制人或者股东、实际控制人的关联人提供融资或者担保，违反规定对外担保的，应当依据本条第 1 款的规定处罚。

五、期货经营机构及其主要股东、实际控制人等应当按照规定报送信息和资料

本法第 71 条规定，期货经营机构应当按照规定向国务院期货监督管理机构报送业务、财务等经营管理信息和资料。国务院期货监督管理机构有权要求期货经营机构及其主要股东、实际控制人、其他关联人在指定的期限内提供有关信息、资料。期货经营机构及其主要股东、实际控制人或者其他关联人向国务院期货监督管理机构报送或者提供的信息、资料，应当真实、准确、完整。《期货公司监督管理办法》和证监会的其他相关规章、规范性文件规定，期货经营机构应当报送信息和资料。期货经营机构违反本法第 71 条规定的，依据本条第 1 款的规定处罚；期货经营机构的主要股东、实际控制人或者其他关联人违反本法第 71 条规定的，依照本条第 1 款的规定处罚。

六、期货经营机构应当履行重大事件报告义务

本法第 72 条规定，期货经营机构涉及重大诉讼、仲裁，股权被冻结或者用于担保，以及发生其他重大事件时，应当自该事件发生之日起 5 日内向国务院期货监督管理机构提交书面报告。期货经营机构的控股股东或者实际控制人应当配合期货经营机构履行前款规定的义务。期货经营机构发生重大事件，无论对其公司治理、经营状况，还是对作为其客户的广大期货交易者的利益，都会产生一定程度的影响。因此，本法第 72 条规定期货经营机构发生重大事件时，应当向国务院期货监督管理机构提交书面报告，以便监

管机构及时掌握信息,分析和了解相关问题。期货经营机构发生重大事件时,负有依法提交书面报告义务的主体除了期货公司外,其控股股东和实际控制人应当配合履行相关报告义务。期货经营机构违反本法第72条规定的,应当依据本条第1款的规定处罚。

七、本条规定的法律责任

本条规定的违法行为所应承担的法律责任,包括以下两种情形。(1)单位应承担的法律责任:有本条规定的违法行为之一的单位违法主体,责令改正,给予警告,没收违法所得,并处以违法所得1倍以上10倍以下的罚款;没有违法所得或者违法所得不足20万元的,处以20万元以上200万元以下的罚款;情节严重的,责令停业整顿或者吊销期货业务许可证。此处,"责令停业整顿"是指对在期货经营活动中有违反本法第40条、第62条、第65条、第68条、第71条、第72条规定的行为且情节严重的期货经营机构,强制其停止期货经营活动、限期整改的一种行政处罚。"吊销期货业务许可证"是指对在期货经营活动中有违反本法第40条、第62条、第65条、第68条、第71条、第72条规定的行为且情节严重的期货经营机构,取消其所获得的期货业务许可证,剥夺其从事期货经营活动权利的行政处罚,是一种较为严重的处罚种类。(2)有关责任人员应承担的法律责任:对直接负责的主管人员和其他直接责任人员给予警告,并处以5万元以上50万元以下的罚款。

本条第2款规定了民事赔偿责任,即期货经营机构有前款所列违法情形,给交易者造成损失的,应当依法承担赔偿责任。

本条第3款规定,期货经营机构的主要股东、实际控制人或者其他关联人违反本法第71条规定的,依照本条第1款的规定处罚。

第一百三十五条　期货经营机构违反本法第五十条交易者适当性管理规定,或者违反本法第六十六条规定从事经纪业务接受交易者全权委托,或者有第七十八条损害交易者利益行为的,责令改正,给予警告,没收违法所得,并处以违法所得一倍以上十倍以下的罚款;没有违法所得或者违法所得不足五十万元的,处以五十万元以上五百万元以下的罚款;情节严重的,吊销相关业务许可。对直接负责的主管人员和其他直接责任人员

给予警告，并处以二十万元以上二百万元以下的罚款。

期货经营机构有本法第七十八条规定的行为，给交易者造成损失的，应当依法承担赔偿责任。

【释义】 本条是关于期货经营机构损害交易者利益的法律责任的规定。

本条分为两款，规定了3种违法行为的法律责任：一是期货经营机构违反本法第50条交易者适当性管理规定的法律责任；二是期货经营机构违反本法第66条从事经纪业务接受交易者全权委托规定的法律责任；三是期货经营机构违反本法第78条规定损害交易者利益的法律责任。

一、期货经营机构违反交易者适当性管理

本法第50条规定，期货经营机构向交易者提供服务时，应当按照规定充分了解交易者的基本情况、财产状况、金融资产状况、交易知识和经验、专业能力等相关信息；如实说明服务的重要内容，充分揭示交易风险；提供与交易者上述状况相匹配的服务。交易者在参与期货交易和接受服务时，应当按照期货经营机构明示的要求提供前款所列真实信息。拒绝提供或者未按照要求提供信息的，期货经营机构应当告知其后果，并按照规定拒绝提供服务。期货经营机构违反本法第50条第1款规定导致交易者损失的，应当承担相应的赔偿责任。

期货市场存在风险，交易者在专业水平、风险承受能力、风险收益偏好等方面存在很大不同。期货经营机构应当按照规定履行必要的义务，减少信息不对称，从而为交易者提供适当的产品或者服务。期货经营机构未依照本法第50条履行告知说明义务、适当推荐义务规定主要有下列几种行为：(1)未按照要求充分了解交易者的基本情况、财产状况、金融资产状况、交易知识和经验、专业能力等相关信息，即未做到充分“了解客户”；(2)未如实说明服务的重要内容，充分揭示风险，即未做到充分“了解产品”；(3)未做到提供与交易者基本情况等状况相匹配的服务，即未做到将适当的产品(或服务)销售(或者提供)给适合的金融消费者；(4)在交易者拒绝提供或者未按照要求提供信息后，未按照规定拒绝提供服务等行为。

二、期货经营机构违规接受全权委托从事经纪业务

本法第 66 条第 2 款规定,期货经营机构从事经纪业务,不得接受交易者的全权委托。全权委托是指交易者在委托期货经营机构代其进行期货交易时,不下达任何交易指令,而是完全由期货经营机构代为决定并进行操作。接受交易者的全权委托容易引发期货经营机构的道德风险,容易导致其利用客户授权为自己谋取私利,从而损害交易者利益;期货交易是杠杆交易,收益或亏损的幅度相对较大,容易引发交易者和期货经营机构之间的利益纠纷;期货交易以发现价格、管理风险、配置资源为主要功能,需要结合交易者自身的避险需求进行交易,而全权委托的模式则与其不相适应。综合上述原因,本法因此作出禁止接受全权委托的规定。本条根据这一要求规定相应罚则。

三、期货经营机构损害交易者利益的行为

本法第 78 条规定,禁止期货经营机构从事下列损害交易者利益的行为:(1)向交易者作出保证其资产本金不受损失或者取得最低收益承诺;(2)与交易者约定分享利益、共担风险;(3)违背交易者委托进行期货交易;(4)隐瞒重要事项或者使用其他不正当手段,诱骗交易者交易;(5)以虚假或者不确定的重大信息为依据向交易者提供交易建议;(6)向交易者提供虚假成交回报;(7)未将交易者交易指令下达到期货交易场所;(8)挪用交易者保证金;(9)未依照规定在期货保证金存管机构开立保证金账户,或者违规划转交易者保证金;(10)利用为交易者提供服务的便利,获取不正当利益或者转嫁风险;(11)其他损害交易者权益的行为。

在实践中,期货经营机构向交易者作出保证其资产本金不受损失或者取得最低收益承诺,有不同的表现形式:既包括以期货经营机构名义作出的承诺,也包括期货经营机构员工个人在执行业务职责时作出的承诺;既包括书面承诺,也包括口头承诺。期货经营机构与交易者约定分享利益、共担风险的,实际上也属于诱骗交易者进行期货交易,容易使交易者忽视期货市场高风险而轻易入市,用交易者个人资金为期货经营机构牟利,对交易者不公平。违背交易者委托进行期货交易,包括不执行交易者交易指令、不完全执行交易者指令和超越客户指令交易委托范围进行期货交易等行为。有的期

货经营机构为了尽量多地赚取客户手续费，或者实现自己炒单、操纵期货市场价格以及其他牟利目的，向客户提供最新市场信息及有关期货交易咨询时，向客户隐瞒重要事项或者使用其他不正当手段，诱骗交易者交易，致使交易者损失惨重。需要注意的是，要基于对违法行为客观表现的考察，准确认定违法行为的性质。

四、本条规定的法律责任

对于本条规定的违法行为，由监管机构责令改正，给予警告，没收违法所得，并处以违法所得 1 倍以上 10 倍以下的罚款；没有违法所得或者违法所得不足 50 万元的，处以 50 万元以上 500 万元以下的罚款；情节严重的，吊销相关业务许可。对直接负责的主管人员和其他直接责任人员给予警告，并处以 20 万元以上 200 万元以下的罚款。

需要注意的是，(1) 对上述违法行为，既要追究期货经营机构的法律责任，也要对期货经营机构直接负责的主管人员和其他直接责任人员给予处罚，加强法律的威慑作用。(2) 吊销相关业务许可的处罚较为严厉，适用于情节比较严重的违法行为。有关主管部门作出处罚决定时，要与违法行为的事实、性质、情节以及社会危害程度相当。

同时，根据本条第 2 款的规定，期货经营机构有本法第 78 条规定的行为，给交易者造成损失的，还应当依法承担赔偿责任。

第一百三十六条　违反本法第十一条、第八十条、第九十二条规定，非法设立期货交易场所、期货结算机构，或者以其他形式组织期货交易的，没收违法所得，并处以违法所得一倍以上十倍以下的罚款；没有违法所得或者违法所得不足一百万元的，处以一百万元以上一千万元以下的罚款。对直接负责的主管人员和其他直接责任人员给予警告，并处以二十万元以上二百万元以下的罚款。非法设立期货交易场所的，由县级以上人民政府予以取缔。

违反本法第三十条规定，未经批准组织开展衍生品交易的，或者金融机构违反本法第三十一条规定，未经批准、核准开展衍生品交易的，依照前款规定处罚。

【释义】 本条是关于非法设立期货交易场所、期货结算机构，或者以其他形式组织期货交易和未经批准组织开展衍生品交易、金融机构未经批准、核准开展衍生品交易的法律责任的规定。

本条分为两款，规定了3种违法行为的法律责任：(1)非法设立期货交易场所、期货结算机构，或者以其他形式组织期货交易的法律责任；(2)未经批准组织开展衍生品交易的法律责任；(3)金融机构未经批准、核准开展衍生品交易的法律责任。

一、关于非法设立期货交易场所、期货结算机构，或者以其他形式组织期货交易

本法第11条第1款、第2款规定，期货交易应当在依法设立的期货交易所或者国务院期货监督管理机构依法批准组织开展期货交易的其他期货交易场所，采用公开的集中交易方式或者国务院期货监督管理机构批准的其他方式进行。禁止在期货交易场所外进行期货交易。第80条第1款规定，设立、变更和解散期货交易所，应当由国务院期货监督管理机构批准。第92条第1款规定，独立的期货结算机构的设立、变更和解散，应当经国务院期货监督管理机构批准。未经国务院期货监督管理机构批准，任何单位或者个人不得设立期货交易场所、期货结算机构或者以任何形式组织期货交易及其相关活动。

非法设立期货交易场所、期货结算机构，或者非法组织期货交易，扰乱了期货市场的正常秩序，隐藏着很大的金融风险，极易损害广大期货交易者的权利，诱发影响社会稳定的事端，属于本法禁止的行为，依法需要承担相应的法律责任。依照本条规定，对非法设立期货交易场所、期货结算机构，或者以其他形式组织期货交易的违法行为，应当没收违法所得，并处以违法所得1倍以上10倍以下的罚款；没有违法所得或者违法所得不足100万元的，处以100万元以上1000万元以下的罚款。对直接负责的主管人员和其他直接责任人员给予警告，并处以20万元以上200万元以下的罚款。对于非法设立期货交易场所的，由县级以上人民政府予以取缔。

二、关于未经批准组织或者开展衍生品交易

本法第30条第1款规定，依法设立的场所，经国务院授权的部门或者国务院期货监督管理机构审批，可以组织开展衍生品交易。第31条规定，

金融机构开展衍生品交易业务,应当依法经过批准或者核准,履行交易者适当性管理义务,并应当遵守国家有关监督管理规定。

对于未经批准组织开展衍生品交易,或者金融机构未经批准、核准开展衍生品交易的违法行为,依照本条第1款的规定进行处罚,即没收违法所得,并处以违法所得1倍以上10倍以下的罚款;没有违法所得或者违法所得不足100万元的,处以100万元以上1000万元以下的罚款。对直接负责的主管人员和其他直接责任人员给予警告,并处以20万元以上200万元以下的罚款。

第一百三十七条　期货交易场所、期货结算机构违反本法第十七条、第四十条、第八十五条第二款规定的,责令改正,给予警告,没收违法所得,并处以违法所得一倍以上十倍以下的罚款;没有违法所得或者违法所得不足二十万元的,处以二十万元以上二百万元以下的罚款;情节严重的,责令停业整顿。对直接负责的主管人员和其他直接责任人员处以五万元以上五十万元以下的罚款。

【释义】　本条是关于期货交易场所、期货结算机构违反品种上市制度、保证金存管等规定的法律责任的规定。

本条规定了3种违法行为的法律责任:(1)期货交易场所违反本法第17条违规上市合约品种规定的法律责任;(2)期货结算结构违反本法第40条保证金存管要求的法律责任;(3)违反本法第85条第2款期货交易场所、期货结算机构禁止从事业务规定的法律责任。

一、期货交易场所违规上市交易合约品种

本法第17条规定,期货合约品种和标准化期权合约品种的上市应当符合国务院期货监督管理机构的规定,由期货交易场所依法报经国务院期货监督管理机构注册。期货合约品种和标准化期权合约品种的中止上市、恢复上市、终止上市应当符合国务院期货监督管理机构的规定,由期货交易场所决定并向国务院期货监督管理机构备案。期货合约品种和标准化期权合约品种应当具有经济价值,合约不易被操纵,符合社会公共利益。未经注册,就擅自推出某种新的期货合约品种或标准化期权合约品种,或者中止、

恢复、终止某种已经上市交易的上述两类合约品种未进行备案，属于本条规定的违法行为。

二、期货结算机构违规存放和挪用保证金

本法第 40 条规定，期货结算机构、结算参与人收取的保证金、权利金等，应当与其自有资金分开，按照国务院期货监督管理机构的规定，在期货保证金存管机构专户存放，分别管理，禁止违规挪用。保证金制度是期货结算机构必须要建立健全的重要风险管理制度之一，也是期货结算机构必须要严格执行的基本制度之一，既要严格按照规定足额收取保证金，不得低于国务院期货监督管理机构、期货结算机构自身规定的标准；也要做到保证金专户存放，专门使用，不得违规挪用。期货结算机构违反上述规定，即属于应当依据本条规定处罚的违法行为。

三、期货交易场所、期货结算机构违规参与期货交易及未经批准从事与职责无关业务

本法第 85 条第 2 款规定，期货交易场所不得直接或者间接参与期货交易。未经国务院批准，期货交易场所不得从事信托投资、股票投资、非自用不动产投资等与其职责无关的业务。期货交易场所直接或者间接参与期货交易，或者未经国务院批准而从事信托投资、股票投资、非自用不动产投资等与其职责无关的其他业务，即属于应当受到本条规定处罚的违法行为。同时，根据本法第 97 条的规定，本法第 85 条第 2 款适用于独立的期货结算机构，即独立的期货结算机构也不得直接或者间接参与期货交易，未经国务院批准不得从事信托投资、股票投资、非自用不动产投资等与其职责无关的业务。

四、本条规定的法律责任

依照本条规定，期货交易场所、期货结算机构存在上述违法行为的，责令改正，给予警告，没收违法所得，并处以违法所得 1 倍以上 10 倍以下的罚款；没有违法所得或者违法所得不足 20 万元的，处以 20 万元以上 200 万元以下的罚款；情节严重的，责令停业整顿。对直接负责的主管人员和其他直接责任人员处以 5 万元以上 50 万元以下的罚款。

第一百三十八条　期货交易场所、期货结算机构违反本法第八十八条第三款规定发布价格预测信息的，责令改正，给予警告，并处以二十万元以上二百万元以下的罚款。对直接负责的主管人员和其他直接责任人员处以五万元以上五十万元以下的罚款。

【释义】 本条是关于期货交易场所、期货结算机构违规发布价格预测信息的法律责任的规定。

本法第88条第3款规定，期货交易场所不得发布价格预测信息。价格发现是期货市场的重要功能之一，期货市场能够预期未来现货价格的变动，发现未来的现货价格，期货价格可以作为未来某一时期现货价格变动趋势的“晴雨表”。期货交易场所是集中交易的场所，自由报价、公开竞争，形成的期货价格具有较高的权威性。作为组织期货交易的第三方中立机构，期货交易场所每日根据规定形成、发布价格信息，包括在交易场所交易活动中产生的所有上市品种的交易行情、各种交易数据统计资料、交易场所发布的各种公告和通知等。如果发布价格预测信息，将动摇期货价格的公信力，干扰期货市场的正常运行，影响期货市场发现价格和配置资源功能的发挥。同时，根据本法第97条的规定，本法第88条第3款适用于独立的期货结算机构，即独立的期货结算机构也不得发布价格预测信息。

依照本条规定，期货交易场所和期货结算机构发布价格预测信息的，责令改正，给予警告，并处以20万元以上200万元以下的罚款。对直接负责的主管人员和其他直接责任人员处以5万元以上50万元以下的罚款。

第一百三十九条　期货服务机构违反本法第九十八条的规定，从事期货服务业务未按照要求提供相关资料的，责令改正，可以处二十万元以下的罚款。

【释义】 本条是关于期货服务机构未按照要求提供相关资料的法律责任的规定。

根据本法第98条的规定，会计师事务所、律师事务所、资产评估机构、期货保证金存管机构、交割库、信息技术服务机构等期货服务机构，应按照国务院期货监督管理机构的要求提供相关资料。依照本条规定，对于未按要求提供相关资料的期货服务机构,责令改正,可以处20万元以下的罚款。

本条规定的处罚相对较轻,是考虑到这种要求提供资料的性质不属于行政许可,属于管理性措施,要求提供资料主要是为了期货监管机构能够在取消市场准入情况下,了解掌握相关期货服务机构从事期货服务业务的情况,以便于进行监管。

第一百四十条　会计师事务所、律师事务所、资产评估机构等期货服务机构违反本法第九十九条的规定,未勤勉尽责,所制作、出具的文件有虚假记载、误导性陈述或者重大遗漏的,责令改正,没收业务收入,并处以业务收入一倍以上十倍以下的罚款;没有业务收入或者业务收入不足五十万元的,处以五十万元以上五百万元以下的罚款。对直接负责的主管人员和其他直接责任人员给予警告,并处以二十万元以上二百万元以下的罚款。

期货服务机构有前款所列违法行为,给他人造成损失的,依法承担赔偿责任。

【释义】　本条是关于期货服务机构未勤勉尽责,制作、出具的文件有虚假记载、误导性陈述或者重大遗漏的法律责任的规定。

本法第99条规定,会计师事务所、律师事务所、资产评估机构等期货服务机构接受期货经营机构、期货交易场所、期货结算机构的委托出具审计报告、法律意见书等文件,应当对所依据的文件资料内容的真实性、准确性、完整性进行核查和验证。对期货服务机构违反上述行为的法律责任,2017年修订的《期货交易管理条例》第76条规定,会计师事务所、律师事务所、资产评估机构等中介服务机构未勤勉尽责,所出具的文件有虚假记载、误导性陈述或者重大遗漏的,责令改正,没收业务收入,暂停或者撤销相关业务许可,并处业务收入1倍以上5倍以下的罚款。对直接负责的主管人员和其他直接责任人员给予警告,并处3万元以上10万元以下的罚款。本条规定加重了期货服务机构未勤勉尽责、出具虚假文件的法律责任,并增加给他人造成损失,依法承担赔偿责任的规定,促使期货服务机构履职尽责。

本条分两款,规定了两个方面的内容:第1款是关于期货服务机构未勤勉尽责,所制作、出具的文件有虚假记载、误导性陈述或者重大遗漏的行政处罚;第2款是关于期货服务机构有前款所列违法行为,给他人造成损失,依法承担赔偿责任的规定。

一、期货服务机构未勤勉尽责，所制作、出具的文件有虚假记载、误导性陈述或者重大遗漏的行政处罚

本条规定的主体是会计师事务所、律师事务所、资产评估机构等期货服务机构，是单位而非个人。在期货市场上，如果会计师事务所、律师事务所、资产评估机构等期货服务机构未勤勉尽责，所出具的审计报告、法律意见书、资产评估报告等文件，有虚假记载、误导性陈述或者重大遗漏的，极有可能给依赖于这些期货服务机构出具的文件作出投资、交易决策的利害关系人造成损失，损害其合法利益，所以本法明令禁止并规定了相应的处罚。

依照本条规定，会计师事务所、律师事务所、资产评估机构等期货服务机构未勤勉尽责，所制作、出具的文件有虚假记载、误导性陈述或者重大遗漏的，责令改正，没收业务收入，并处以业务收入1倍以上10倍以下的罚款；没有业务收入或者业务收入不足50万元的，处以50万元以上500万元以下的罚款。同时，还要对期货服务机构直接负责的主管人员和其他直接责任人员给予警告和罚款的行政处罚，罚款额度20万元以上200万元以下。

二、关于期货服务机构的民事赔偿责任

在期货市场，如果参与主体因文件有虚假记载、误导性陈述或者重大遗漏而遭受损失，其受损的利益不能得到充分赔偿，就会对资本市场失去信心，减少投资或者甚至不再投资，进而影响期货市场的健康繁荣发展。为支持参与主体通过民事诉讼挽回或者减少自己的损失，督促期货服务机构勤勉尽责，制作符合真实性、准确性、完整性要求的文件，本条规定期货服务机构对给他人造成的损失，应当依法承担民事赔偿责任。

第一百四十一条　交割库有本法第一百条所列行为之一的，责令改正，给予警告，没收违法所得，并处以违法所得一倍以上十倍以下的罚款；没有违法所得或者违法所得不足十万元的，处以十万元以上一百万元以下的罚款；情节严重的，责令期货交易场所暂停或者取消其交割库资格。对直接负责的主管人员和其他直接责任人员给予警告，并处以五万元以上五十万元以下的罚款。

【释义】 本条是关于交割库从事禁止行为的法律责任的规定。

本法第100条第2款规定了交割库的5项禁止性行为:(1)出具虚假仓单;(2)违反期货交易场所的业务规则,限制交割商品的出库、入库;(3)泄露与期货交易有关的商业秘密;(4)违反国家有关规定参与期货交易;(5)违反国务院期货监督管理机构规定的其他行为。

如果交割库违反上述规定,擅自从事这些禁止性行为,根据情节轻重,分别给予不同的行政处罚,分为两种情形:(1)责令改正,给予警告,没收违法所得,并处以违法所得1倍以上10倍以下的罚款;没有违法所得或者违法所得不足10万元的,处以10万元以上100万元以下的罚款。对直接负责的主管人员和其他直接责任人员给予警告,并处以5万元以上50万元以下的罚款。(2)情节严重的,责令期货交易场所暂停或者取消其交割库资格。对直接负责的主管人员和其他直接责任人员给予警告,并处以5万元以上50万元以下的罚款。

第一百四十二条　信息技术服务机构违反本法第一百零一条规定未报备案的,责令改正,可以处二十万元以下的罚款。

信息技术服务机构违反本法第一百零一条规定,提供的服务不符合国家及期货行业信息安全相关的技术管理规定和标准的,责令改正,没收业务收入,并处以业务收入一倍以上十倍以下的罚款;没有业务收入或者业务收入不足五十万元的,处以五十万元以上五百万元以下的罚款。对直接负责的主管人员和其他直接责任人员给予警告,并处以二十万元以上二百万元以下的罚款。

【释义】 本条是关于信息技术服务机构违反规定的法律责任的规定。

本条分为两款,规定了两种违法行为的法律责任:(1)信息技术服务机构未报备案的法律责任;(2)信息技术服务机构提供的服务不符合国家及期货行业信息安全相关的技术管理规定和标准的法律责任。

一、信息技术服务机构未报备案的法律责任

本法第101条规定,为期货交易及相关活动提供信息技术系统服务的机构,应当符合国家及期货行业信息安全相关的技术管理规定和标准,并向

国务院期货监督管理机构备案。国务院期货监督管理机构可以依法要求信息技术服务机构提供前款规定的信息技术系统的相关材料。依照该条规定,为期货交易及相关活动提供服务的信息技术服务机构,应当报国务院期货监督管理机构备案。未经备案从事相关活动的,应当承担法律责任。考虑到这种备案的性质不属于行政许可,属于管理性的措施,备案主要是为了期货监管机构能够在取消市场准入的情况下了解掌握信息技术服务机构为期货交易及相关活动提供服务的情况,以便于进行监管,即使未予备案,其对市场秩序的危害性也不太大,因此,规定的处罚就相对较轻。

依照本条第 1 款的规定,信息技术服务机构违反本法第 101 条规定未报备案的,责令改正,可以处以罚款,罚款数额为 20 万元以下。

二、信息技术服务机构提供的服务不符合国家及期货行业信息安全相关的技术管理规定和标准的法律责任

依照本条第 2 款的规定,信息技术服务机构提供的服务不符合国家及期货行业信息安全相关的技术管理规定和标准的,责令改正,没收业务收入,并处以业务收入 1 倍以上 10 倍以下的罚款;没有业务收入或者业务收入不足 50 万元的,处以 50 万元以上 500 万元以下的罚款。对直接负责的主管人员和其他直接责任人员给予警告,并处以 20 万元以上 200 万元以下的罚款。

第一百四十三条　违反本法第一百一十六条的规定,期货经营机构、期货交易场所、期货结算机构和非期货经营机构结算参与人未按照规定提取、管理和使用风险准备金的,责令改正,给予警告。对直接负责的主管人员和其他直接责任人员给予警告,并处以十万元以上一百万元以下的罚款。

【释义】　本条是关于违法提取、管理和使用风险准备金的法律责任的规定。

本法第 116 条规定,为防范交易及结算的风险,期货经营机构、期货交易场所、期货结算机构和非期货经营机构结算参与人应当从业务收入中按照国务院期货监督管理机构、国务院财政部门的规定提取、管理和使用风险准备金。风险准备金是由期货经营机构、期货交易场所、期货结算机构和非期货经营机构结算参与人筹集、为维护期货市场正常运转和防范交易及结算风险提供财务担保和弥补因不可预见风险带来亏损的资金。风险准备金制度是一项确保履约担保的备付金制度,其规模反映了相关机构抵御风险的财务能力。提取风险准备金有助于应对高风险、提高履约担保能力,为期货交易提供集中履约保障。期货经营机构、期货交易场所、期货结算机构和非期货经营机构结算参与人,不按照国务院期货监督管理机构、国务院财政部门的规定提取、管理和使用风险准备金,违反有关风险准备金的提取标准、财务管理制度和使用范围的规定,甚至将风险准备金挪作他用的,就属于本条所规定的违法行为。

依照本条规定,期货经营机构、期货交易场所、期货结算机构和非期货经营机构结算参与人未按照规定提取、管理和使用风险准备金的,责令改正,给予警告。对直接负责的主管人员和其他直接责任人员给予警告和罚款的行政处罚,罚款幅度在 10 万元以上 100 万元以下。

第一百四十四条　违反本法第一百一十七条的规定,期货经营机构、期货交易场所、期货结算机构、期货服务机构和非期货经营机构结算参与人等未按照规定妥善保存与业务经营相关的资料和信息的,责令改正,给予警告,并处以十万元以上一百万元以下的罚款;泄露、隐匿、伪造、篡改或者毁损有关文件资料的,责令改正,给予警告,并处以二十万元以上二百万元以下的罚款;情节严重的,处以五十万元以上五百万元以下的罚款,并暂停、吊销相关业务许可或者禁止从事相关业务。对直接负责的主管人员和其他直接责任人员给予警告,并处以十万元以上一百万元以下的罚款。

【释义】　本条是关于违反保存资料和信息义务的法律责任的规定。

本法第 117 条规定,期货经营机构、期货交易场所、期货结算机构、期货服务机构和非期货经营机构结算参与人等应当按照规定妥善保存与业务经营相关的资料和信息,任何人不得泄露、隐匿、伪造、篡改或者毁损。期货经营机构、期货交易场所、期货结算机构和非期货经营机构结算参与人的信息和资料的保存期限不得少于 20 年;期货服务机构的信息和资料的保存期限不得少于 10 年。国务院期货监督管理机构在依法履行对期货市场的监管时,有权查阅、复制当事人和与被调查事件有关的单位和个人的期货交易记录、财务会计资料以及其他相关文件。查阅有关文件,有助于国务院期货监督管理机构了解所调查事项的真实情况,发现有关机构在业务活动中的违法行为,是履行监管职责的一个重要手段。而保证这一手段能够得以实施的前提,是有关机构必须妥善保存有关文件。因此,本法对期货经营机构、期货交易场所、期货结算机构、期货服务机构和非期货经营机构结算参与人等保存有关文件和资料提出了要求。对于其他法律、行政法规和规章关于文件和资料保存的要求,有关机构也要遵守,违反者要根据本条的规定承担法律责任。对于泄露、隐匿、伪造、篡改或者毁损有关文件和资料的,行为性质更为恶劣、危害更大,所以处罚更重。

依照本条规定,未按照规定妥善保存与业务经营相关的资料和信息的,责令改正,给予警告,并处以 10 万元以上 100 万元以下的罚款;泄露、隐匿、伪造、篡改或者毁损有关文件资料的,责令改正,给予警告,并处以 20 万元以上 200 万元以下的罚款;情节严重的,处以 50 万元以上 500 万元以下的罚款,并暂停、吊销相关业务许可或者禁止从事相关业务。对直接负责的主管人员和其他直接责任人员给予警告,并处以 10 万元以上 100 万元以下的罚款。

第一百四十五条　境外期货交易场所和期货经营机构违反本法第一百一十八条和第一百二十条的规定,未向国务院期货监督管理机构申请注册的,责令改正,没收违法所得,并处以违法所得一倍以上十倍以下的罚款;没有违法所得或者违法所得不足五十万元的,处以五十万元以上五百万元以下的罚款。对直接负责的主管人员和其他直接责任人员给予警告,并处以十万元以上一百万元以下的罚款。

【释义】　本条是关于跨境交易中境外期货交易场所和期货经营机构未依法向国务院期货监督管理机构申请注册的法律责任的规定。

一、境外期货交易场所和期货经营机构的申请注册义务

本法专章规定了跨境交易与监管协作,从“引进来”和“走出去”两方面,明确对境外期货交易场所、境外期货经营机构等向境内提供服务的监管要求,并对境内外交易者跨境交易的行为进行规范。

(一)境外期货交易场所跨境交易的注册义务

根据本法第 118 条的规定,境外期货交易场所向境内单位或者个人提供直接接入该交易场所交易系统进行交易服务的,应当向国务院期货监督

管理机构申请注册,接受国务院期货监督管理机构的监督管理,国务院期货监督管理机构另有规定的除外。

(二)境外期货经营机构跨境交易的申请注册义务

本法第120条第1款规定,境内单位或者个人从事境外期货交易,应当委托具有境外期货经纪业务资格的境内期货经营机构进行,国务院另有规定的除外。第2款规定,境内期货经营机构转委托境外期货经营机构从事境外期货交易的,该境外期货经营机构应当向国务院期货监督管理机构申请注册,接受国务院期货监督管理机构的监督管理,国务院期货监督管理机构另有规定的除外。需要注意:(1)除国务院另有规定外,境内单位或者个人从事境外期货交易,应当委托境内期货经营机构进行;(2)委托的期货经营机构应当具有境外期货经纪业务资格,根据本法第63条的规定,期货公司从事期货经纪业务(包括境内期货经纪业务、境外期货经纪业务),应当经国务院期货监督管理机构核准;(3)除国务院期货监督管理机构另有规定外,境内期货经营机构转委托境外期货经营机构从事境外期货交易的,境外期货经营机构也应当履行向期货监督管理机构的申请注册义务,接受国务院期货监督管理机构的监督管理。

二、境外期货交易场所和期货经营机构违法从事跨境交易的法律责任

根据本条规定,境外期货交易场所和期货经营机构违反本法第118条和第120条的规定,未向国务院期货监督管理机构申请注册的,应当按照本条承担法律责任。

本条规定的法律责任包括:(1)责令改正,没收违法所得。在查处跨境交易违法行为时,对境外期货交易场所和期货经营机构未按照本法第118条和第120条的规定,向国务院期货监督管理机构履行申请注册义务的行为,应当责令境外期货交易场所和期货经营机构予以改正;如果境外期货交易场所和期货经营机构有违法所得的,应当予以没收,没收的收入应按规定上缴国库。(2)行政罚款。为了严惩期货违法跨境交易行为,在责令改正,没收违法所得的同时,并处以违法所得1倍以上10倍以下的罚款;如果没有违法所得或者违法所得不足50万元的,处以50万元以上500万元以下的罚款。(3)追究个人责任。对违法从事期货跨境交易的直接负责的主管人员和其他直接责任人员给予警告,并处以10万元以上100万元以下的罚款。

第一百四十六条　境内单位或者个人违反本法第一百二十条第一款规定的，责令改正，给予警告，没收违法所得，并处以十万元以上一百万元以下的罚款；情节严重的，暂停其境外期货交易。对直接负责的主管人员和其他直接责任人员给予警告，并处以五万元以上五十万元以下的罚款。

【释义】 本条是关于境内单位或者个人违法从事境外期货交易的法律责任的规定。

一、境内单位或者个人应当依法从事境外期货交易

现阶段，中国很多产业企业在全球范围内都存在庞大的避险需求，境内单位或者个人从事境外期货交易的需求越来越大，但应当遵守有关规定，不得擅自或者违法委托从事境外期货交易。根据本法第 120 条第 1 款的规定，境内单位或者个人从事境外期货交易，应当委托具有境外期货经纪业务资格的境内期货经营机构进行，国务院另有规定的除外。首先，除国务院另有规定外，境内单位或者个人从事境外期货交易，应当委托境内期货经营机构；其次，受委托的境内期货经营机构应当具有境外期货经纪业务资格，根据本法第 63 条第 1 款的规定，期货公司的期货经纪业务应当经国务院期货监督管理机构核准。

二、境内单位或者个人违法从事境外期货交易的法律责任

根据本条规定，境内单位或者个人违反本法第 120 条第 1 款规定的，执法机关首先应当责令其改正。同时，违法的境内单位或者个人还要承担以下法律责任：

（一）警告

警告，是指《行政处罚法》第 9 条规定的行政处罚的一种，这里是指国务院期货监督管理机构发现境内单位或者个人有本条规定的违法行为时，对其提出告诫，使其认识到自己违法所在和如何改正的一种行政处罚，属于申诫罚。

（二）没收违法所得

没收违法所得，是指行政机关根据法律、法规的规定，将当事人的非法所得强制无偿收归国有的一种行政处罚。此处所称违法所得，是指境内单

位或者个人通过违法从事境外期货交易获得的金钱收入和其他财物。按照本条规定，这些非法所得应当予以没收。

（三）罚款

罚款，是指行政机关依法强制违反行政管理秩序的公民、法人或者其他组织缴纳一定数量货币的一种行政处罚，是一种财产罚。本条规定的罚款处罚，是一种“并处”的处罚，即境内单位或者个人有本条规定的违法行为，就应当对其处以罚款的行政处罚，具体数额是10万元以上100万元以下。

（四）情节严重的，暂停其境外期货交易

境内单位或者个人从事境外期货交易，一般应当委托具有境外期货经纪业务资格的境内期货经营机构进行。如果境内的单位或者个人擅自或者委托违法从事境外交易，扰乱了期货市场，侵害了其他交易者的合法权益，情节严重的，执法机构可以暂停其境外期货交易，以维护市场秩序，防范化解金融风险，维护国家经济安全。需要注意的是，对于“情节严重”的界定，有待于国务院期货监督管理机构在执法实践中总结经验，予以细化。

（五）个人责任

本条是关于境内单位或者个人违法从事境外期货交易行为的规定，即责任主体既包括个人，也包括单位。单位违法，法律责任应当由单位承担，但是，单位作为一个社会系统，它的主体是自然人，单位整体的活动都是通过有意识、有目的的自然人的活动实现的。单位违法行为的整体意志的形成和违法的整体行为的实施，都有赖于作为其构成要素的自然人。为了有效地防止单位违法，除应追究单位的法律责任外，对直接负责的主管人员和其他直接责任人员也应进行处罚。为此，本条明确规定，违法从事境外期货交易行为的境内单位，对直接负责的主管人员和其他直接责任人员给予警告，并处以5万元以上50万元以下的罚款。

第一百四十七条　境外期货交易场所在境内设立的代表机构及其工作人员违反本法第一百二十一条的规定，从事或者变相从事任何经营活动的，责令改正，给予警告，没收违法所得，并处以违法所得一倍以上十倍以下的罚款；没有违法所得或者违法所得不足五十万元的，处以五十万元以上五百万元以下的罚款。对直接负责的主管人员和其他直接责任人员给予警告，并处以十万元以上一百万元以下的罚款。

【释义】 本条是关于境外期货交易场所在境内设立的代表机构及其工作人员违法从事或者变相从事任何经营活动的法律责任的规定。

一、境外期货交易场所代表机构及其工作人员不得从事或者变相从事任何经营活动

本法第121条规定,境外期货交易场所在境内设立代表机构的,应当向国务院期货监督管理机构备案。境外期货交易场所代表机构及其工作人员,不得从事或者变相从事任何经营活动。根据证监会的相关规定,代表处及其工作人员只可面向机构或者企业进行市场介绍。市场介绍指代表处及其工作人员对机构或者企业举办的培训、会议、座谈等非营利性活动。代表处举办面向机构或者企业的市场介绍,应当在活动结束后5个工作日内将有关情况报送代表处所在地证监会派出机构。代表处及其工作人员进行市场介绍时,不得涉及具体产品;不得介绍开户、交易方式、交易费用等具有交易导向的内容;不得提出或者接受买卖任何证券、期货合约和其他金融产品的要约。代表处及其工作人员不得与法人或者自然人签订可能给代表处或者其境外交易所带来收入的协议或者合同,不得从事或者变相从事任何营利性活动,不得向境内单位或者个人提供交易直接接入服务,不得通过境外交易所会员等机构以任何形式向境内单位或者个人提供交易服务以及其他法律、法规规定的禁止性活动。据此可知,境外期货交易场所代表机构及其工作人员,不得从事或者变相从事任何经营活动,明确代表机构活动范围为"从事联络、调研等非营利性活动",只可面向机构或者企业进行市场介绍。

二、境外期货交易场所在境内设立的代表机构及其工作人员从事或者变相从事任何经营活动的法律责任

本条明确规定,境外期货交易场所在境内设立的代表机构及其工作人员违反本法第121条的规定,从事或者变相从事任何经营活动的,责令改正,给予警告,没收违法所得,并处以违法所得1倍以上10倍以下的罚款;没有违法所得或者违法所得不足50万元的,处以50万元以上500万元以下的罚款。对直接负责的主管人员和其他直接责任人员给予警告,并处以10万元以上100万元以下的罚款。

第一百四十八条　违反本法第一百二十二条的规定在境内从事市场营销、推介及招揽活动的，责令改正，给予警告，没收违法所得，并处以违法所得一倍以上十倍以下的罚款；没有违法所得或者违法所得不足五十万元的，处以五十万元以上五百万元以下的罚款。对直接负责的主管人员和其他直接责任人员给予警告，并处以十万元以上一百万元以下的罚款。

【释义】　本条是关于违法在境内从事市场营销、推介及招揽活动的法律责任的规定。

一、境内机构和境外机构在境内从事期货市场营销、推介及招揽活动的义务

随着我国金融领域逐步对外开放，越来越多的境外机构深入地参与到我国期货市场，我国鼓励境外机构在境内市场开展营销活动，促进期货市场双向开放的国际化发展。同时，期货交易事关国家经济金融安全，明确境外机构在境内市场营销活动的管理规则并将其相关主体和相关行为纳入监管范围，符合国际上的通行做法，有利于促进我国期货市场双向开放，防范境内主体参与境外市场交易的风险，维护境内机构和企业的合法权益，促进期货市场和衍生品市场健康稳步发展。

本法第 122 条第 1 款规定，境外机构在境内从事期货市场营销、推介及招揽活动，应当经国务院期货监督管理机构批准，适用本法的相关规定；第 2 款规定，境内机构为境外机构在境内从事期货市场营销、推介及招揽活动，应当经国务院期货监督管理机构批准。上述规定，明确了在境内从事期货市场营销、推介及招揽活动时，境外机构和境内机构均需要履行审批程序：一是境外机构在境内从事期货市场营销、推介及招揽活动，应当经国务院期货监督管理机构批准，适用本法的相关规定；二是境内机构为境外机构在境内从事期货市场营销、推介及招揽活动，应当经国务院期货监督管理机构批准。同时在第 3 款再次明确规定，任何单位或者个人不得从事违反前两款规定的期货市场营销、推介及招揽活动，以维护境内期货市场秩序、维护境内交易者合法权益。

二、违法在境内从事市场营销、推介及招揽活动的法律责任

根据本条规定，违反本法第 122 条的规定在境内从事市场营销、推介及招揽活动的,责令改正,给予警告,没收违法所得,并处以违法所得1倍以上10倍以下的罚款;没有违法所得或者违法所得不足50万元的,处以50万元以上500万元以下的罚款。对直接负责的主管人员和其他直接责任人员给予警告,并处以10万元以上100万元以下的罚款。根据这一规定,对违法在境内从事期货市场营销、推介及招揽活动,即境外机构未经批准在境内从事期货市场营销、推介及招揽活动的,或者境内机构未经批准为境外机构在境内从事期货市场营销、推介及招揽活动的,执法机关首先应当责令其改正。另外,还应对其给予警告、没收违法所得、并处罚款。如果是单位违法的,除应追究单位的法律责任外,对直接负责的主管人员和其他直接责任人员也应进行处罚。为此,本条明确规定,对直接负责的主管人员和其他直接责任人员给予警告,并处以10万元以上100万元以下的罚款。

第一百四十九条　拒绝、阻碍国务院期货监督管理机构或者国务院授权的部门及其工作人员依法行使监督检查、调查职权的,责令改正,处以十万元以上一百万元以下的罚款,并由公安机关依法给予治安管理处罚。

【释义】　本条是关于拒绝、阻碍执法检查的法律责任的规定。

一、被检查、调查的单位和个人应当配合

为了促进期货市场和衍生品市场服务国民经济,防范化解金融风险,维护国家经济安全,需要加强国家对期货市场和衍生品市场的监督管理,监督和引导市场主体依法行事,实现市场的规范化。为此,本法第8条明确规定国务院期货监督管理机构和国务院授权的部门监督管理职责:第1款规定,国务院期货监督管理机构依法对全国期货市场实行集中统一监督管理,国务院对利率、汇率期货的监督管理另有规定的,适用其规定;第2款规定,衍生品市场由国务院期货监督管理机构或者国务院授权的部门按照职责分工实行监督管理。同时,根据本法第38条的规定,对衍生品交易及相关活动进行规范和监督管理的具体办法,由国务院依照本法的原则规定。

为保障国务院期货监督管理机构依法履行监管职责,本法第106条第1款对国务院期货监督管理机构依法履行职责有权采取的8项措施作了规定,如进入涉嫌违法行为发生场所调查取证等。同时,为了保证国务院期货监督管理机构检查和调查的顺利进行,本法对被检查、调查的单位和个人负有配合检查、调查的法定义务也作了规定。根据本法第 109 条第 1 款的规定,国务院期货监督管理机构依法履行职责,被检查、调查的单位和个人应当配合,如实作出说明或者提供有关文件和资料,不得拒绝、阻碍和隐瞒。

二、拒绝、阻碍执法检查的法律责任

被检查、调查的单位和个人违反配合义务,拒绝、阻碍国务院期货监督管理机构或者国务院授权的部门及其工作人员依法行使监督检查、调查职权的,应当根据本条承担相应的法律责任。根据本条的规定,拒绝、阻碍国务院期货监督管理机构或者国务院授权的部门及其工作人员依法行使监督检查、调查职权的,责令改正,处以 10 万元以上 100 万元以下的罚款。同时,由公安机关依法给予治安管理处罚。如依照《治安管理处罚法》第 50 条的规定,阻碍国家机关工作人员依法执行职务的,处警告或者 200 元以下罚款;情节严重的,处 5 日以上 10 日以下拘留,可以并处 500 元以下罚款。

第一百五十条　违反法律、行政法规或者国务院期货监督管理机构的有关规定,情节严重的,国务院期货监督管理机构可以对有关责任人员采取期货市场禁入的措施。

前款所称期货市场禁入,是指在一定期限内直至终身不得进行期货交易、从事期货业务,不得担任期货经营机构、期货交易场所、期货结算机构的董事、监事、高级管理人员或者负责人的制度。

【释义】　本条是关于期货市场禁入的规定。

期货市场禁入,是指在一定期限内直至终身不得进行期货交易、从事期货业务,不得担任期货经营机构、期货交易场所、期货结算机构的董事、监事、高级管理人员或者负责人的制度。

一、期货市场禁入制度的目的和作用

期货市场具有高风险、高收益和专业性强的特点。我国高度重视防范化解金融风险,维护期货市场秩序和国家经济安全。期货市场禁入制度的目的,在于加强对期货市场的监督管理,增强市场诚信,维护期货市场秩序,保护广大交易者合法权益;同时,结合期货市场的专业性较强、职业化程度较高的特点,有针对性地通过对这些专业人员从事职业活动的限制措施,对其进行有效的警示和惩戒,从而促进市场活动的规范化,实现国家对期货市场的监管目的。这种制度及相关做法,在一些发达市场国家和地区,如美国和我国香港特别行政区等,已经得到比较普遍的确立与运用,并发挥了比较好的效果。

在"高杠杆、高收益、高风险"的期货市场中,公平的规则是基础,有效的执法是保障。与遏制期货违法行为的其他行政手段相比,期货市场禁入具有相当的严厉性。对于期货市场的严重违法行为,如果只是单纯的罚款,以几万元乃至几十万元的罚款,与巨额的非法获利相比不值一提,对阻却期货违法行为作用甚微。为落实党中央、国务院关于对资本市场违法违规行为"零容忍"的要求,作为市场的监管者,对那些违反规则、不守信义、严重破坏期货市场秩序的主体,依法向其亮出"红牌",将其驱逐出场,禁止其在一定期限内直至终身不得再入场,更能保障期货市场能够正常运转。

二、期货市场禁入制度的发展沿革

期货市场禁入制度,在我国最早可以追溯到 1996 年 2 月发布的《国务院批转国务院证券委员会、中国证券监督管理委员会关于进一步加强期货市场监管工作请示的通知》(以下简称 1996 年 2 月通知)和 1996 年 3 月发布的《中国证券监督管理委员会关于各期货交易所建立"市场禁止进入制度"的通知》(以下简称 1996 年 3 月通知)。1996 年 2 月通知中明确规定,各期货交易所要结合各自的具体情况建立"市场禁止进入制度"。对于操纵市场或者进行期货欺诈造成严重后果的机构和个人,一经查实,要宣布其为"市场禁入者",并报证监会,由证监会通报各交易所;除平仓指令外,各期货交易所和期货经纪机构要立即停止接受其新的交易指令;对触犯刑律的,移交司法机关追究刑事责任。对受到证监会通报的"市场禁入者",各期货交易所和期货经纪机构 3 年内不得为其办理期货交易开户手续。1996 年 3 月通知中明确规定 3 种行为,一经查实,期货交易所要宣布其为"市场禁入者"。1999 年《期货交易管理暂行条例》第 67 条规定,任何单位或者个人违反该条例规定,情节严重的,由证监会宣布该个人、该单位或者该单位的直接责任人员为期货市场禁止进入者。2006 年《证券市场禁入规定》第

12 条规定,证监会依法宣布个人或者单位的直接责任人员为期货市场禁止进入者的,可以参照该规定执行。这意味着自此证券期货市场禁入制度开始适用统一规则。本法将实践中行之有效的期货市场禁入制度上升为法律,国务院期货监督管理机构可以对严重违法的有关责任人员采取期货市场禁入的措施,将有利于进一步打击期货违法行为,维护广大交易者的合法利益。

第一百五十一条　本法规定的行政处罚,由国务院期货监督管理机构、国务院授权的部门按照国务院规定的职责分工作出决定;法律、行政法规另有规定的,适用其规定。

【释义】　本条是关于国务院期货监督管理机构、国务院授权的部门按照国务院规定的职责分工作出行政处罚决定的规定。

一、我国期货市场和衍生品市场的监管体制

本法在尊重现行的监管体系、总结提炼既有经验的基础上,为改革创新预留空间。本法第 8 条规定,国务院期货监督管理机构依法对全国期货市场实行集中统一监督管理。国务院对利率、汇率期货的监督管理另有规定的,适用其规定。衍生品市场由国务院期货监督管理机构或者国务院授权的部门按照职责分工实行监督管理。

二、国务院期货监督管理机构、国务院授权的部门按照国务院规定的职责分工对违法行为作出行政处罚决定

《行政处罚法》第 23 条规定,行政处罚由县级以上地方人民政府具有行政处罚权的行政机关管辖。法律、行政法规另有规定的,从其规定。对期货和衍生品违法行为的查处,是国务院期货监督管理机构、国务院授权的部门实施监督管理的重要职责,应按照国务院规定的职责分工实施监督管理职责。

本法规定的行政处罚,包括期货违法行为的行政处罚和衍生品违法行为的行政处罚。

一是关于期货违法行为的行政处罚。根据本法第 105 条第 2 款的规定,对期货违法行为进行查处,是国务院期货监督管理机构对期货市场实施监督管理的重要职责之一。因此,对于期货违法行为的行政处罚决定,一般应当由国务院期货监督管理机构作出。需要注意的是,根据本法第 8 条第 1 款的规定,国务院对利率、汇率期货的监督管理另有规定的,适用其规定。如果国务院对利率、汇率期货的监督管理另有规定的,对于利率、汇率期货违法行为的行政处罚决定,应当由国务院规定的部门作出。

二是关于衍生品违法行为的行政处罚。根据本法第 8 条第 2 款的规定,衍生品市场由国务院期货监督管理机构或者国务院授权的部门按照职责分工实行监督管理。该条规定的国务院期货监督管理机构或者国务院授权的部门的"职责分工",是指由国务院规定的职责分工。因此,对衍生品违法行为的行政处罚决定,也应由国务院期货监督管理机构、国务院授权的部门按照国务院规定的职责分工作出。

第一百五十二条　国务院期货监督管理机构或者国务院授权的部门的工作人员,不履行本法规定的职责,滥用职权、玩忽职守,利用职务便利牟取不正当利益,或者泄露所知悉的有关单位和个人的商业秘密的,依法追究法律责任。

【释义】　本条是关于相关工作人员渎职的法律责任的规定。

一、有关工作人员应当依法履职

根据本法第 108 条的规定,国务院期货监督管理机构的工作人员,应当依法办事,忠于职守,公正廉洁,保守国家秘密和有关当事人的商业秘密,不得利用职务便利牟取不正当利益。国务院期货监督管理机构或者国务院授权的部门的工作人员是国家公务人员。根据《公务员法》第 14 条的规定,公务员应当履行忠于职守、勤勉尽责、清正廉洁、公道正派、保守国家秘密和工作秘密等义务。

二、渎职的法律责任

本条中的"滥用职权",是指国家机关工作人员违反法律规定的权限和程序,滥用职权或者超越职权的行为;"玩忽职守",是指不履行法律所规定的职责或者不认真、不正确或者放弃履行职责,致使国家利益、公共利益遭受重大损失的行为;此外,有关工作人员利用职务便利牟取不正当利益,或者泄露所知悉的有关单位和个人的商业秘密,也属于违法行为。

按照本条的规定,国务院期货监督管理机构和国务院授权的部门的工作人员不履行本法规定的职责,有本条规定的违法行为的,应当依照本法和有关法律的规定追究其法律责任。

(1)依据《监察法》《公务员法》《公职人员政务处分法》等有关规定给予其处分。

(2)情节严重,构成犯罪的,依照《刑法》追究其刑事责任。《刑法》第382条对贪污罪作了规定,国家工作人员利用职务上的便利,侵吞、窃取、骗取或者以其他手段非法占有公共财物的,是贪污罪。《刑法》第397条对滥用职权罪、玩忽职守罪作了规定,除刑法另有规定外,国家机关工作人员滥用职权或者玩忽职守,致使公共财产、国家和人民利益遭受重大损失的,处3年以下有期徒刑或者拘役;情节特别严重的,处3年以上7年以下有期徒刑。国家机关工作人员徇私舞弊,犯前款罪的,处5年以下有期徒刑或者拘役;情节特别严重的,处5年以上10年以下有期徒刑。

(3)其他法律、行政法规、规章对上述人员的违法行为规定了法律责任的,依照其规定执行。如有关工作人员泄露所知悉的有关单位和个人的商业秘密的,造成他人损失的,还应按照《民法典》的规定承担民事赔偿责任。

第一百五十三条　违反本法规定,构成犯罪的,依法追究刑事责任。

【释义】 本条是关于构成犯罪追究刑事责任的规定。

刑事责任,是我国《刑法》规定的犯罪行为所应承担的法律后果。根据《行政处罚法》的有关规定,违法行为涉嫌犯罪的,行政机关应当及时将案件移送司法机关,依法追究刑事责任。违法行为构成犯罪,应当依法追究刑事责任的,不得以行政处罚代替刑事处罚。期货交易和衍生品交易中的当事人如果有本法规定的违法行为,且该行为符合我国《刑法》所规定的犯罪的构成要件的,就要依照《刑法》有关条款的规定承担相应的刑事责任。

我国《刑法》分则在第3章破坏社会主义市场经济秩序罪对内幕交易、泄露内幕信息、利用未公开信息交易、编造并传播期货交易虚假信息、操纵期货市场等行为作了规定;第6章妨害社会管理秩序罪对以暴力、威胁方法阻碍国家机关工作人员依法执行职务的行为作出规定；第 9 章渎职罪对国家工作人员的滥用职权、玩忽职守、故意泄露国家秘密等行为作了规定；等等。需要注意的是，依照本法第 114 条的规定，国务院期货监督管理机构依法履行职责，发现期货违法行为涉嫌犯罪的，应当依法将案件移送司法机关处理；发现公职人员涉嫌职务违法或者职务犯罪的，应当依法移送监察机关处理。

第一百五十四条　违反本法规定，应当承担民事赔偿责任和缴纳罚款、罚金、违法所得，违法行为人的财产不足以支付的，优先用于承担民事赔偿责任。

【释义】 本条是关于民事赔偿责任优先的规定。

一、民事责任、行政责任、刑事责任

民事责任，是指民事主体违反民事法律规范所应当承担的法律责任。行政责任，是指个人或者单位违反行政管理方面的法律规定所应当承担的法律责任。刑事责任，是指违反刑事法律规定的个人或者单位所应当承担的法律责任。本法规定的期货交易和衍生品交易活动中的违法当事人的责任包括了民事责任、行政责任和刑事责任 3 种责任形式。当事人有本法规定的违法行为，损害了其他当事人的利益的，要承担侵权的民事责任或者违约的民事责任。当事人有本法规定的违法行为，扰乱期货市场和衍生品市场、违反了行政管理秩序的，还要承担行政责任。当事人有本法规定的违法行为，且其行为符合刑法有关犯罪构成要件，构成犯罪的，还要承担刑事责任。

罚款，是行政处罚中的一种财产罚，即行政机关强制违反行政管理秩序的行为人在一定期限内向国家缴纳一定数量的金钱而使其遭受一定经济利益损失的行政处罚形式。罚金，是刑罚中的一种财产刑，即人民法院强制构成犯罪的行为人向国家缴纳一定数量的金钱的刑罚方式。违法所得，是指实施违法行为所取得的款项，当事人有违法所得，除依法应当退赔的外，应当予以没收。民事赔偿责任是民事责任的一种，包括违约民事赔偿责任和侵权民事赔偿责任。

二、民事赔偿责任优先

《民法典》第187条规定，民事主体因同一行为应当承担民事责任、行政责任和刑事责任的，承担行政责任或者刑事责任不影响承担民事责任；民事主体的财产不足以支付的，优先用于承担民事责任。实践中，可能出现民事赔偿、罚款、罚金、没收违法所得在一个当事人身上同时适用的情况。民事赔偿、罚款、罚金、没收违法所得是4种不同的责任形式，但它们有一个共同特点，就是当事人都要支付一定数额的金钱，当同时在一个当事人身上适用时，就涉及承担的先后顺序问题，这时就要按照本条的规定进行处理。

根据本条规定，一个当事人同时承担民事赔偿责任和缴纳罚款、罚金、没收违法所得，其财产不足以同时支付时，首先应当承担民事赔偿责任。这是因为，期货和衍生品违法行为损害的主要是交易者的利益，主要后果是造成了交易者的财产损失。法律对期货和衍生品违法行为规定行政和刑事责任，其主要目的也在于制止违法行为，从而保护交易者的合法权益。另外，民事赔偿责任和另外三者有重要的区别，民事赔偿责任是对受害人损失的弥补，罚款和罚金是对侵害人的惩罚，没收违法所得是不允许行为人因违法行为而获利。根据法律的一般原理，违法行为发生后，法律的首要目的是恢复原状，即恢复到违法行为没有发生前的状况，在有损害发生的情况下，这一目的就表现为弥补受害人的损失，然后才涉及对侵害人进行惩罚的问题。因此，期货和衍生品违法行为发生后，违法行为人同时承担民事赔偿责任和缴纳罚款、罚金、违法所得，如果其财产不足以同时支付时，首先应当赔偿受害人的损失，在其财产还有剩余的情况下，再用剩余的财产缴纳罚款、罚金、违法所得。

第十三章　附　　则

第一百五十五条　本法自 2022 年 8 月 1 日起施行。

【释义】 本条是关于本法施行日期的规定。

一、本法的施行日期

法律的施行日期,即指法律的生效日期,也就是一部法律产生法律效力的时间,是法律实施不可缺少的部分。《立法法》第 57 条规定,法律应当明确规定施行日期。本法由中华人民共和国第十三届全国人民代表大会常务委员会第三十四次会议于 2022 年 4 月 20 日通过,自 2022 年 8 月 1 日起施行。之所以留出 3 个多月的时间,是考虑到本法是我国期货和衍生品领域的第一部法律,专业性强、涉及面广、社会关注度高,在施行之前还要做好很多准备工作:国务院有关部门需要修改完善有关配套制度;公布之后,需要一个向社会宣传、普及的过程,使国务院期货监督管理机构和国务院授权的部门的工作人员、期货经营机构、期货交易场所、交易者等市场主体充分熟悉、理解、掌握本法的内容,从而保证本法能够得到有效的遵守和执行。

二、本法的时间效力

本法的时间效力体现在以下几个方面:一是本法开始在中华人民共和国境内生效,凡属于本法调整范围内的期货交易和衍生品交易及相关活动,自 2022 年 8 月 1 日起,均应依照本法规定进行。二是其他法律、法规和规章中有关期货交易和衍生品交易的规定,凡与本法相抵触的,应以本法的规定为准。三是有关国家机关应当根据本法的授权及时制定具体的规定。根据《立法法》第 62 条的规定,法律规定明确要求有关国家机关对专门事项作出配套的具体规定的,有关国家机关应当自法律施行之日起 1 年内作出规定。法律对配套的具体规定制定期限另有规定的,从其规定。有关国家机关未能在期限内作出配套的具体规定的,应当向全国人民代表大会常务委员会说明情况。

第二部分　附　　录

中华人民共和国主席令

第一一一号

《中华人民共和国期货和衍生品法》已由中华人民共和国第十三届全国人民代表大会常务委员会第三十四次会议于 2022 年 4 月 20 日通过，现予公布，自 2022 年 8 月 1 日起施行。

中华人民共和国主席　**习近平**

2022 年 4 月 20 日

中华人民共和国期货和衍生品法

（2022年4月20日第十三届全国人民代表大会
常务委员会第三十四次会议通过）

目　　录

第一章　总　　则

第一条　为了规范期货交易和衍生品交易行为，保障各方合法权益，维护市场秩序和社会公共利益，促进期货市场和衍生品市场服务国民经济，防范化解金融风险，维护国家经济安全，制定本法。

第二条 在中华人民共和国境内，期货交易和衍生品交易及相关活动，适用本法。

在中华人民共和国境外的期货交易和衍生品交易及相关活动，扰乱中华人民共和国境内市场秩序，损害境内交易者合法权益的，依照本法有关规定处理并追究法律责任。

第三条 本法所称期货交易，是指以期货合约或者标准化期权合约为交易标的的交易活动。

本法所称衍生品交易，是指期货交易以外的，以互换合约、远期合约和非标准化期权合约及其组合为交易标的的交易活动。

本法所称期货合约，是指期货交易场所统一制定的、约定在将来某一特定的时间和地点交割一定数量标的物的标准化合约。

本法所称期权合约，是指约定买方有权在将来某一时间以特定价格买入或者卖出约定标的物（包括期货合约）的标准化或非标准化合约。

本法所称互换合约，是指约定在将来某一特定时间内相互交换特定标的物的金融合约。

本法所称远期合约，是指期货合约以外的，约定在将来某一特定的时间和地点交割一定数量标的物的金融合约。

第四条 国家支持期货市场健康发展，发挥发现价格、管理风险、配置资源的功能。

国家鼓励利用期货市场和衍生品市场从事套期保值等风险管理活动。

国家采取措施推动农产品期货市场和衍生品市场发展，引导国内农产品生产经营。

本法所称套期保值，是指交易者为管理因其资产、负债等价值变化产生的风险而达成与上述资产、负债等基本吻合的期货交易和衍生品交易的活动。

第五条 期货市场和衍生品市场应当建立和完善风险的监测监控与化解处置制度机制，依法限制过度投机行为，防范市场系统性风险。

第六条 期货交易和衍生品交易活动，应当遵守法律、行政法规和国家有关规定，遵循公开、公平、公正的原则，禁止欺诈、操纵市场和内幕交易的行为。

第七条 参与期货交易和衍生品交易活动的各方具有平等的法律地位,应当遵守自愿、有偿、诚实信用的原则。

第八条 国务院期货监督管理机构依法对全国期货市场实行集中统一监督管理。国务院对利率、汇率期货的监督管理另有规定的,适用其规定。

衍生品市场由国务院期货监督管理机构或者国务院授权的部门按照职责分工实行监督管理。

第九条 期货和衍生品行业协会依法实行自律管理。

第十条 国家审计机关依法对期货经营机构、期货交易场所、期货结算机构、国务院期货监督管理机构进行审计监督。

第二章 期货交易和衍生品交易

第一节 一般规定

第十一条 期货交易应当在依法设立的期货交易所或者国务院期货监督管理机构依法批准组织开展期货交易的其他期货交易场所(以下统称期货交易场所),采用公开的集中交易方式或者国务院期货监督管理机构批准的其他方式进行。

禁止在期货交易场所之外进行期货交易。

衍生品交易,可以采用协议交易或者国务院规定的其他交易方式进行。

第十二条 任何单位和个人不得操纵期货市场或者衍生品市场。

禁止以下列手段操纵期货市场,影响或者意图影响期货交易价格或者期货交易量:

(一)单独或者合谋,集中资金优势、持仓优势或者利用信息优势联合或者连续买卖合约;

(二)与他人串通,以事先约定的时间、价格和方式相互进行期货交易;

(三)在自己实际控制的账户之间进行期货交易;

(四)利用虚假或者不确定的重大信息,诱导交易者进行期货交易;

(五)不以成交为目的,频繁或者大量申报并撤销申报;

(六)对相关期货交易或者合约标的物的交易作出公开评价、预测或者投资建议,并进行反向操作或者相关操作;

(七)为影响期货市场行情囤积现货;

(八)在交割月或者临近交割月,利用不正当手段规避持仓限额,形成持仓优势；

（九）利用在相关市场的活动操纵期货市场；

（十）操纵期货市场的其他手段。

第十三条 期货交易和衍生品交易的内幕信息的知情人和非法获取内幕信息的人，在内幕信息公开前不得从事相关期货交易或者衍生品交易，明示、暗示他人从事与内幕信息有关的期货交易或者衍生品交易，或者泄露内幕信息。

第十四条 本法所称内幕信息，是指可能对期货交易或者衍生品交易的交易价格产生重大影响的尚未公开的信息。

期货交易的内幕信息包括：

（一）国务院期货监督管理机构以及其他相关部门正在制定或者尚未发布的对期货交易价格可能产生重大影响的政策、信息或者数据；

（二）期货交易场所、期货结算机构作出的可能对期货交易价格产生重大影响的决定；

（三）期货交易场所会员、交易者的资金和交易动向；

（四）相关市场中的重大异常交易信息；

（五）国务院期货监督管理机构规定的对期货交易价格有重大影响的其他信息。

第十五条 本法所称内幕信息的知情人，是指由于经营地位、管理地位、监督地位或者职务便利等，能够接触或者获得内幕信息的单位和个人。

期货交易的内幕信息的知情人包括：

（一）期货经营机构、期货交易场所、期货结算机构、期货服务机构的有关人员；

（二）国务院期货监督管理机构和其他有关部门的工作人员；

（三）国务院期货监督管理机构规定的可以获取内幕信息的其他单位和个人。

第十六条 禁止任何单位和个人编造、传播虚假信息或者误导性信息，扰乱期货市场和衍生品市场。

禁止期货经营机构、期货交易场所、期货结算机构、期货服务机构及其从业人员，组织、开展衍生品交易的场所、机构及其从业人员，期货和衍生品行业协会、国务院期货监督管理机构、国务院授权的部门及其工作人员，在期货交易和衍生品交易及相关活动中作出虚假陈述或者信息误导。

各种传播媒介传播期货市场和衍生品市场信息应当真实、客观，禁止误导。传播媒介及其从事期货市场和衍生品市场信息报道的工作人员不得从事与其工作职责发生利益冲突的期货交易和衍生品交易及相关活动。

第二节　期 货 交 易

第十七条　期货合约品种和标准化期权合约品种的上市应当符合国务院期货监督管理机构的规定，由期货交易场所依法报经国务院期货监督管理机构注册。

期货合约品种和标准化期权合约品种的中止上市、恢复上市、终止上市应当符合国务院期货监督管理机构的规定，由期货交易场所决定并向国务院期货监督管理机构备案。

期货合约品种和标准化期权合约品种应当具有经济价值，合约不易被操纵，符合社会公共利益。

第十八条　期货交易实行账户实名制。交易者进行期货交易的，应当持有证明身份的合法证件，以本人名义申请开立账户。

任何单位和个人不得违反规定，出借自己的期货账户或者借用他人的期货账户从事期货交易。

第十九条　在期货交易场所进行期货交易的，应当是期货交易场所会员或者符合国务院期货监督管理机构规定的其他参与者。

第二十条　交易者委托期货经营机构进行交易的，可以通过书面、电话、自助终端、网络等方式下达交易指令。交易指令应当明确、具体、全面。

第二十一条　通过计算机程序自动生成或者下达交易指令进行程序化交易的，应当符合国务院期货监督管理机构的规定，并向期货交易场所报告，不得影响期货交易场所系统安全或者正常交易秩序。

第二十二条　期货交易实行保证金制度，期货结算机构向结算参与人收取保证金，结算参与人向交易者收取保证金。保证金用于结算和履约保障。

保证金的形式包括现金，国债、股票、基金份额、标准仓单等流动性强的有价证券，以及国务院期货监督管理机构规定的其他财产。以有价证券等作为保证金的，可以依法通过质押等具有履约保障功能的方式进行。

期货结算机构、结算参与人收取的保证金的形式、比例等应当符合国务院期货监督管理机构的规定。

交易者进行标准化期权合约交易的，卖方应当缴纳保证金，买方应当支付权利金。

前款所称权利金是指买方支付的用于购买标准化期权合约的资金。

第二十三条 期货交易实行持仓限额制度，防范合约持仓过度集中的风险。

从事套期保值等风险管理活动的，可以申请持仓限额豁免。

持仓限额、套期保值的管理办法由国务院期货监督管理机构制定。

第二十四条 期货交易实行交易者实际控制关系报备管理制度。交易者应当按照国务院期货监督管理机构的规定向期货经营机构或者期货交易场所报备实际控制关系。

第二十五条 期货交易的收费应当合理，收费项目、收费标准和管理办法应当公开。

第二十六条 依照期货交易场所依法制定的业务规则进行的交易，不得改变其交易结果，本法第八十九条第二款规定的除外。

第二十七条 期货交易场所会员和交易者应当按照国务院期货监督管理机构的规定，报告有关交易、持仓、保证金等重大事项。

第二十八条 任何单位和个人不得违规使用信贷资金、财政资金进行期货交易。

第二十九条 期货经营机构、期货交易场所、期货结算机构、期货服务机构等机构及其从业人员对发现的禁止的交易行为，应当及时向国务院期货监督管理机构报告。

第三节 衍生品交易

第三十条 依法设立的场所，经国务院授权的部门或者国务院期货监督管理机构审批，可以组织开展衍生品交易。

组织开展衍生品交易的场所制定的交易规则，应当公平保护交易参与各方合法权益和防范市场风险，并报国务院授权的部门或者国务院期货监督管理机构批准。

第三十一条 金融机构开展衍生品交易业务，应当依法经过批准或者核准,履行交易者适当性管理义务,并应当遵守国家有关监督管理规定。

第三十二条 衍生品交易采用主协议方式的,主协议、主协议项下的全部补充协议以及交易双方就各项具体交易作出的约定等,共同构成交易双方之间一个完整的单一协议,具有法律约束力。

第三十三条 本法第三十二条规定的主协议等合同范本,应当按照国务院授权的部门或者国务院期货监督管理机构的规定报送备案。

第三十四条 进行衍生品交易,可以依法通过质押等方式提供履约保障。

第三十五条 依法采用主协议方式从事衍生品交易的,发生约定的情形时,可以依照协议约定终止交易,并按净额对协议项下的全部交易盈亏进行结算。

依照前款规定进行的净额结算,不因交易任何一方依法进入破产程序而中止、无效或者撤销。

第三十六条 国务院授权的部门、国务院期货监督管理机构应当建立衍生品交易报告库,对衍生品交易标的、规模、对手方等信息进行集中收集、保存、分析和管理,并按照规定及时向市场披露有关信息。具体办法由国务院授权的部门、国务院期货监督管理机构规定。

第三十七条 衍生品交易,由国务院授权的部门或者国务院期货监督管理机构批准的结算机构作为中央对手方进行集中结算的,可以依法进行终止净额结算;结算财产应当优先用于结算和交割,不得被查封、冻结、扣押或者强制执行;在结算和交割完成前,任何人不得动用。

依法进行的集中结算,不因参与结算的任何一方依法进入破产程序而中止、无效或者撤销。

第三十八条 对衍生品交易及相关活动进行规范和监督管理的具体办法,由国务院依照本法的原则规定。

第三章 期货结算与交割

第三十九条 期货交易实行当日无负债结算制度。在期货交易场所规定的时间,期货结算机构应当在当日按照结算价对结算参与人进行结算;结算参与人应当根据期货结算机构的结算结果对交易者进行结算。结算结果应当在当日及时通知结算参与人和交易者。

第四十条 期货结算机构、结算参与人收取的保证金、权利金等,应当与其自有资金分开,按照国务院期货监督管理机构的规定,在期货保证金存管机构专户存放,分别管理,禁止违规挪用。

第四十一条 结算参与人的保证金不符合期货结算机构业务规则规定标准的,期货结算机构应当按照业务规则的规定通知结算参与人在规定时间内追加保证金或者自行平仓;结算参与人未在规定时间内追加保证金或者自行平仓的,通知期货交易场所强行平仓。

交易者的保证金不符合结算参与人与交易者约定标准的,结算参与人应当按照约定通知交易者在约定时间内追加保证金或者自行平仓;交易者未在约定时间内追加保证金或者自行平仓的,按照约定强行平仓。

以有价证券等作为保证金,期货结算机构、结算参与人按照前两款规定强行平仓的,可以对有价证券等进行处置。

第四十二条 结算参与人在结算过程中违约的,期货结算机构按照业务规则动用结算参与人的保证金、结算担保金以及结算机构的风险准备金、自有资金等完成结算;期货结算机构以其风险准备金、自有资金等完成结算的,可以依法对该结算参与人进行追偿。

交易者在结算过程中违约的,其委托的结算参与人按照合同约定动用该交易者的保证金以及结算参与人的风险准备金和自有资金完成结算;结算参与人以其风险准备金和自有资金完成结算的,可以依法对该交易者进行追偿。

本法所称结算担保金,是指结算参与人以自有资金向期货结算机构缴纳的,用于担保履约的资金。

第四十三条 期货结算机构依照其业务规则收取和提取的保证金、权利金、结算担保金、风险准备金等资产,应当优先用于结算和交割,不得被查封、冻结、扣押或者强制执行。

在结算和交割完成之前,任何人不得动用用于担保履约和交割的保证金、进入交割环节的交割财产。

依法进行的结算和交割,不因参与结算的任何一方依法进入破产程序而中止、无效或者撤销。

第四十四条 期货合约到期时,交易者应当通过实物交割或者现金交割,了结到期未平仓合约。

在标准化期权合约规定的时间，合约的买方有权以约定的价格买入或者卖出标的物，或者按照约定进行现金差价结算，合约的卖方应当按照约定履行相应的义务。标准化期权合约的行权，由期货结算机构组织进行。

第四十五条 期货合约采取实物交割的，由期货结算机构负责组织货款与标准仓单等合约标的物权利凭证的交付。

期货合约采取现金交割的，由期货结算机构以交割结算价为基础，划付持仓双方的盈亏款项。

本法所称标准仓单，是指交割库开具并经期货交易场所登记的标准化提货凭证。

第四十六条 期货交易的实物交割在期货交易场所指定的交割库、交割港口或者其他符合期货交易场所要求的地点进行。实物交割不得限制交割总量。采用标准仓单以外的单据凭证或者其他方式进行实物交割的，期货交易场所应当明确规定交割各方的权利和义务。

第四十七条 结算参与人在交割过程中违约的，期货结算机构有权对结算参与人的标准仓单等合约标的物权利凭证进行处置。

交易者在交割过程中违约的，结算参与人有权对交易者的标准仓单等合约标的物权利凭证进行处置。

第四十八条 不符合结算参与人条件的期货经营机构可以委托结算参与人代为其客户进行结算。不符合结算参与人条件的期货经营机构与结算参与人、交易者之间的权利义务关系，参照本章关于结算参与人与交易者之间权利义务的规定执行。

第四章 期货交易者

第四十九条 期货交易者是指依照本法从事期货交易，承担交易结果的自然人、法人和非法人组织。

期货交易者从事期货交易，除国务院期货监督管理机构另有规定外，应当委托期货经营机构进行。

第五十条 期货经营机构向交易者提供服务时，应当按照规定充分了解交易者的基本情况、财产状况、金融资产状况、交易知识和经验、专业能力等相关信息；如实说明服务的重要内容，充分揭示交易风险；提供与交易者上述状况相匹配的服务。

交易者在参与期货交易和接受服务时,应当按照期货经营机构明示的要求提供前款所列真实信息。拒绝提供或者未按照要求提供信息的,期货经营机构应当告知其后果,并按照规定拒绝提供服务。

期货经营机构违反第一款规定导致交易者损失的,应当承担相应的赔偿责任。

第五十一条 根据财产状况、金融资产状况、交易知识和经验、专业能力等因素,交易者可以分为普通交易者和专业交易者。专业交易者的标准由国务院期货监督管理机构规定。

普通交易者与期货经营机构发生纠纷的,期货经营机构应当证明其行为符合法律、行政法规以及国务院期货监督管理机构的规定,不存在误导、欺诈等情形。期货经营机构不能证明的,应当承担相应的赔偿责任。

第五十二条 参与期货交易的法人和非法人组织,应当建立与其交易合约类型、规模、目的等相适应的内部控制制度和风险控制制度。

第五十三条 期货经营机构、期货交易场所、期货结算机构的从业人员,国务院期货监督管理机构、期货业协会的工作人员,以及法律、行政法规和国务院期货监督管理机构规定禁止参与期货交易的其他人员,不得进行期货交易。

第五十四条 交易者有权查询其委托记录、交易记录、保证金余额、与其接受服务有关的其他重要信息。

第五十五条 期货经营机构、期货交易场所、期货结算机构、期货服务机构及其工作人员应当依法为交易者的信息保密,不得非法买卖、提供或者公开交易者的信息。

期货经营机构、期货交易场所、期货结算机构、期货服务机构及其工作人员不得泄露所知悉的商业秘密。

第五十六条 交易者与期货经营机构等发生纠纷的,双方可以向行业协会等申请调解。普通交易者与期货经营机构发生期货业务纠纷并提出调解请求的,期货经营机构不得拒绝。

第五十七条 交易者提起操纵市场、内幕交易等期货民事赔偿诉讼时,诉讼标的是同一种类,且当事人一方人数众多的,可以依法推选代表人进行诉讼。

第五十八条 国家设立期货交易者保障基金。期货交易者保障基金的筹集、管理和使用的具体办法，由国务院期货监督管理机构会同国务院财政部门制定。

第五章 期货经营机构

第五十九条 期货经营机构是指依照《中华人民共和国公司法》和本法设立的期货公司以及国务院期货监督管理机构核准从事期货业务的其他机构。

第六十条 设立期货公司，应当具备下列条件，并经国务院期货监督管理机构核准：

（一）有符合法律、行政法规规定的公司章程；

（二）主要股东及实际控制人具有良好的财务状况和诚信记录，净资产不低于国务院期货监督管理机构规定的标准，最近三年无重大违法违规记录；

（三）注册资本不低于人民币一亿元，且应当为实缴货币资本；

（四）从事期货业务的人员符合本法规定的条件，董事、监事和高级管理人员具备相应的任职条件；

（五）有良好的公司治理结构、健全的风险管理制度和完善的内部控制制度；

（六）有合格的经营场所、业务设施和信息技术系统；

（七）法律、行政法规和国务院期货监督管理机构规定的其他条件。

国务院期货监督管理机构根据审慎监管原则和各项业务的风险程度，可以提高注册资本最低限额。

国务院期货监督管理机构应当自受理期货公司设立申请之日起六个月内依照法定条件、法定程序和审慎监管原则进行审查，作出核准或者不予核准的决定，并通知申请人；不予核准的，应当说明理由。

第六十一条 期货公司应当在其名称中标明“期货”字样，国务院期货监督管理机构另有规定的除外。

第六十二条 期货公司办理下列事项，应当经国务院期货监督管理机构核准：

（一）合并、分立、停业、解散或者申请破产；

（二）变更主要股东或者公司的实际控制人；

(三)变更注册资本且调整股权结构;

(四)变更业务范围;

(五)国务院期货监督管理机构规定的其他重大事项。

前款第三项、第五项所列事项,国务院期货监督管理机构应当自受理申请之日起二十日内作出核准或者不予核准的决定;前款所列其他事项,国务院期货监督管理机构应当自受理申请之日起六十日内作出核准或者不予核准的决定。

第六十三条 期货公司经国务院期货监督管理机构核准可以从事下列期货业务:

(一)期货经纪;

(二)期货交易咨询;

(三)期货做市交易;

(四)其他期货业务。

期货公司从事资产管理业务的,应当符合《中华人民共和国证券投资基金法》等法律、行政法规的规定。

未经国务院期货监督管理机构核准,任何单位和个人不得设立或者变相设立期货公司,经营或者变相经营期货经纪业务、期货交易咨询业务,也不得以经营为目的使用"期货"、"期权"或者其他可能产生混淆或者误导的名称。

第六十四条 期货公司的董事、监事、高级管理人员,应当正直诚实、品行良好,熟悉期货法律、行政法规,具有履行职责所需的经营管理能力。期货公司任免董事、监事、高级管理人员,应当报国务院期货监督管理机构备案。

有下列情形之一的,不得担任期货公司的董事、监事、高级管理人员:

(一)存在《中华人民共和国公司法》规定的不得担任公司董事、监事和高级管理人员的情形;

(二)因违法行为或者违纪行为被解除职务的期货经营机构的董事、监事、高级管理人员,或者期货交易场所、期货结算机构的负责人,自被解除职务之日起未逾五年;

(三)因违法行为或者违纪行为被吊销执业证书或者被取消资格的注册会计师、律师或者其他期货服务机构的专业人员,自被吊销执业证书或者被取消资格之日起未逾五年。

第六十五条 期货经营机构应当依法经营,勤勉尽责,诚实守信。期货经营机构应当建立健全内部控制制度,采取有效隔离措施,防范经营机构与客户之间、不同客户之间的利益冲突。

期货经营机构应当将其期货经纪业务、期货做市交易业务、资产管理业务和其他相关业务分开办理,不得混合操作。

期货经营机构应当依法建立并执行反洗钱制度。

第六十六条 期货经营机构接受交易者委托为其进行期货交易,应当签订书面委托合同,以自己的名义为交易者进行期货交易,交易结果由交易者承担。

期货经营机构从事经纪业务,不得接受交易者的全权委托。

第六十七条 期货经营机构从事资产管理业务,接受客户委托,运用客户资产进行投资的,应当公平对待所管理的不同客户资产,不得违背受托义务。

第六十八条 期货经营机构不得违反规定为其股东、实际控制人或者股东、实际控制人的关联人提供融资或者担保,不得违反规定对外担保。

第六十九条 期货经营机构从事期货业务的人员应当正直诚实、品行良好,具备从事期货业务所需的专业能力。

期货经营机构从事期货业务的人员不得私下接受客户委托从事期货交易。

期货经营机构从事期货业务的人员在从事期货业务活动中,执行所属的期货经营机构的指令或者利用职务违反期货交易规则的,由所属的期货经营机构承担全部责任。

第七十条 国务院期货监督管理机构应当制定期货经营机构持续性经营规则,对期货经营机构及其分支机构的经营条件、风险管理、内部控制、保证金存管、合规管理、风险监管指标、关联交易等方面作出规定。期货经营机构应当符合持续性经营规则。

第七十一条 期货经营机构应当按照规定向国务院期货监督管理机构报送业务、财务等经营管理信息和资料。国务院期货监督管理机构有权要求期货经营机构及其主要股东、实际控制人、其他关联人在指定的期限内提供有关信息、资料。

期货经营机构及其主要股东、实际控制人或者其他关联人向国务院期货监督管理机构报送或者提供的信息、资料，应当真实、准确、完整。

第七十二条　期货经营机构涉及重大诉讼、仲裁，股权被冻结或者用于担保，以及发生其他重大事件时，应当自该事件发生之日起五日内向国务院期货监督管理机构提交书面报告。

期货经营机构的控股股东或者实际控制人应当配合期货经营机构履行前款规定的义务。

第七十三条　期货经营机构不符合持续性经营规则或者出现经营风险的，国务院期货监督管理机构应当责令其限期改正；期货经营机构逾期未改正的，或者其行为严重危及该期货经营机构的稳健运行、损害交易者合法权益的，或者涉嫌严重违法违规正在被国务院期货监督管理机构调查的，国务院期货监督管理机构可以区别情形，对其采取下列措施：

（一）限制或者暂停部分业务；

（二）停止核准新增业务；

（三）限制分配红利，限制向董事、监事、高级管理人员支付报酬、提供福利；

（四）限制转让财产或者在财产上设定其他权利；

（五）责令更换董事、监事、高级管理人员或者有关业务部门、分支机构的负责人员，或者限制其权利；

（六）限制期货经营机构自有资金或者风险准备金的调拨和使用；

（七）认定负有责任的董事、监事、高级管理人员为不适当人选；

（八）责令负有责任的股东转让股权，限制负有责任的股东行使股东权利。

对经过整改符合有关法律、行政法规规定以及持续性经营规则要求的期货经营机构，国务院期货监督管理机构应当自验收完毕之日起三日内解除对其采取的有关措施。

对经过整改仍未达到持续性经营规则要求，严重影响正常经营的期货经营机构，国务院期货监督管理机构有权撤销其部分或者全部期货业务许可、关闭其部分或者全部分支机构。

第七十四条　期货经营机构违法经营或者出现重大风险，严重危害期货市场秩序、损害交易者利益的，国务院期货监督管理机构可以对该期货经营机构采取责令停业整顿、指定其他机构托管或者接管等监督管理措施。

期货经营机构有前款所列情形，经国务院期货监督管理机构批准，可以对该期货经营机构直接负责的董事、监事、高级管理人员和其他直接责任人员采取以下措施：

（一）决定并通知出境入境管理机关依法阻止其出境；

（二）申请司法机关禁止其转移、转让或者以其他方式处分财产，或者在财产上设定其他权利。

第七十五条 期货经营机构的股东有虚假出资、抽逃出资行为的，国务院期货监督管理机构应当责令其限期改正，并可责令其转让所持期货经营机构的股权。

在股东依照前款规定的要求改正违法行为、转让所持期货经营机构的股权前，国务院期货监督管理机构可以限制其股东权利。

第七十六条 期货经营机构有下列情形之一的，国务院期货监督管理机构应当依法办理相关业务许可证注销手续：

（一）营业执照被依法吊销；

（二）成立后无正当理由超过三个月未开始营业，或者开业后无正当理由停业连续三个月以上；

（三）主动提出注销申请；

（四）《中华人民共和国行政许可法》和国务院期货监督管理机构规定应当注销行政许可的其他情形。

期货经营机构在注销相关业务许可证前，应当结清相关期货业务，并依法返还交易者的保证金和其他资产。

第七十七条 国务院期货监督管理机构认为必要时，可以委托期货服务机构对期货经营机构的财务状况、内部控制状况、资产价值进行审计或者评估。具体办法由国务院期货监督管理机构会同有关主管部门制定。

第七十八条 禁止期货经营机构从事下列损害交易者利益的行为：

（一）向交易者作出保证其资产本金不受损失或者取得最低收益承诺；

（二）与交易者约定分享利益、共担风险；

（三）违背交易者委托进行期货交易；

（四）隐瞒重要事项或者使用其他不正当手段，诱骗交易者交易；

（五）以虚假或者不确定的重大信息为依据向交易者提供交易建议；

（六）向交易者提供虚假成交回报；

（七）未将交易者交易指令下达到期货交易场所；

（八）挪用交易者保证金；

（九）未依照规定在期货保证金存管机构开立保证金账户，或者违规划转交易者保证金；

（十）利用为交易者提供服务的便利，获取不正当利益或者转嫁风险；

（十一）其他损害交易者权益的行为。

第六章　期货交易场所

第七十九条　期货交易场所应当遵循社会公共利益优先原则，为期货交易提供场所和设施，组织和监督期货交易，维护市场的公平、有序和透明，实行自律管理。

第八十条　设立、变更和解散期货交易所，应当由国务院期货监督管理机构批准。

设立期货交易所应当制定章程。期货交易所章程的制定和修改，应当经国务院期货监督管理机构批准。

第八十一条　期货交易所应当在其名称中标明“商品交易所”或者“期货交易所”等字样。其他任何单位或者个人不得使用期货交易所或者其他可能产生混淆或者误导的名称。

第八十二条　期货交易所可以采取会员制或者公司制的组织形式。

会员制期货交易所的组织机构由其章程规定。

第八十三条　期货交易所依照法律、行政法规和国务院期货监督管理机构的规定，制定有关业务规则；其中交易规则的制定和修改应当报国务院期货监督管理机构批准。

期货交易所业务规则应当体现公平保护会员、交易者等市场相关各方合法权益的原则。

在期货交易所从事期货交易及相关活动，应当遵守期货交易所依法制定的业务规则。违反业务规则的，由期货交易所给予纪律处分或者采取其他自律管理措施。

第八十四条　期货交易所的负责人由国务院期货监督管理机构提名或者任免。

有《中华人民共和国公司法》规定的不适合担任公司董事、监事、高级管理人员的情形或者下列情形之一的，不得担任期货交易所的负责人：

（一）因违法行为或者违纪行为被解除职务的期货经营机构的董事、监事、高级管理人员，或者期货交易场所、期货结算机构的负责人，自被解除职务之日起未逾五年；

（二）因违法行为或者违纪行为被吊销执业证书或者被取消资格的注册会计师、律师或者其他期货服务机构的专业人员，自被吊销执业证书或者被取消资格之日起未逾五年。

第八十五条 期货交易场所应当依照本法和国务院期货监督管理机构的规定，加强对交易活动的风险控制和对会员以及交易场所工作人员的监督管理，依法履行下列职责：

（一）提供交易的场所、设施和服务；

（二）设计期货合约、标准化期权合约品种，安排期货合约、标准化期权合约品种上市；

（三）对期货交易进行实时监控和风险监测；

（四）依照章程和业务规则对会员、交易者、期货服务机构等进行自律管理；

（五）开展交易者教育和市场培育工作；

（六）国务院期货监督管理机构规定的其他职责。

期货交易场所不得直接或者间接参与期货交易。未经国务院批准，期货交易场所不得从事信托投资、股票投资、非自用不动产投资等与其职责无关的业务。

第八十六条 期货交易所的所得收益按照国家有关规定管理和使用，应当首先用于保证期货交易的场所、设施的运行和改善。

第八十七条 期货交易场所应当加强对期货交易的风险监测，出现异常情况的，期货交易场所可以依照业务规则，单独或者会同期货结算机构采取下列紧急措施，并立即报告国务院期货监督管理机构：

（一）调整保证金；

（二）调整涨跌停板幅度；

（三）调整会员、交易者的交易限额或持仓限额标准；

（四）限制开仓；

（五）强行平仓；

（六）暂时停止交易；

（七）其他紧急措施。

异常情况消失后，期货交易场所应当及时取消紧急措施。

第八十八条　期货交易场所应当实时公布期货交易即时行情，并按交易日制作期货市场行情表，予以公布。

期货交易行情的权益由期货交易场所享有。未经期货交易场所许可，任何单位和个人不得发布期货交易行情。

期货交易场所不得发布价格预测信息。

期货交易场所应当依照国务院期货监督管理机构的规定，履行信息报告义务。

第八十九条　因突发性事件影响期货交易正常进行时，为维护期货交易正常秩序和市场公平，期货交易场所可以按照本法和业务规则规定采取必要的处置措施，并应当及时向国务院期货监督管理机构报告。

因前款规定的突发性事件导致期货交易结果出现重大异常，按交易结果进行结算、交割将对期货交易正常秩序和市场公平造成重大影响的，期货交易场所可以按照业务规则采取取消交易等措施，并应当及时向国务院期货监督管理机构报告并公告。

第九十条　期货交易场所对其依照本法第八十七条、第八十九条规定采取措施造成的损失，不承担民事赔偿责任，但存在重大过错的除外。

第七章　期货结算机构

第九十一条　期货结算机构是指依法设立，为期货交易提供结算、交割服务，实行自律管理的法人。

期货结算机构包括内部设有结算部门的期货交易场所、独立的期货结算机构和经国务院期货监督管理机构批准从事与证券业务相关的期货交易结算、交割业务的证券结算机构。

第九十二条　独立的期货结算机构的设立、变更和解散，应当经国务院期货监督管理机构批准。

设立独立的期货结算机构，应当具备下列条件：

（一）具备良好的财务状况，注册资本最低限额符合国务院期货监督管理机构的规定；

（二）有具备任职专业知识和业务工作经验的高级管理人员；

（三）具备完善的治理结构、内部控制制度和风险控制制度；

（四）具备符合要求的营业场所、信息技术系统以及与期货交易的结算有关的其他设施；

（五）国务院期货监督管理机构规定的其他条件。

承担期货结算机构职责的期货交易场所，应当具备本条第二款规定的条件。

国务院期货监督管理机构应当根据审慎监管原则进行审查，在六个月内作出批准或者不予批准的决定。

第九十三条 期货结算机构作为中央对手方，是结算参与人共同对手方，进行净额结算，为期货交易提供集中履约保障。

第九十四条 期货结算机构履行下列职责：

（一）组织期货交易的结算、交割；

（二）按照章程和业务规则对交易者、期货经营机构、期货服务机构、非期货经营机构结算参与人等进行自律管理；

（三）办理与期货交易的结算、交割有关的信息查询业务；

（四）国务院期货监督管理机构规定的其他职责。

第九十五条 期货结算机构应当按照国务院期货监督管理机构的规定，在其业务规则中规定结算参与人制度、风险控制制度、信息安全管理制度、违规违约处理制度、应急处理及临时处置措施等事项。期货结算机构制定和修改章程、业务规则，应当经国务院期货监督管理机构批准。参与期货结算，应当遵守期货结算机构制定的业务规则。

期货结算机构制定和执行业务规则，应当与期货交易场所的相关制度衔接、协调。

第九十六条 期货结算机构应当建立流动性管理制度，保障结算活动的稳健运行。

第九十七条 本法第八十四条，第八十五条第二款，第八十六条，第八十八条第三款、第四款的规定，适用于独立的期货结算机构和经批准从事期货交易结算、交割业务的证券结算机构。

第八章　期货服务机构

第九十八条　会计师事务所、律师事务所、资产评估机构、期货保证金存管机构、交割库、信息技术服务机构等期货服务机构，应当勤勉尽责、恪尽职守，按照相关业务规则为期货交易及相关活动提供服务，并按照国务院期货监督管理机构的要求提供相关资料。

第九十九条　会计师事务所、律师事务所、资产评估机构等期货服务机构接受期货经营机构、期货交易场所、期货结算机构的委托出具审计报告、法律意见书等文件，应当对所依据的文件资料内容的真实性、准确性、完整性进行核查和验证。

第一百条　交割库包括交割仓库和交割厂库等。交割库为期货交易的交割提供相关服务，应当符合期货交易场所规定的条件。期货交易场所应当与交割库签订协议，明确双方的权利和义务。

交割库不得有下列行为：

（一）出具虚假仓单；

（二）违反期货交易场所的业务规则，限制交割商品的出库、入库；

（三）泄露与期货交易有关的商业秘密；

（四）违反国家有关规定参与期货交易；

（五）违反国务院期货监督管理机构规定的其他行为。

第一百零一条　为期货交易及相关活动提供信息技术系统服务的机构，应当符合国家及期货行业信息安全相关的技术管理规定和标准，并向国务院期货监督管理机构备案。

国务院期货监督管理机构可以依法要求信息技术服务机构提供前款规定的信息技术系统的相关材料。

第九章　期货业协会

第一百零二条　期货业协会是期货行业的自律性组织，是社会团体法人。

期货经营机构应当加入期货业协会。期货服务机构可以加入期货业协会。

第一百零三条　期货业协会的权力机构为会员大会。

期货业协会的章程由会员大会制定，并报国务院期货监督管理机构备案。

期货业协会设理事会。理事会成员依照章程的规定选举产生。

第一百零四条 期货业协会履行下列职责：

（一）制定和实施行业自律规则，监督、检查会员的业务活动及从业人员的执业行为，对违反法律、行政法规、国家有关规定、协会章程和自律规则的，按照规定给予纪律处分或者实施其他自律管理措施；

（二）对会员之间、会员与交易者之间发生的纠纷进行调解；

（三）依法维护会员的合法权益，向国务院期货监督管理机构反映会员的建议和要求；

（四）组织期货从业人员的业务培训，开展会员间的业务交流；

（五）教育会员和期货从业人员遵守期货法律法规和政策，组织开展行业诚信建设，建立行业诚信激励约束机制；

（六）开展交易者教育和保护工作，督促会员落实交易者适当性管理制度，开展期货市场宣传；

（七）对会员的信息安全工作实行自律管理，督促会员执行国家和行业信息安全相关规定和技术标准；

（八）组织会员就期货行业的发展、运作及有关内容进行研究，收集整理、发布期货相关信息，提供会员服务，组织行业交流，引导行业创新发展；

（九）期货业协会章程规定的其他职责。

第十章 监督管理

第一百零五条 国务院期货监督管理机构依法对期货市场实行监督管理，维护期货市场公开、公平、公正，防范系统性风险，维护交易者合法权益，促进期货市场健康发展。

国务院期货监督管理机构在对期货市场实施监督管理中，依法履行下列职责：

（一）制定有关期货市场监督管理的规章、规则，并依法进行审批、核准、注册，办理备案；

（二）对品种的上市、交易、结算、交割等期货交易及相关活动，进行监督管理；

（三）对期货经营机构、期货交易场所、期货结算机构、期货服务机构和非期货经营机构结算参与人等市场相关参与者的期货业务活动，进行监督管理；

（四）制定期货从业人员的行为准则，并监督实施；

（五）监督检查期货交易的信息公开情况；

（六）维护交易者合法权益、开展交易者教育；

（七）对期货违法行为进行查处；

（八）监测监控并防范、处置期货市场风险；

（九）对期货行业金融科技和信息安全进行监管；

（十）对期货业协会的自律管理活动进行指导和监督；

（十一）法律、行政法规规定的其他职责。

国务院期货监督管理机构根据需要可以设立派出机构，依照授权履行监督管理职责。

第一百零六条　国务院期货监督管理机构依法履行职责，有权采取下列措施：

（一）对期货经营机构、期货交易场所、期货结算机构进行现场检查，并要求其报送有关的财务会计、业务活动、内部控制等资料；

（二）进入涉嫌违法行为发生场所调查取证；

（三）询问当事人和与被调查事件有关的单位和个人，要求其对与被调查事件有关的事项作出说明，或者要求其按照指定的方式报送与被调查事件有关的文件和资料；

（四）查阅、复制与被调查事件有关的财产权登记、通讯记录等文件和资料；

（五）查阅、复制当事人和与被调查事件有关的单位和个人的期货交易记录、财务会计资料及其他相关文件和资料；对可能被转移、隐匿或者毁损的文件资料，可以予以封存、扣押；

（六）查询当事人和与被调查事件有关的单位和个人的保证金账户和银行账户以及其他具有支付、托管、结算等功能的账户信息，可以对有关文件和资料进行复制；对有证据证明已经或者可能转移或者隐匿违法资金等涉案财产或者隐匿、伪造、毁损重要证据的，经国务院期货监督管理机构主要负责人或者其授权的其他负责人批准，可以冻结、查封，期限为六个月；因特殊原因需要延长的，每次延长期限不得超过三个月，最长期限不得超过二年；

（七）在调查操纵期货市场、内幕交易等重大违法行为时，经国务院期货监督管理机构主要负责人或者其授权的其他负责人批准，可以限制被调查事件当事人的交易，但限制的时间不得超过三个月；案情复杂的，可以延长三个月；

（八）决定并通知出境入境管理机关依法阻止涉嫌违法人员、涉嫌违法单位的主管人员和其他直接责任人员出境。

为防范期货市场风险，维护市场秩序，国务院期货监督管理机构可以采取责令改正、监管谈话、出具警示函等措施。

第一百零七条 国务院期货监督管理机构依法履行职责，进行监督检查或者调查，其监督检查、调查的人员不得少于二人，并应当出示执法证件和检查、调查、查询等相关执法文书。监督检查、调查的人员少于二人或者未出示执法证件和有关执法文书的，被检查、调查的单位或者个人有权拒绝。

第一百零八条 国务院期货监督管理机构的工作人员，应当依法办事，忠于职守，公正廉洁，保守国家秘密和有关当事人的商业秘密，不得利用职务便利牟取不正当利益。

第一百零九条 国务院期货监督管理机构依法履行职责，被检查、调查的单位和个人应当配合，如实作出说明或者提供有关文件和资料，不得拒绝、阻碍和隐瞒。

国务院期货监督管理机构与其他相关部门，应当建立信息共享等监督管理协调配合机制。国务院期货监督管理机构依法履行职责，进行监督检查或者调查时，有关部门应当予以配合。

第一百一十条 对涉嫌期货违法、违规行为，任何单位和个人有权向国务院期货监督管理机构举报。

对涉嫌重大违法、违规行为的实名举报线索经查证属实的，国务院期货监督管理机构按照规定给予举报人奖励。

国务院期货监督管理机构应当对举报人的身份信息保密。

第一百一十一条 国务院期货监督管理机构制定的规章、规则和监督管理工作制度应当依法公开。

国务院期货监督管理机构依据调查结果，对期货违法行为作出的处罚决定，应当依法公开。

第一百一十二条 国务院期货监督管理机构对涉嫌期货违法的单位或者个人进行调查期间，被调查的当事人书面申请，承诺在国务院期货监督管理机构认可的期限内纠正涉嫌违法行为，赔偿有关交易者损失，消除损害或者不良影响的，国务院期货监督管理机构可以决定中止调查。被调查的当事人履行承诺的，国务院期货监督管理机构可以决定终止调查；被调查的当事人未履行承诺或者有国务院规定的其他情形的，应当恢复调查。具体办法由国务院规定。

国务院期货监督管理机构中止或者终止调查的，应当按照规定公开相关信息。

第一百一十三条 国务院期货监督管理机构依法将有关期货市场主体遵守本法的情况纳入期货市场诚信档案。

第一百一十四条 国务院期货监督管理机构依法履行职责，发现期货违法行为涉嫌犯罪的，应当依法将案件移送司法机关处理；发现公职人员涉嫌职务违法或者职务犯罪的，应当依法移送监察机关处理。

第一百一十五条 国务院期货监督管理机构应当建立健全期货市场监测监控制度，通过专门机构加强保证金安全存管监控。

第一百一十六条 为防范交易及结算的风险，期货经营机构、期货交易场所、期货结算机构和非期货经营机构结算参与人应当从业务收入中按照国务院期货监督管理机构、国务院财政部门的规定提取、管理和使用风险准备金。

第一百一十七条 期货经营机构、期货交易场所、期货结算机构、期货服务机构和非期货经营机构结算参与人等应当按照规定妥善保存与业务经营相关的资料和信息，任何人不得泄露、隐匿、伪造、篡改或者毁损。期货经营机构、期货交易场所、期货结算机构和非期货经营机构结算参与人的信息和资料的保存期限不得少于二十年；期货服务机构的信息和资料的保存期限不得少于十年。

第十一章　跨境交易与监管协作

第一百一十八条 境外期货交易场所向境内单位或者个人提供直接接

入该交易场所交易系统进行交易服务的，应当向国务院期货监督管理机构申请注册，接受国务院期货监督管理机构的监督管理，国务院期货监督管理机构另有规定的除外。

第一百一十九条 境外期货交易场所上市的期货合约、期权合约和衍生品合约，以境内期货交易场所上市的合约价格进行挂钩结算的，应当符合国务院期货监督管理机构的规定。

第一百二十条 境内单位或者个人从事境外期货交易，应当委托具有境外期货经纪业务资格的境内期货经营机构进行，国务院另有规定的除外。

境内期货经营机构转委托境外期货经营机构从事境外期货交易的，该境外期货经营机构应当向国务院期货监督管理机构申请注册，接受国务院期货监督管理机构的监督管理，国务院期货监督管理机构另有规定的除外。

第一百二十一条 境外期货交易场所在境内设立代表机构的，应当向国务院期货监督管理机构备案。

境外期货交易场所代表机构及其工作人员，不得从事或者变相从事任何经营活动。

第一百二十二条 境外机构在境内从事期货市场营销、推介及招揽活动，应当经国务院期货监督管理机构批准，适用本法的相关规定。

境内机构为境外机构在境内从事期货市场营销、推介及招揽活动，应当经国务院期货监督管理机构批准。

任何单位或者个人不得从事违反前两款规定的期货市场营销、推介及招揽活动。

第一百二十三条 国务院期货监督管理机构可以和境外期货监督管理机构建立监督管理合作机制，或者加入国际组织，实施跨境监督管理。

国务院期货监督管理机构应境外期货监督管理机构请求提供协助的，应当遵循国家法律、法规的规定和对等互惠的原则，不得泄露国家秘密，不得损害国家利益和社会公共利益。

第一百二十四条 国务院期货监督管理机构可以按照与境外期货监督管理机构达成的监管合作安排，接受境外期货监督管理机构的请求，依照本法规定的职责和程序为其进行调查取证。境外期货监督管理机构应当提供有关案件材料，并说明其正在就被调查当事人涉嫌违反请求方当地期货法律法规的行为进行调查。境外期货监督管理机构不得在中华人民共和国境内直接进行调查取证等活动。

未经国务院期货监督管理机构和国务院有关主管部门同意,任何单位和个人不得擅自向境外监督管理机构提供与期货业务活动有关的文件和资料。

国务院期货监督管理机构可以依照与境外期货监督管理机构达成的监管合作安排,请求境外期货监督管理机构进行调查取证。

第十二章　法律责任

第一百二十五条　违反本法第十二条的规定,操纵期货市场或者衍生品市场的,责令改正,没收违法所得,并处以违法所得一倍以上十倍以下的罚款;没有违法所得或者违法所得不足一百万元的,处以一百万元以上一千万元以下的罚款。单位操纵市场的,还应当对直接负责的主管人员和其他直接责任人员给予警告,并处以五十万元以上五百万元以下的罚款。

操纵市场行为给交易者造成损失的,应当依法承担赔偿责任。

第一百二十六条　违反本法第十三条的规定从事内幕交易的,责令改正,没收违法所得,并处以违法所得一倍以上十倍以下的罚款;没有违法所得或者违法所得不足五十万元的,处以五十万元以上五百万元以下的罚款。单位从事内幕交易的,还应当对直接负责的主管人员和其他直接责任人员给予警告,并处以二十万元以上二百万元以下的罚款。

国务院期货监督管理机构、国务院授权的部门、期货交易场所、期货结算机构的工作人员从事内幕交易的,从重处罚。

内幕交易行为给交易者造成损失的,应当依法承担赔偿责任。

第一百二十七条　违反本法第十六条第一款、第三款的规定,编造、传播虚假信息或者误导性信息,扰乱期货市场、衍生品市场的,没收违法所得,并处以违法所得一倍以上十倍以下的罚款;没有违法所得或者违法所得不足二十万元的,处以二十万元以上二百万元以下的罚款。对直接负责的主管人员和其他直接责任人员给予警告,并处以十万元以上一百万元以下的罚款。

违反本法第十六条第二款的规定,在期货交易、衍生品交易活动中作出虚假陈述或者信息误导的,责令改正,处以二十万元以上二百万元以下的罚款;属于国家工作人员的,还应当依法给予处分。

传播媒介及其从事期货市场、衍生品市场信息报道的工作人员违反本法第十六条第三款的规定，从事与其工作职责发生利益冲突的期货交易、衍生品交易的，没收违法所得，并处以违法所得一倍以下的罚款，没有违法所得或者违法所得不足十万元的，处以十万元以下的罚款。

编造、传播有关期货交易、衍生品交易的虚假信息，或者在期货交易、衍生品交易中作出信息误导，给交易者造成损失的，应当依法承担赔偿责任。

第一百二十八条 违反本法第十八条第二款的规定，出借自己的期货账户或者借用他人的期货账户从事期货交易的，责令改正，给予警告，可以处五十万元以下的罚款。

第一百二十九条 违反本法第二十一条的规定，采取程序化交易影响期货交易场所系统安全或者正常交易秩序的，责令改正，并处以五十万元以上五百万元以下的罚款。对直接负责的主管人员和其他直接责任人员给予警告，并处以十万元以上一百万元以下的罚款。

第一百三十条 违反本法第二十七条规定，未报告有关重大事项的，责令改正，给予警告，可以处一百万元以下的罚款。

第一百三十一条 法律、行政法规和国务院期货监督管理机构规定禁止参与期货交易的人员，违反本法第五十三条的规定，直接或者以化名、借他人名义参与期货交易的，责令改正，给予警告，没收违法所得，并处以五万元以上五十万元以下的罚款；属于国家工作人员的，还应当依法给予处分。

第一百三十二条 非法设立期货公司，或者未经核准从事相关期货业务的，予以取缔，没收违法所得，并处以违法所得一倍以上十倍以下的罚款；没有违法所得或者违法所得不足一百万元的，处以一百万元以上一千万元以下的罚款。对直接负责的主管人员和其他直接责任人员给予警告，并处以二十万元以上二百万元以下的罚款。

第一百三十三条 提交虚假申请文件或者采取其他欺诈手段骗取期货公司设立许可、重大事项变更核准或者期货经营机构期货业务许可的，撤销相关许可，没收违法所得，并处以违法所得一倍以上十倍以下的罚款；没有违法所得或者违法所得不足二十万元的，处以二十万元以上二百万元以下的罚款。对直接负责的主管人员和其他直接责任人员给予警告，并处以二十万元以上二百万元以下的罚款。

第一百三十四条 期货经营机构违反本法第四十条、第六十二条、第六十五条、第六十八条、第七十一条、第七十二条的，责令改正，给予警告，没收违法所得，并处以违法所得一倍以上十倍以下的罚款；没有违法所得或者违法所得不足二十万元的，处以二十万元以上二百万元以下的罚款；情节严重的，责令停业整顿或者吊销期货业务许可证。对直接负责的主管人员和其他直接责任人员给予警告，并处以五万元以上五十万元以下的罚款。

期货经营机构有前款所列违法情形，给交易者造成损失的，应当依法承担赔偿责任。

期货经营机构的主要股东、实际控制人或者其他关联人违反本法第七十一条规定的，依照本条第一款的规定处罚。

第一百三十五条 期货经营机构违反本法第五十条交易者适当性管理规定，或者违反本法第六十六条规定从事经纪业务接受交易者全权委托，或者有第七十八条损害交易者利益行为的，责令改正，给予警告，没收违法所得，并处以违法所得一倍以上十倍以下的罚款；没有违法所得或者违法所得不足五十万元的，处以五十万元以上五百万元以下的罚款；情节严重的，吊销相关业务许可。对直接负责的主管人员和其他直接责任人员给予警告，并处以二十万元以上二百万元以下的罚款。

期货经营机构有本法第七十八条规定的行为，给交易者造成损失的，应当依法承担赔偿责任。

第一百三十六条 违反本法第十一条、第八十条、第九十二条规定，非法设立期货交易场所、期货结算机构，或者以其他形式组织期货交易的，没收违法所得，并处以违法所得一倍以上十倍以下的罚款；没有违法所得或者违法所得不足一百万元的，处以一百万元以上一千万元以下的罚款。对直接负责的主管人员和其他直接责任人员给予警告，并处以二十万元以上二百万元以下的罚款。非法设立期货交易场所的，由县级以上人民政府予以取缔。

违反本法第三十条规定，未经批准组织开展衍生品交易的，或者金融机构违反本法第三十一条规定，未经批准、核准开展衍生品交易的，依照前款规定处罚。

第一百三十七条 期货交易场所、期货结算机构违反本法第十七条、第四十条、第八十五条第二款规定的，责令改正，给予警告，没收违法所得，并处以违法所得一倍以上十倍以下的罚款；没有违法所得或者违法所得不足二十万元的，处以二十万元以上二百万元以下的罚款；情节严重的，责令停业整顿。对直接负责的主管人员和其他直接责任人员处以五万元以上五十万元以下的罚款。

第一百三十八条 期货交易场所、期货结算机构违反本法第八十八条第三款规定发布价格预测信息的，责令改正，给予警告，并处以二十万元以上二百万元以下的罚款。对直接负责的主管人员和其他直接责任人员处以五万元以上五十万元以下的罚款。

第一百三十九条 期货服务机构违反本法第九十八条的规定，从事期货服务业务未按照要求提供相关资料的，责令改正，可以处二十万元以下的罚款。

第一百四十条 会计师事务所、律师事务所、资产评估机构等期货服务机构违反本法第九十九条的规定，未勤勉尽责，所制作、出具的文件有虚假记载、误导性陈述或者重大遗漏的，责令改正，没收业务收入，并处以业务收入一倍以上十倍以下的罚款；没有业务收入或者业务收入不足五十万元的，处以五十万元以上五百万元以下的罚款。对直接负责的主管人员和其他直接责任人员给予警告，并处以二十万元以上二百万元以下的罚款。

期货服务机构有前款所列违法行为，给他人造成损失的，依法承担赔偿责任。

第一百四十一条 交割库有本法第一百条所列行为之一的，责令改正，给予警告，没收违法所得，并处以违法所得一倍以上十倍以下的罚款；没有违法所得或者违法所得不足十万元的，处以十万元以上一百万元以下的罚款；情节严重的，责令期货交易场所暂停或者取消其交割库资格。对直接负责的主管人员和其他直接责任人员给予警告，并处以五万元以上五十万元以下的罚款。

第一百四十二条 信息技术服务机构违反本法第一百零一条规定未报备案的，责令改正，可以处二十万元以下的罚款。

信息技术服务机构违反本法第一百零一条规定，提供的服务不符合国家及期货行业信息安全相关的技术管理规定和标准的，责令改正，没收业务收入，并处以业务收入一倍以上十倍以下的罚款；没有业务收入或者业务收入不足五十万元的，处以五十万元以上五百万元以下的罚款。对直接负责的主管人员和其他直接责任人员给予警告，并处以二十万元以上二百万元以下的罚款。

第一百四十三条 违反本法第一百一十六条的规定，期货经营机构、期货交易场所、期货结算机构和非期货经营机构结算参与人未按照规定提取、管理和使用风险准备金的，责令改正，给予警告。对直接负责的主管人员和其他直接责任人员给予警告，并处以十万元以上一百万元以下的罚款。

第一百四十四条 违反本法第一百一十七条的规定，期货经营机构、期货交易场所、期货结算机构、期货服务机构和非期货经营机构结算参与人等未按照规定妥善保存与业务经营相关的资料和信息的，责令改正，给予警告，并处以十万元以上一百万元以下的罚款；泄露、隐匿、伪造、篡改或者毁损有关文件资料的，责令改正，给予警告，并处以二十万元以上二百万元以下的罚款；情节严重的，处以五十万元以上五百万元以下的罚款，并暂停、吊销相关业务许可或者禁止从事相关业务。对直接负责的主管人员和其他直接责任人员给予警告，并处以十万元以上一百万元以下的罚款。

第一百四十五条 境外期货交易场所和期货经营机构违反本法第一百一十八条和第一百二十条的规定，未向国务院期货监督管理机构申请注册的，责令改正，没收违法所得，并处以违法所得一倍以上十倍以下的罚款；没有违法所得或者违法所得不足五十万元的，处以五十万元以上五百万元以下的罚款。对直接负责的主管人员和其他直接责任人员给予警告，并处以十万元以上一百万元以下的罚款。

第一百四十六条 境内单位或者个人违反本法第一百二十条第一款规定的，责令改正，给予警告，没收违法所得，并处以十万元以上一百万元以下的罚款；情节严重的，暂停其境外期货交易。对直接负责的主管人员和其他直接责任人员给予警告，并处以五万元以上五十万元以下的罚款。

第一百四十七条 境外期货交易场所在境内设立的代表机构及其工作人员违反本法第一百二十一条的规定，从事或者变相从事任何经营活动的，责令改正，给予警告，没收违法所得，并处以违法所得一倍以上十倍以下的罚款；没有违法所得或者违法所得不足五十万元的，处以五十万元以上五百万元以下的罚款。对直接负责的主管人员和其他直接责任人员给予警告，并处以十万元以上一百万元以下的罚款。

第一百四十八条 违反本法第一百二十二条的规定在境内从事市场营销、推介及招揽活动的，责令改正，给予警告，没收违法所得，并处以违法所得一倍以上十倍以下的罚款;没有违法所得或者违法所得不足五十万元的,处以五十万元以上五百万元以下的罚款。对直接负责的主管人员和其他直接责任人员给予警告,并处以十万元以上一百万元以下的罚款。

第一百四十九条 拒绝、阻碍国务院期货监督管理机构或者国务院授权的部门及其工作人员依法行使监督检查、调查职权的,责令改正,处以十万元以上一百万元以下的罚款,并由公安机关依法给予治安管理处罚。

第一百五十条 违反法律、行政法规或者国务院期货监督管理机构的有关规定,情节严重的,国务院期货监督管理机构可以对有关责任人员采取期货市场禁入的措施。

前款所称期货市场禁入,是指在一定期限内直至终身不得进行期货交易、从事期货业务,不得担任期货经营机构、期货交易场所、期货结算机构的董事、监事、高级管理人员或者负责人的制度。

第一百五十一条 本法规定的行政处罚,由国务院期货监督管理机构、国务院授权的部门按照国务院规定的职责分工作出决定;法律、行政法规另有规定的,适用其规定。

第一百五十二条 国务院期货监督管理机构或者国务院授权的部门的工作人员,不履行本法规定的职责,滥用职权、玩忽职守,利用职务便利牟取不正当利益,或者泄露所知悉的有关单位和个人的商业秘密的,依法追究法律责任。

第一百五十三条 违反本法规定,构成犯罪的,依法追究刑事责任。

第一百五十四条 违反本法规定,应当承担民事赔偿责任和缴纳罚款、罚金、违法所得,违法行为人的财产不足以支付的,优先用于承担民事赔偿责任。

第十三章　附　　则

第一百五十五条 本法自 2022 年 8 月 1 日起施行。

关于《中华人民共和国期货法(草案)》的说明

——2021年4月26日在第十三届全国人民代表大会
常务委员会第二十八次会议上

全国人大财政经济委员会主任委员　徐绍史

全国人民代表大会常务委员会:

根据《十三届全国人大常委会立法规划》,全国人大财政经济委员会全面总结了期货市场发展实践和监管经验,深入开展立法调研,广泛听取各方意见,起草形成了《中华人民共和国期货法(草案)》(以下简称草案)。我受全国人大财政经济委员会委托,现就草案作如下说明。

一、立法必要性

在以习近平同志为核心的党中央坚强领导下,党中央作出加快构建以国内大循环为主体、国内国际双循环相互促进的新发展格局的重大战略部署,开启了全面建设社会主义现代化国家新征程,进一步完善相关领域法律意义重大。习近平总书记强调,坚持在法治轨道上推进国家治理体系和治理能力现代化。栗战书委员长提出,要在完善社会主义市场经济法律制度上多下功夫。期货市场通过价格发现、风险管理等功能,对于促进生产、流通、消费、分配循环,服务实体经济发展发挥着积极作用。近年来,我国期货市场得到持续健康稳定发展。商品期货交易总量连续11年位居全球第一,股指期货、国债期货、股票期权等金融期货及衍生品也蓬勃发展。目前,我国期货市场共上市70个期货品种和22个期权品种,基本覆盖主要产业类型和主要经济活动环节。制定出台专门的期货法,规范和促进期货交易,更好发挥期货市场的功能,对于活跃商品流通、推动产业升级、促进经济高质量发展等具有重要意义。

(一)制定期货法是贯彻落实党中央决策部署的重要举措。党中央始终高度重视期货市场发展和期货市场法治建设工作。2017 年全国金融工作会议明确提出“要引导期货市场健康发展”,“加快制定期货法”。党的十九届四中全会提出“加强资本市场基础制度建设,健全具有高度适应性、竞争力、普惠性的现代金融体系,有效防范化解金融风险”。党的十九届五中全会强调,“完善现代金融监管体系,提高金融监管透明度和法治化水平”。在总结期货市场实践经验的基础上,有必要通过制定期货法,贯彻好落实好党中央决策部署,着力加强法律制度建设,夯实金融体系稳健运行的法治基础。

(二)制定期货法是提升期货市场服务实体经济能力的内在要求。目前,期货市场已经与实体经济相互融合,但市场发育还存在不平衡不充分的问题,期货上市品种有待进一步丰富,相关市场规则制度有待进一步完善,交易者结构有待进一步优化,期货经营机构风险管理能力有待进一步提高,制定期货法,建立完善以市场为导向的期货品种上市机制,规范引导交易者公正、公平、有序参与,有利于激发市场活力,提升市场运行质量,不断提高期货市场服务实体经济的能力,更好地适应国民经济高质量发展的要求,为形成具有更强创新力、更高附加值、更安全可靠的产业链供应链提供更好服务。

(三)制定期货法是维护国家金融安全的重要保障。期货市场是管理风险的市场,必须做好自身风险防控,坚决守住不发生系统性风险的底线。经过三十年的发展,我国期货市场风险防控体系建设不断加强,在应对 2008 年金融危机冲击和 2020 年新冠肺炎疫情突发事件的考验中,发挥了积极的作用。但随着期货市场改革的深化,产品业务不断创新,市场结构趋于复杂,市场规模不断扩大,需要从法律层面保障整套风险防控体系的有效运行。因此,有必要通过制定期货法来进一步完善风险控制制度,健全期货市场的风险识别、预防和处置制度体系,依法加强监督管理,加大对违法违规行为的惩处,夯实市场稳定运行的基础,维护国家金融安全。

(四)制定期货法是通过期货市场促进国内国际双循环的客观需要。以主要期货市场价格作为交易基准是国际大宗商品贸易的重要特征。我国已经成为全球最大的大宗商品贸易国,但我国期货市场仍主要以境内交易者为主,形成的价格主要反映境内市场供求状况,国际影响力不足,缺乏国际定价话语权。近年来,我国期货市场开放向全面纵深推进,原油期货、铁矿石期货等特定期货品种引入境外交易者,允许外资控股境内期货公司,境内机构也开始走出去。期货市场双向开放格局正在拓展深化,客观上需要从法律层面对期货市场对外开放的路径、跨境监管等作出安排,以提升期货市场国际化水平,为构建新发展格局发挥积极作用。

(五)期货法出台时机已基本成熟。近年来,我国期货市场法治建设不断加强,《期货交易管理条例》和有关部门的规章、规范性文件以及期货交易场所、行业协会的自律规则等构成了相关法规制度体系,但位阶不高,与我国期货市场的现状和下一步发展要求不相符。适时出台期货法,有利于稳定交易者预期,规范和促进期货市场健康发展,并与国际市场更好衔接。为补短板、强弱项,不断完善我国金融法律制度,根据全国人大常委会立法工作安排,全国人大财经委会同有关部门,深入调研论证,加强沟通协调,凝聚各方共识,拟出草案。在征求意见过程中,大家认为,草案内容较为全面、基本可行,既总结实践经验,又着力增强系统性、针对性和可操作性,同时,也为改革发展预留必要空间。目前期货市场体系不断完善,市场运行较为稳定,为期货法立法奠定了必要基础,期货法出台时机已基本成熟。

二、立法原则

期货法草案的起草,坚持以习近平新时代中国特色社会主义思想为指导,立足新发展阶段,贯彻新发展理念,构建新发展格局,聚焦服务实体经济,坚守防范化解金融风险的底线,确立期货市场基础制度,健全资本市场监管体系,着力提升期货市场的国际竞争力,促进期货市场改革开放和稳健发展。在立法工作中注意把握以下几条原则:

(一)平衡制度稳定与改革创新的关系。一方面,草案认真总结期货市场三十年发展经验,充分吸收《期货交易管理条例》的核心内容,将实践中运行良好、成熟可行的制度和规定上升为法律,将发展成果固化下来,以稳定市场预期,保障各方合法权益,适应现阶段市场发展的特征。另一方面,草案坚持市场化的方向,遵循期货市场运行规律,适应国际期货市场发展趋势,破除期货市场发展的体制机制障碍,在期货品种和期权品种上市机制、期货公司业务类型、法律域外适用等方面作了重大创新,发挥立法前瞻性和先导性作用,为期货市场改革开放发展预留适度空间。

(二)重点规范期货市场,兼顾其他衍生品市场。期货市场和其他衍生品市场法律性质、基本定位总体相同,二者深度融合、功能互补、紧密相连,共同服务于国民经济。但期货市场和其他衍生品市场发展程度不一,期货市场及相关制度已经稳定运行三十年,监管实践也比较丰富;而其他衍生品市场尚处于探索发展阶段,2008 年金融危机以后,二十国集团峰会达成了加强其他衍生品市场监管的共识。为此,草案从市场实际情况出发,统筹考虑两个市场,系统规定期货市场各项制度,兼顾规范其他衍生品市场。

(三)注重期货法与相关法律之间协调衔接。期货市场和证券市场在经营机构和服务机构、监督管理和自律管理以及法律责任等方面存在较多相通之处。因此,对新修订的证券法已经确立的制度,草案充分参考借鉴,确保两部法律在同类事项的处理上保持一致。同时,与新修订的证券法相衔接,将证券衍生品等纳入期货法调整。草案还充分考虑期货市场的特殊性,借鉴国际的实践经验,确定了特殊制度安排,与民法典、企业破产法等法律协调衔接,以保障期货交易安全便捷和市场稳定发展。

三、期货法草案的主要内容

草案重点围绕期货交易、结算与交割基本制度,期货交易者保护制度,期货经营机构和期货服务机构的监管,期货交易场所和期货结算机构的运行,期货市场监督管理,法律责任等作了规定。草案共 14 章 173 条,主要有以下内容:

(一)明确立法宗旨、原则和监管体制。草案明确了期货法的立法宗旨、调整适用范围;规定了期货交易和其他衍生品交易公开、公平、公正的原则;明确了期货市场和其他衍生品市场的监督管理体制。

(二)系统规定期货交易、结算和交割制度。确立期货品种和期权品种上市注册制度,明确期货交易实行集中交易、保证金交易、持仓限额等制度,并规范程序化交易,禁止内幕交易、操纵市场、编造传播虚假信息或者误导性信息等违法行为。规定期货交易的结算实行当日无负债结算、保证金不足强行平仓等制度,明确违约处置程序,确立保证金及相关财产破产保护的原则,规定了期货的交割规则。

(三)规定其他衍生品交易的基本制度。结合其他衍生品交易的特殊性,对单一协议、履约担保、交易终止净额结算、交易报告等基本制度作出规定,并授权国务院依法制定具体管理规则。

(四)确立期货交易者权益保护制度。规定交易者适当性原则,将交易者分为专业交易者与普通交易者;构建多元化期货纠纷解决机制,引入调解制度和集体诉讼制度;设立交易者保障基金。

(五)规范期货经营机构、期货交易场所、期货结算机构和期货服务机构运行。规定期货经营机构业务范围和业务规范,强化期货经营机构的公司治理。规定期货交易场所和期货结算机构的组织形式和主要职责,明确期货结算机构的中央对手方法律地位。对期货服务机构进行备案管理,明确其基本行为规范。

(六)明确期货市场的监督管理。规定国务院期货监督管理机构的职责。对跨境管辖与协作作出原则性规定。对期货市场各类违法行为明确法律责任。

四、需要说明的情况

为适应经济全球化和期货市场改革开放的需要,草案第十二章对期货市场跨境监管作出了制度安排:一是规定国务院期货监督管理机构可以和境外监管机构建立跨境监管合作机制,进行跨境监督管理。二是从“引进来”和“走出去”两个方面对境外期货交易场所、期货经营机构等向境内提供服务明确监管要求,并对境内外交易者跨境交易的行为进行规范。三是确立期货法的域外适用效力,在境外从事期货交易和其他衍生品交易及相关活动,扰乱境内市场秩序,损害境内交易者合法权益的,适用本法。

草案和以上说明是否妥当,请审议。

全国人民代表大会宪法和法律委员会关于《中华人民共和国期货法(草案)》修改情况的汇报

——2021 年 10 月 19 日在第十三届全国人民代表大会常务委员会第三十一次会议上

全国人大宪法和法律委员会主任委员　李　飞

全国人民代表大会常务委员会：

常委会第二十八次会议对期货法草案进行了初次审议。会后,法制工作委员会将草案印发各省(区、市)人大、中央有关部门和部分基层立法联系点、全国人大代表、研究机构等征求意见;在中国人大网全文公布草案,征求社会公众意见。宪法和法律委员会、财政经济委员会、法制工作委员会联合召开座谈会,听取全国人大代表、中央有关部门、行业协会、市场机构和专家学者对草案的意见。宪法和法律委员会、法制工作委员会还到一些地方进行调研,听取意见;并就草案的有关问题与有关方面交换意见,共同研究。宪法和法律委员会于 9 月 16 日召开会议,根据常委会组成人员的审议意见和各方面的意见,对草案进行了逐条审议。财政经济委员会、司法部、中国证券监督管理委员会、中国人民银行有关负责同志列席了会议。9 月 29 日,宪法和法律委员会召开会议,再次进行了审议。现将期货法草案主要问题的修改情况汇报如下：

一、有的常委委员和有关方面提出,本法既规范期货交易,也规范衍生品交易,“期货法”的名称与内容不相符,建议调整。宪法和法律委员会经研究,建议将本法的名称修改为“期货和衍生品法”。

二、有的常委会组成人员、地方、部门和单位提出,草案规定的调整对象是期货交易、衍生品交易,但缺少相关定义,建议增加;有的建议进一步明确期货合约、期权合约等概念。宪法和法律委员会经研究,建议作如下修改:一是增加期货交易的定义,即以期货合约或者标准化期权合约为交易标的的交易活动;二是增加衍生品交易的定义,即期货交易以外的,以非标准化期权合约、互换合约和远期合约及其组合为交易标的的交易活动;三是明确期货合约、期权合约的定义。

三、草案第七条第一款规定,国务院期货监督管理机构依法对全国期货市场实行集中统一监督管理;利率、汇率期货由国务院依法另行规定。有的常委委员、地方、部门和单位提出,期货市场风险高度集中,利率、汇率期货原则上也应当由国务院期货监督管理机构实行集中统一监管;有的提出,利率、汇率期货具有特殊性,涉及与货币政策、外汇政策相协调等问题,对于利率、汇率期货的监督管理,应由国务院另行规定。宪法和法律委员会经研究后认为,还是应当对全国期货市场坚持集中统一监督管理,同时可授权国务院根据实际情况对利率、汇率期货的监督管理灵活调整,据此,建议将相关规定修改为:“国务院对利率、汇率期货的监督管理另有规定的,适用其规定。”

四、草案第七条第二款规定,衍生品市场由国务院授权的部门实行监督管理。有的常委委员、地方、部门和单位提出,上述规定未完全反映衍生品交易监管的现状,建议进一步予以完善。宪法和法律委员会经研究,建议将相关规定修改为“衍生品市场由国务院期货监督管理机构或者国务院授权的部门按照职责分工实行监督管理”。

五、有的常委委员、地方、部门提出,草案第三章对衍生品交易作出专章规定后,本法其他规定是否适用、如何适用于衍生品交易,不清楚,建议做好衔接;有的建议,对适用于期货交易和衍生品交易的普遍规则进行归纳总结,并统筹完善草案的篇章结构。宪法和法律委员会经研究,建议将草案第二章、第三章合并为“期货交易和衍生品交易”一章,分为三节:将共同适用于期货交易和衍生品交易的规则提炼为“一般规定”,作为第一节;第二节为“期货交易”,专门对期货交易特有的规则作出规定;第三节为“衍生品交易”,对衍生品交易特有的规则作出规定,并授权国务院规定衍生品交易活动规范和监督管理的具体办法。

六、草案第九十二条规定,实行会员制的期货交易所的财产积累归会员所有，其权益由会员共同享有。有的意见提出，实践中对期货交易所所得收益的性质及如何管理还有不同认识，建议对此只作原则规定，为改革留出空间。宪法和法律委员会经研究，建议按照现行期货交易管理条例的表述，将草案的规定修改为“期货交易所的所得收益按照国家有关规定管理和使用，应当首先用于保证期货交易的场所、设施的运行和改善”。

七、有的地方、单位建议，按照“放管服”改革精神，取消期货服务机构向国务院期货监督管理机构和国务院有关主管部门“双重备案”的要求，减轻企业负担。宪法和法律委员会经研究，建议除信息技术服务机构外，取消对其他期货服务机构的备案要求。

八、有的意见建议，在草案中进一步强化国务院期货监督管理机构加强风险监测监控、防范化解系统性风险的责任。宪法和法律委员会经研究，建议增加规定：国务院期货监督管理机构依法对期货市场实行监督管理，防范系统性风险；国务院期货监督管理机构应当建立健全期货市场监测监控制度，通过专门机构加强保证金安全存管监控。

此外，还对草案作了一些文字修改。

草案二次审议稿已按上述意见作了修改，宪法和法律委员会建议提请本次常委会会议继续审议。

草案二次审议稿和以上汇报是否妥当，请审议。

全国人民代表大会宪法和法律委员会关于《中华人民共和国期货和衍生品法(草案)》审议结果的报告

——2022 年 4 月 18 日在第十三届全国人民代表大会常务委员会第三十四次会议上

全国人大宪法和法律委员会主任委员　李　飞

全国人民代表大会常务委员会:

常委会第三十一次会议对期货和衍生品法草案进行了二次审议。会后,法制工作委员会将草案二次审议稿印发中央有关部门、相关行业协会、期货交易所和部分期货公司、商业银行、证券公司、实体企业征求意见;在中国人大网全文公布草案二次审议稿,征求社会公众意见。部分全国人大代表通过代表意见系统提出意见。法制工作委员会就草案的有关问题同有关方面交换意见,共同研究。宪法和法律委员会于 3 月 22 日召开会议,根据委员长会议精神、常委会组成人员审议意见和各方面的意见,对草案进行了逐条审议。财政经济委员会、司法部、中国人民银行、中国银行保险监督管理委员会、中国证券监督管理委员会有关负责同志列席了会议。4 月 12 日,宪法和法律委员会召开会议,再次进行了审议。宪法和法律委员会认为,为规范期货交易和衍生品交易行为,促进期货市场和衍生品市场健康发展,制定期货和衍生品法是必要的;草案经过两次审议修改,已经比较成熟。同时,提出以下主要修改意见:

一、有的常委会组成人员、部门和单位提出,要进一步加强对衍生品交易的监管,切实防范金融风险。宪法和法律委员会经研究,建议作以下修改:一是将组织开展衍生品交易的场所制定的交易规则,由向有关主管部门

“备案”,修改为报有关主管部门“批准”。二是强化机构监管,明确金融机构开展衍生品交易业务,应当依法经过批准或者核准,履行交易者适当性管理义务,并遵守国家有关监督管理规定。三是完善衍生品交易报告库制度,明确国务院授权的部门、国务院期货监督管理机构应当建立衍生品交易报告库,对衍生品交易相关信息进行集中收集、保存、分析和管理,按照规定及时向市场披露;同时,授权有关主管部门制定具体办法。四是根据衍生品监管的实际情况,明确本法规定的行政处罚,“由国务院期货监督管理机构、国务院授权的部门按照国务院规定的职责分工作出决定”。

二、有的常委委员、部门和单位建议,进一步完善本法中相关合约概念的规定,并按照巴塞尔委员会和国际证监会组织有关衍生品的定义,明确互换合约、远期合约属于金融合约。宪法和法律委员会经研究,建议采纳这一意见,增加互换合约、远期合约的定义,规定:本法所称互换合约,是指约定在将来某一特定时间内相互交换特定标的物的金融合约;本法所称远期合约,是指期货合约以外的,约定在将来某一特定的时间和地点交割一定数量标的物的金融合约。

三、有的常委会组成人员、部门和单位提出,应进一步加强对跨境期货和衍生品交易活动的监管,切实防范跨境金融风险。宪法和法律委员会经研究,建议在草案二次审议稿设专章对跨境交易与监管协作作出规范的基础上,进一步完善境外机构在境内市场营销活动的管理规则,将相关规定修改为:境外机构在境内从事期货市场营销、推介及招揽活动,应当经国务院期货监督管理机构批准,适用本法的相关规定;境内机构为境外机构在境内从事期货市场营销、推介及招揽活动,应当经国务院期货监督管理机构批准;任何单位或者个人不得从事违反前两款规定的期货市场营销、推介及招揽活动。

四、有的部门提出,应加强对期货信息技术服务机构的监管,对其为期货交易提供的服务不符合国家及期货行业信息安全相关的技术管理规定和标准的,增加相应的法律责任。宪法和法律委员会经研究,建议采纳这一意见。

此外,还对草案二次审议稿作了一些文字修改。

3 月 31 日,法制工作委员会召开会议,邀请部分全国人大代表、专家学者以及期货和衍生品交易场所、经营机构、服务机构、实体企业、派驻地方监管机构等方面的代表,就草案中主要制度规范的可行性、法律出台时机、法律实施的社会效果和可能出现的问题等进行评估。总的评价是:贯彻落实党中央决策部署要求,在总结实践经验的基础上,制定出台一部统领期货市场和衍生品市场的专门法律,提升行业法治化水平,健全金融法律体系,具有重要意义。草案符合当前期货和衍生品市场的实际情况,并为下一步改革创新留出了空间,主要制度规范是可行的;草案经过多轮征求意见和修改完善,已经比较成熟。期货和衍生品法的出台对于行业发展具有重要的促进和保障作用,影响是积极正面的,有助于提振市场信心,促进稳价保供、防范化解风险,建议尽快出台。有的会议代表还对草案提出了一些具体修改意见,宪法和法律委员会进行了认真研究,建议结合常委会审议情况一并考虑。

草案三次审议稿已按上述意见作了修改,宪法和法律委员会建议提请本次常委会会议审议通过。

草案三次审议稿和以上报告是否妥当,请审议。

全国人民代表大会宪法和法律委员会关于《中华人民共和国期货和衍生品法（草案三次审议稿）》修改意见的报告

——2022 年 4 月 19 日在第十三届全国人民代表大会常务委员会第三十四次会议上

全国人民代表大会常务委员会：

本次常委会会议于 4 月 18 日下午对期货和衍生品法草案三次审议稿进行了分组审议。普遍认为，草案已经比较成熟，建议进一步修改后，提请本次常委会会议表决通过。同时，有些常委会组成人员和列席人员还提出了一些修改意见和建议。宪法和法律委员会于 4 月 18 日晚召开会议，逐条研究了常委会组成人员和列席人员的审议意见，对草案进行了审议。财政经济委员会、司法部、中国人民银行、中国证券监督管理委员会的有关负责同志列席了会议。宪法和法律委员会认为，草案是可行的，同时，提出以下修改意见：

一、有的常委会组成人员提出，规制内幕交易首先是规制市场内幕信息知情人，其次才是监管机构内幕信息知情人，建议对草案三次审议稿第十五条的相关表述进行调整。宪法和法律委员会经研究，建议将第十五条第一款中的“经营地位”移至“管理地位、监督地位”之前，并将第二款中第一项和第二项的顺序对调。

二、草案三次审议稿第六十七条对期货经营机构从事资产管理业务的行为规范作了规定。有的意见建议在该条中明确，期货经营机构从事资产管理业务“不得违背受托义务”。宪法和法律委员会经研究，建议采纳这一意见。

三、有的常委委员提出，草案三次审议稿第七十一条第一款对期货经营机构“主要股东”的信息提供义务作了规定,该条第二款关于相关信息的要求以及第一百三十四条关于相关法律责任的规定,也应针对“主要股东”,建议明确。宪法和法律委员会经研究,建议采纳这一意见。

四、草案三次审议稿第一百一十九条规定,境外合约以境内期货交易场所上市合约价格进行“结算”的,应当符合国务院期货监督管理机构的规定。有的常委会组成人员提出,上述规定涵盖不够周全,建议将相关表述修改为“挂钩结算”。宪法和法律委员会经研究,建议采纳这一意见。

有的常委会组成人员还对本法通过后的实施和宣传工作提出了很好的意见。宪法和法律委员会建议有关方面认真研究常委会组成人员的审议意见,抓紧制定相关配套规定,积极做好宣传和解读,保证法律的顺利实施。

经与有关方面研究,建议将本法的施行时间确定为 2022 年 8 月 1 日。

此外,根据常委会组成人员的审议意见,还对草案三次审议稿作了个别文字修改。

草案修改稿已按上述意见作了修改,宪法和法律委员会建议本次常委会会议审议通过。

草案修改稿和以上报告是否妥当,请审议。